Heim / Paul

Auf Nachhaltigkeitskurs!

Michael Heim
Sandra Paul

Auf Nachhaltigkeitskurs!

Neue Wege für produzierende Unternehmen
durch Energie- und Ressourceneffizienz

HANSER

Print-ISBN: 978-3-446-48349-1
E-Book-ISBN: 978-3-446-48376-7
E-Pub-ISBN: 978-3-446-48559-4

Bibliografische Information der Deutschen Nationalbibliothek:
Die Deutsche Nationalbibliothek verzeichnet diese Publikation in der Deutschen Nationalbibliografie; detaillierte bibliografische Daten sind im Internet unter http://dnb.d-nb.de abrufbar.

Vilshofener Straße 10 | 81679 München | info@hanser.de
www.hanser-fachbuch.de
Lektorat: Lisa Hoffmann-Bäuml
Herstellung: le-tex publishing services GmbH, Leipzig
Covergestaltung: Max Kostopoulos
Titelmotiv: © gettyimages.de/bgblue
Satz: Eberl & Koesel Studio, Kempten
Druck: CPI Books GmbH, Leck
Printed in Germany

Inhalt

Den richtigen Kurs einschlagen

Die Geschäftsmodelle vieler kleiner und mittlerer Unternehmen stoßen an schier unüberwindbare Grenzen. Der Zwang nach einer konsequenten De-Fossilisierung, nach ressourceneffizienten, resilienten, nachhaltigen, regenerativen Prozessen wird größer. Und auch die zunehmenden Berichtspflichten bereiten große Sorge. Was bedeutet dies genau? Wie lässt sich Übersicht und Ordnung bringen in diese Flut neuer Anforderungen? Welcher Weg kann wie eingeschlagen werden, um ein Unternehmen wirklich auf eine nachhaltige Basis zu stellen?

Anhand einer Landkarte, die auf einer Vielzahl von Betriebsbesuchen beruht, navigieren wir Sie durch das Dickicht der unterschiedlichen Anforderungen und Möglichkeiten. Dieses Buch versteht sich als ein motivierender Reisebegleiter in nachhaltige Wirtschaftswelten. Es lädt Sie ein, vor Antritt der Reise ein Basislager zu errichten, zu dem Sie jederzeit wieder zurückkehren können. In diesem Basislager geht es um Lernen und Verlernen, das richtige Einschätzen von Situationen, um Zeitmanagement, Führung, finanzielle Mittel und um Ihr Team, welches Sie auf der Reise begleitet. Gerüstet mit dem Wissen und den Ressourcen des Basislagers bieten sich Touren durch die Themen Gebäude, Abwärme, Energiemanagement, Materialeffizienz und Digitalisierung an. Eine Treibhausgasbilanz kann Ihnen helfen, Ihren aktuellen Status aus einer neuen Perspektive zu beleuchten und Maßnahmen mit unterschiedlichem Zeithorizont abzuleiten. Für die Analyse Ihrer betrieblichen Material- und Energieströme werden hilfreiche Werkzeuge angeboten. Wir werfen einen Blick auf Fördermittel, ebenso auf die Fragen, wie wir uns mit anderen Organisationen vernetzen und uns damit gegenseitig stärken können oder ob das Geschäftsmodell noch passt.

Viele reale Beispiele zeigen, wie Energie- und Materialbedarf reduziert oder Ressourcen vor Ort genutzt werden können und der Kurs zu einem nachhaltigen Unternehmen gestaltet werden kann. Viele Illustrationen und konkrete Tipps sollen Ihnen dabei den Praxistransfer erleichtern. Auch wenn der Nachhaltigkeitskurs manchmal steinig ist, bleiben Sie dran, es wird sich lohnen!

In diesem Buch spiegeln sich wunderbare Jahre der Kooperation und des gemeinsamen Lernens mit Kolleginnen und Kollegen:

- im KEFF+-Netzwerk des Landes Baden-Württemberg, das von der UTBW in Stuttgart mit viel Schwung und Engagement koordiniert und unterstützt wird. Einige Kolleginnen und Kollegen werden im Buch explizit genannt – aber allen gebührt Dank für ihre Hinweise und Hilfestellungen.
- Gleiches gilt für das Team der Energieagentur Südwest, das vor Ort Kommunen, Privatleute und Firmen zu Fragen im Zusammenhang mit Klimaschutz und Energiesparen berät und begleitet.
- Großer Dank gebührt auch den vielen Unternehmerinnen und Unternehmer, die bei den Effizienzchecks in großer Offenheit von ihren betrieblichen Erfahrungen berichteten und ihre Einwilligung zur Publikation gegeben haben.

Wir sind überzeugt davon, dass es sich lohnt, Kurs zu halten und die langfristigen Ziele umfassender Nachhaltigkeit nicht aus dem Auge zu verlieren. Wenn auch die politischen Winde und bürokratischen Vorgaben immer wieder in Untiefen führen – vorausschauendes Navigieren wird Ihnen helfen, nicht zu stranden.

Wir hatten beim Schreiben, Diskutieren und Zeichnen große Freude und hoffen, dass Sie sich davon anstecken lassen.

Michael Heim und Sandra Paul

1 Einleitung

Angesichts der spürbaren klimatischen Veränderungen, der steigenden Nachweispflichten und veränderter Kundenerwartungen fragen sich immer mehr Unternehmerinnen und Unternehmer, in welche Richtung sie ihre Firma in den nächsten Jahren weiterentwickeln können und sollen. Schlagworte wie Nachhaltigkeit, Kreislaufwirtschaft, Ressourceneffizienz und Klimaneutralität werden oft undifferenziert als generelle Ziele proklamiert. Was darunter zu verstehen ist und wie sich daraus eigene unternehmerische Etappen ableiten lassen, bleibt dabei oft verborgen.

Die wenigsten kleinen Unternehmen verfügen über hohe Liquidität, finanzielle Rücklagen und personelle Ressourcen, mit denen die notwendigen Investitionen für einen schnellen Wandel zu leisten sind. Aber das ist vielleicht auch gut so, denn umfassend nachhaltiges Wirtschaften kann nicht über Nacht in ein Unternehmen eingeführt werden. Nachhaltiges Wirtschaften ist vielmehr eine Haltung, die alle Mitarbeitenden im Betrieb etwas angeht. Diese Haltung kann Schritt für Schritt erlernt und eingeübt werden. Dazu bieten sich einfache, bekannte und standardisierte Routinen, Verfahren und Technologien an, die wenig kosten, aber ab dem ersten Tag ihrer Umsetzung Einsparungen erbringen. Mithilfe dieser Einsparungen an Zeit, Geld, Fläche, Energie, Material etc. können dann die nächsten Schritte angegangen werden.

Wenn auch die Vielfalt der Unternehmen groß und die spezifischen Probleme unterschiedlich sind, gibt es im grundsätzlichen Vorgehen viele Gemeinsamkeiten. Auch hinsichtlich der vorhandenen, oft nicht ausreichend genutzten Ressourcen vor Ort gibt es viel zu entdecken: Sonne, Wind, Wasser, Holz – und gute Nachbarschaft! So ergab sich die Idee, die verschiedenen Etappen in einer Landkarte zu ordnen und mit ihrer Hilfe die verschiedenen Themenstellungen in eine übersichtliche Anordnung zu bringen.

Eine Karte für Wege in unbekannte Gebiete

In der Mitte des Buches (Ende Kapitel 5) finden Sie die von uns entwickelte Landkarte, die Sie durch Ihre Reise in die Nachhaltigkeit leitet und Ihnen Orientierung gibt. Diese Karte liefert einen Überblick über typische Problemfelder, bewährte Lösungen, interessante Ansätze und unbekannte Gebiete. Sie enthält Hinweise auf Wissensquellen und wichtige Meilensteine.

Kommt ein „Ort" dieser Landkarte in einem Buchabschnitt zur Sprache, dann finden Sie dort einen entsprechenden Kartenausschnitt.

Die Reise ist steinig, es gibt keine ausgetretenen Pfade und keinen Best-Practice-Weg, den schon Tausende vor Ihnen erprobt haben. Es wird sich zeigen, dass es auch für Ihr Unternehmen nicht die „eine" Route in die Zukunft gibt. Probieren Sie mögliche Wege aus und erkunden Sie im Gehen, welche Wege für Ihre Firma zu Routinen werden wollen.

Anhand der Landkarte werden Sie manche Steine auf dem Weg früher erkennen und um sie herumgehen können. Auf andere Steine werden Sie klettern müssen, um weiter sehen zu können. Manchmal werden Sie auch Schätze am Wegesrand entdecken und entscheiden, welche davon Sie mitnehmen wollen.

Zu den verschiedenen Gebieten der Karte finden Sie im Buch detaillierte Beschreibungen der typischen Herausforderungen, bekannte Lösungsansätze und hilfreiche Werkzeuge für eigene Lösungen. Checklisten geben Ihnen Hinweise auf wichtige Routinen, bei vielen Themen werden auch kleine Workshopformate angeboten. Zu allen Themen finden sich Weblinks sowie spezifische Hinweise auf vertiefende Literatur und praxistaugliche Hilfen.

Die komplette Karte steht Ihnen unter *plus.hanser-fachbuch.de* zum Download zur Verfügung. Diese können Sie gerne für Ihre eigenen Workshops und Vorträge nutzen oder aber als Anregung verstehen, Ihre eigene Karte zu entwerfen, die noch besser zu Ihren spezifischen Gegebenheiten passt.

Der Aufbau des Buches

Bild 1.1 führt Sie durch das Buch. Im zweiten Kapitel starten wir mit dem Blick auf die Herausforderungen, denen Sie auf Ihrer Reise begegnen werden, und auf die Chancen, die sich daraus ergeben werden. Haben Sie die Veränderungen im Blick, die sich im Umfeld der mittelständischen produzierenden Unternehmen abzeichnen, reist es sich wesentlich entspannter. Im zweiten Kapitel des Buches gehen wir deshalb auf die sich abzeichnenden Veränderungen im Umfeld der mittelständischen produzierenden Unternehmen ein.

Jede Reise birgt Mühen, manche auch Gefahren. Alle Reisenden sollten deshalb über ein passendes Fitnessniveau verfügen. In unserem unternehmerischen Zusammenhang sind das Erkennen von situativen Zusammenhängen, gutes Zeitmanagement, die Kunst des Delegierens, passende Führungsstile und das Schaffen finanzieller Freiräume wesentlich. Diese Dinge bilden das Basislager, das wir in Kapitel 3 miteinander aufspannen.

Kapitel 4 stellt Ihr Verhältnis zu Ihren Mitarbeitenden in den Fokus: Der Weg in neue Wirtschaftswelten wird nur gelingen, wenn Sie das Vertrauen Ihrer Mitarbeitenden genießen und mit ihnen gemeinsam eine wandlungsfähige, lernende Organisation aufbauen.

Mit diesen Vorbereitungen können Sie sich nun über einfache, bekannte Touren der Energie- und Ressourceneffizienz warmlaufen. Kapitel 5 gibt Ihnen Hinweise auf typische örtliche Ressourcen, die auch für Ihre Gebäude nutzbar sind, auf innerbetriebliche Abwärmepotenziale und einfache Schritte in Ihr betriebliches Energiemanagement. Zu diesen Themen finden Sie Links auf bewährte kostenfreie Werkzeuge, die Ihren Arbeitsalltag erleichtern werden, vor allem, wenn sie diese Aufgaben an geeignete Mitarbeitenden delegieren und ihnen die richtigen Werkzeuge zur Verfügung stellen.

Mit Kapitel 6 betreten wir dann anspruchsvollere Gebiete. Wir erklären Ihnen hier den Aufbau und den Nutzen einer Treibhausgasbilanz und einer systematischen Analyse Ihrer Gebäude und Infrastruktur. Diese bilanziellen Methoden geben Ihnen langfristige Orientierung und helfen Ihnen, die Meilensteine der nächsten Jahre in machbare Abschnitte einzuteilen. Wir bieten Ihnen hier auch weitere kostenfreie Werkzeuge für die betriebliche Materialeffizienz an und geben Einblicke in beispielhafte Praxisbeispiele engagierter Unternehmen. Neue Ansätze zu überregionalen Kreisläufen können Ihnen helfen, eigene Ideen zu entwickeln.

Kapitel 7 gibt Zugang zu wichtigen Quellen für finanzielle Förderungen.

In Kapitel 8 berichten wir über gelungene regionale Kooperationen. Vielleicht motiviert Sie dieses Kapitel, demnächst selbst zu einem Workshop unter dem Motto „Ressourcen gemeinsam nutzen“ einzuladen?

Mit Kapitel 9 laden wir Sie ein, noch einmal über Ihre unternehmerische Zukunft nachzudenken. Hierzu zählt zum Beispiel die Erstellung einer Wesentlichkeitsanalyse, die Sie mit der Frage konfrontiert, welche Gefahren durch den Klimawandel auf Ihr aktuelles Geschäftsmodell zukommen und was Sie tun können, um dieses Risiko zu minimieren.

In Kapitel 10 geben wir Ihnen Tipps für den Umgang mit der Landkarte, auf die Sie als Leser oder Leserin über einen QR-Code freien Zugriff haben.

Am Ende eines jeden Kapitels finden Sie die Punkte, die Sie in Ihren Rucksack packen sollten. Dies sind die Kernthemen, die bei Ihrer Reise bedacht und verinnerlicht werden sollten und die Ihnen Kraft und Handlungsspielraum für die nächsten Schritte geben.

Neben den verschiedenen Verzeichnissen am Ende des Buches finden Sie in Kapitel 15 noch thematisch sortiert eine Fülle an weiterführenden Links auf Websites.

Die in den Praxisbeispielen dargestellten Firmen, Produkte oder Dienstleistungen haben sich aus den Beratungsgesprächen ergeben. Diese Darstellungen sind keine Empfehlungen, sondern sollen zeigen, dass es zu vielen betrieblichen Problemen bereits gut durchdachte und einsatztaugliche Lösungen gibt. Sie zeigen zudem, wie beherztes Unternehmertum neue, überraschende und zukunftsfähige Lösungen erschaffen kann.

Sie finden in dem Buch immer wieder Kästen, die besonders wichtige Aspekte hervorheben.

Bei einem Kasten mit diesem Symbol werden wichtige Erkenntnisse auf den Punkt gebracht.

Hinweise mit einem Pfeilsymbol verweisen auf wichtige Ableitungen, die Sie aus den Beispielen treffen können.

Der Stift lädt Sie ein, konkrete Erfahrungen oder Ideen aus Ihrer betrieblichen Praxis zu notieren und damit im Sinne des jeweiligen Kapitels konkret zu arbeiten.

Das Ausrufezeichen weist Sie auf kritische Stellen hin, typische Fehlannahmen oder typisches Fehlverhalten.

Die Checkliste gibt Ihnen Handlungsanleitungen für die Umsetzung des jeweiligen Kapitels.

Der Maulschlüssel gibt Ihnen Hinweise für die Durchführung eines thematischen Workshops, in dem das jeweilige Thema möglichst praxisnah gemeinsam erarbeitet wird.

Das Buchsymbol verweist auf vertiefende Darstellungen eines Themas.

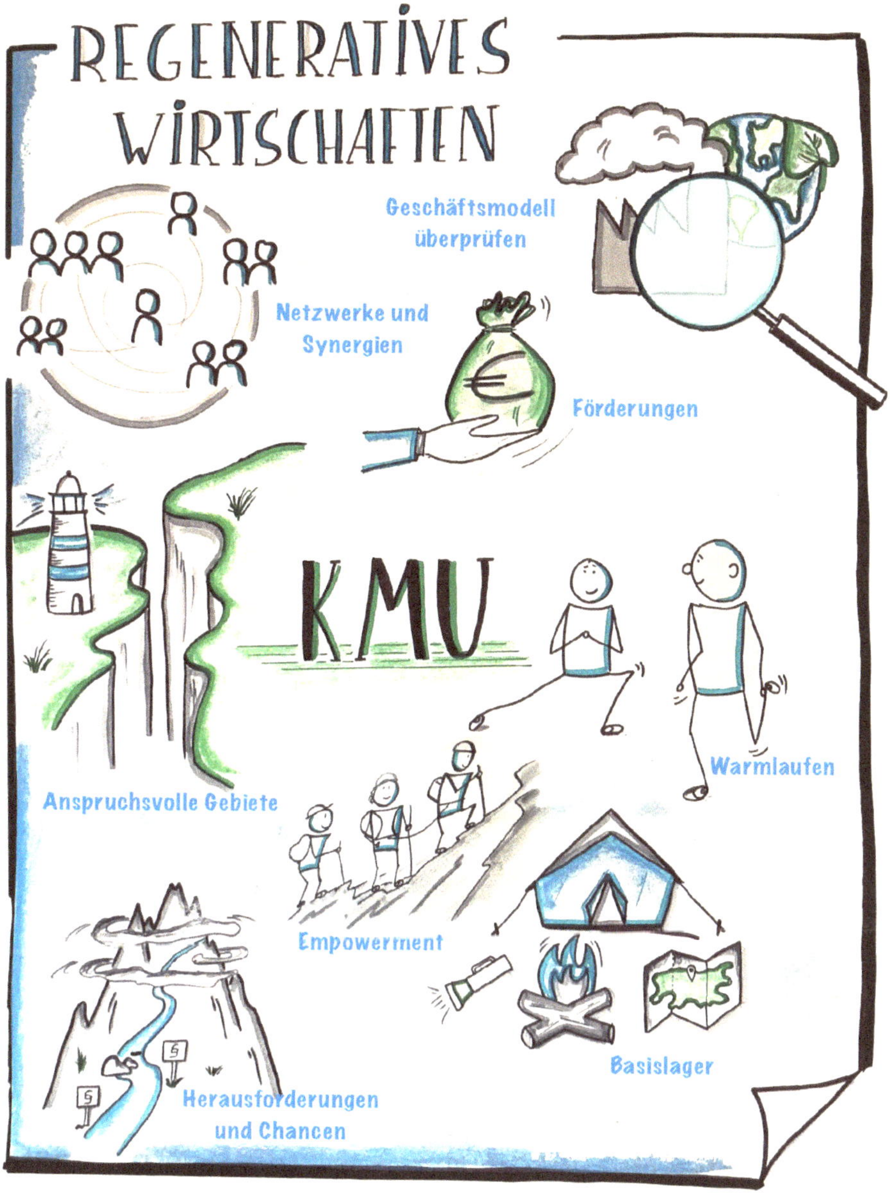

Bild 1.1 Wichtige Stationen auf dem Weg in zukünftige Wirtschaftswelten[1)]

---

1 Alle Bilder in diesem Buch, bei denen keine direkte Quelle genannt wird, stammen von Visual Plot und Sandra Paul.

2 Herausforderungen und Chancen zukünftiger Wirtschaftswelten

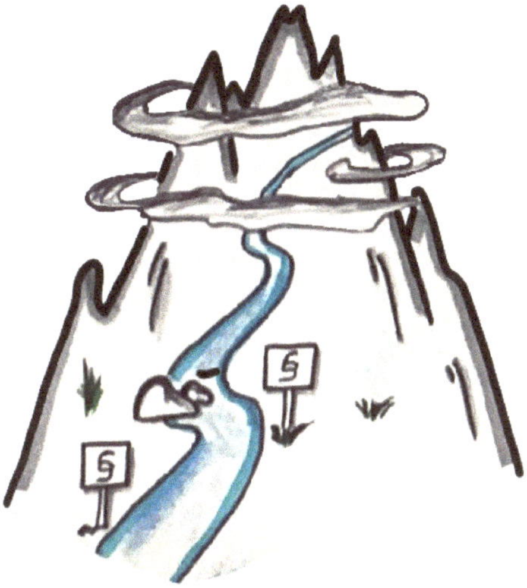

Der Berg scheint unüberwindbar hoch zu sein und das Ziel liegt teilweise im Nebel. Paragrafen weisen den Weg. Ob das hilfreich oder hinderlich ist, mag jeder anders bewerten.

2.1 Regeneratives Wirtschaften: Ein neues Leuchtfeuer für Unternehmen?

Die Themen, die auf kleine und mittlere Unternehmen (KMU) einströmen, stellen große Herausforderungen dar. Oft handelt es sich um Anforderungen, die an den Grundsätzen des Unternehmens rütteln. Es geht um Lieferketten, Betriebsgröße, Geschäftsmodelle, Ressourcen und Materialien, um Infrastruktur und Qualifizierung. Das, was lange funktioniert hat und zum Erfolg des Unternehmens beigetragen hat, scheint auf einmal wegzubrechen, von außen infrage gestellt zu werden. Innerhalb dieser Umbrüche ist es nur verständlich, wenn die Führungsetage an bewährten Produkten, Methoden, Prozessen festhalten will.

In solchen Zeiten der Veränderung zeigt sich, welche Unternehmen die Zukunft mitgestalten und welche von ihr mitgerissen werden. Es ist wichtig, die Risiken zu betrachten und Maßnahmen zu ergreifen, um manches zu bewahren. Genauso wichtig ist es, die Chancen zu sehen und Entscheidungen zu treffen, welche Schätze am Wegesrand liegen und mitgenommen werden wollen. Es liegt an der Führung eines Unternehmens, eine Struktur zu schaffen, um sowohl Räume für mutiges und kreatives Denken zu ermöglichen als auch um gemeinsam getroffene Vereinbarungen und Standards umzusetzen, sofern sie dem Unternehmen noch dienlich sind. Wir befinden uns in Zeiten extremer Umbrüche. Das alte System wird infrage gestellt, neue Ansätze entstehen. Diese sind aber noch nicht erprobt. Es gibt Pioniere und es gibt Menschen, die die Traditionen bewahren wollen. Es gibt die Mutigen und die Ängstlichen. Alles, was gut war, scheint sich aufzulösen und es werden Schuldige gesucht. Andere sehen in der Veränderung eine Chance und das Wort Transformation ist in aller Munde.

In der Vergangenheit gab es solche drastischen Veränderungen für Wirtschaft und Gesellschaft schon oft. Bild 2.1 stellt diese dramatischen Umbrüche plakativ dar. Mit der Mechanisierung im 18. Jahrhundert gewannen kapitalintensiven Industriebetriebe eine neue Marktmacht. Mit diesem Wandel in der Wirtschaft veränderte sich auch die Gesellschaft. Die soziale Kluft zwischen Arbeiter: innen und ihren Familien und den Fabrikbesitzern stieg drastisch an. Doch die Unternehmen, die die Zeichen der Zeit erkannten und die Arbeiter über soziale Sicherungssysteme für sich langfristig gewannen, gingen als Gewinner in die Geschichte ein.

Nach der Ersten industriellen Revolution gab es neue weitreichende wirtschaftliche und gesellschaftliche Umbrüche: Die Nutzung der Elektrizität und die damit gewonnenen Möglichkeiten der Rationalisierung führten zu einer hoch standardisierten Massenproduktion am Fließband; die Erfindung des Computers und die damit mögliche Automatisierung zum Siegeszug hoch komplexer Prozesse und schließlich die Vernetzung der Systeme zu globalisierten Arbeitsprozessen. Oft sehen wir nur die positiven Ergebnisse. Der Weg dahin war jedoch anstrengend, oft frustrierend, teilweise aussichtslos. Die Unternehmen, die den Weg gegangen sind und Zukunft gestaltet haben, sehen wir noch. Von den anderen spricht niemand mehr.

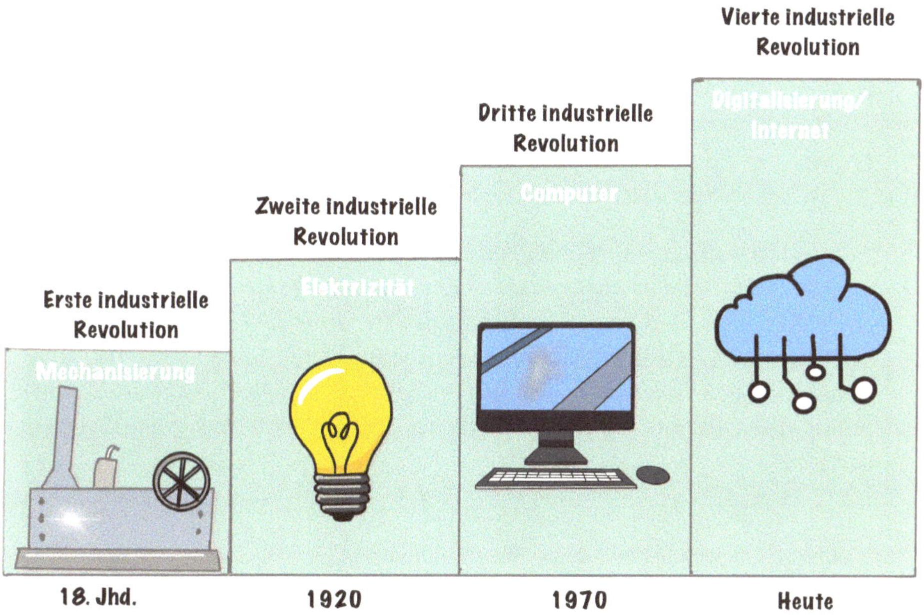

Bild 2.1 Meilensteine der industriellen Revolution

Vielleicht schreiben die Geschichtsbücher von morgen über eine fünfte industrielle Revolution. Die Revolution der Einsicht, dass unser Planet kein Selbstbedienungsladen ist, dass in einer begrenzten Welt kein unbegrenztes Wachstum möglich ist und wir von einer intakten Biodiversität abhängig sind. Ein Erstarken von vielen kleinen Bewegungen, Firmen und Organisationen, von Geschäftsführungen und Abteilungsleitungen, die sowohl intern als auch im Netzwerk Prozessmodelle angepasst und Branchenstandards verändert haben. Organisationen, die es verstanden haben, die Menschen und deren natürliche orts- und kulturabhängige Lebensgrundlagen wieder in den Mittelpunkt zu stellen. Die an ihrer Zukunftsfähigkeit gearbeitet haben mit Steinen unter den Schuhen, weil der Weg neu und unbequem war, die ihn aber gegangen sind, weil sie ein Ziel hatten. Sind Sie eine solche Führungskraft? Wollen Sie eines dieser Unternehmen sein? Wollen Sie mitgestalten? Dann lassen Sie uns diese Reise gemeinsam machen.

Mag sein, dass uns unsere Reise in regenerative Wirtschaftswelten führt. Der Begriff „regenerative Wirtschaftswelten" wird in Abschnitt 2.3 genauer erläutert. Hier kann er als ein möglicher Leitstern schon plakativ beschrieben werden als eine Wirtschaftsweise, in der bei der Bereitstellung von Produkten und Dienstleistungen darauf geachtet wird, dass alle von den Aktivitäten der Organisation betroffenen Akteure positive und stärkende Auswirkungen erfahren.

Während die bisherige Wirtschaftsweise die Kosten und Schäden externalisierte und bestenfalls auf ein Minimieren der Schäden fokussiert war, hat die regenerative Wirtschaft das Ziel, lebendige, ganzheitliche Systeme zu schaffen.

Die Sustainable Development Goals der UN[1], die 2015 unterzeichnet wurden als Zielbild der globalen Entwicklung bis zum Jahr 2030, sind auf dieser Reise ein wichtiges Zwischenziel. Die Sustainable Development Goals haben die Auswirkungen menschlicher Aktivitäten auf unser planetares System weltweit ins Bewusstsein gebracht.

Neuere Ansätze einer regenerativen Wirtschaft gehen darüber noch hinaus, vgl. Bild 2.2. In den Worten von Daniel Christian Wahl[2]:

> *„Regenerative Ansätze sind immer darauf bedacht, aus der biokulturellen Einzigartigkeit jedes Ortes und jeder Region heraus neue Wege zu finden, die zur systemischen Gesundheit und dem Mehrwert für den Menschen und das Leben als Ganzes beitragen. Das Ziel ist nicht nur, unseren negativen Einfluss auf null zu reduzieren, sondern net-positive oder regenerative Praktiken zu schaffen, welche die ökologischen, sozialen und regionalwirtschaftlichen Schäden der Vergangenheit wieder sanieren.“*
>
> (Wahl, 2016)

Das Zielbild einer regenerativen Wirtschaft leuchtet ein. Für Start-ups und radikalen Change in bestehenden Unternehmen kann das ein geeignetes Leuchtfeuer sein (Ries, 2011). Für die vielen anderen Unternehmen aber wirkt ein solches Bild auch illusorisch und damit abschreckend. Mit dem Leuchtfeuer der regenerativen Wirtschaft sollte also sorgsam umgegangen werden, damit es nicht von einem Sturm der Entrüstung ausgepustet wird, bevor es seine Kraft entfalten kann.

Wie bei jeder Wanderung in unbekannte Gebiete braucht es realistische, machbare Zwischenziele. Auf dem Weg zu diesen Zwischenzielen ändert sich unser Sinn für die Gebiete, die wir durchqueren: Wir sehen die Welt mit neuen Augen und auch entferntere Ziele, Anhöhen und Berge verlieren ihre Schrecken.

---

1 *https://sdgs.un.org/goals*

2 *https://designforsustainability.medium.com/mehr-als-nur-nachhaltig-regenerative-kulturen-gestalten-4c2a8abd8207*

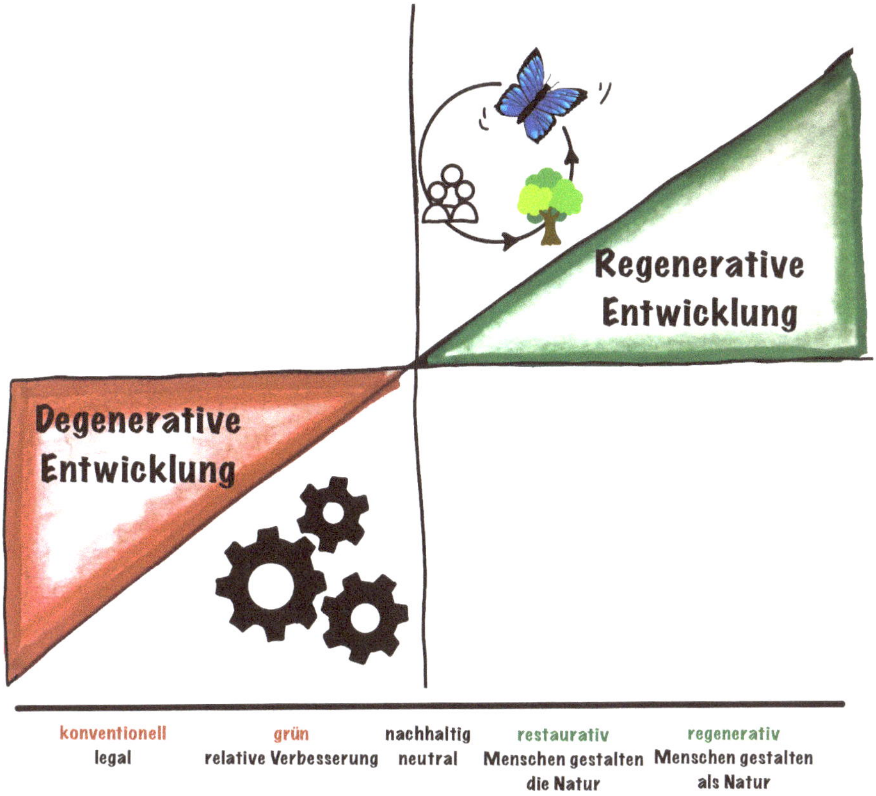

Bild 2.2 Nachhaltig oder regenerativ? (in Anlehnung an Wahl, 2016)

In diesem Sinne möchten wir in diesem Buch die Sustainable Development Goals und die nachhaltige Wirtschaft verstehen: als wichtige Etappen auf dem Weg in ganz neue Wirtschaftskreisläufe, die allen Menschen und der umfassenden Natur, mit der sie leben, gleichermaßen ein gutes Leben ermöglichen.

Um die Marktteilnehmenden in Europa auf ihrer Reise in nachhaltige oder regenerative Wirtschaftswelten auf ein faires, vergleichbares Spielfeld (even playing field) zu bringen, führt die EU im Rahmen des Green Deal neue Bewertungs- und Bilanzierungsmethoden für Geschäftstätigkeiten und ihre unternehmerische Verantwortung ein. So sollen nachhaltige Geschäftsmodelle über die Einordnung in die Taxonomie finanziell gestärkt werden, und die CSRD (Corporate Sustainability Responsibility Directive) soll großen Unternehmen eine Vorgabe für die Nachhaltigkeitsberichterstattung geben. Der Green Deal wirkt sich auf viele Bereiche des Lebens aus (vgl. Bild 2.3). Die Parole lautet: niemanden zurücklassen.

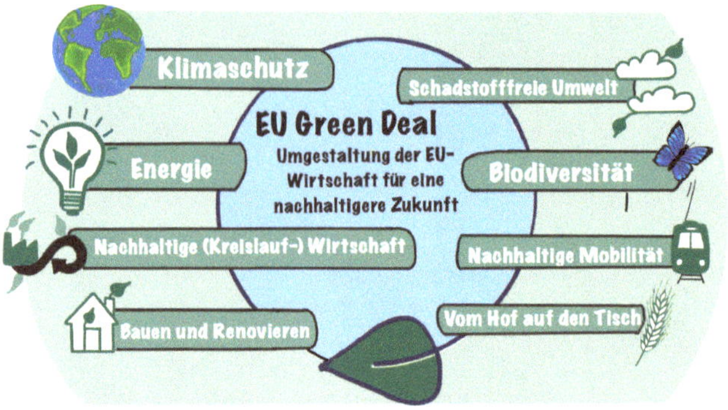

Bild 2.3 Ziele des europäischen Green Deal

Bei dem nun anstehenden Sprung in eine nachhaltige und regenerative Wirtschaftsweise wird erneut ein neues Niveau der Unternehmensführung erforderlich.

Es ist nützlich, sich in diesem Zusammenhang an die Einführung der Qualitätsstandards der Normenreihe 9001, 9002 und 9004 in den 1980er-Jahren zu erinnern, die ähnliche Reaktionen auslöste und zunächst von vielen Firmen als unnötiger Ballast empfunden wurde. Ein weltweit gültiger Standard, der tief in die Unternehmensprozesse eingreift, löste keine Begeisterungsstürme aus. Zumal schon damals im Zuge der Globalisierung immer neue Anforderungen an die Unternehmen gestellt wurden. Denken Sie z. B. an Beschaffung, Versand und Verzollung, an Mitarbeiterrechte und Qualifikation, an striktere Umweltauflagen usw. (Bild 2.4)

Bild 2.4 Typische unternehmerische Aufgabenfelder im produzierenden Gewerbe in den 1990er-Jahren

Genau wie bei den Themen Arbeitssicherheit, finanzielle Bilanz oder Erstellung der betrieblichen Steuererklärung wurden Fachleute als ständige Begleiter des Unternehmens gewonnen und das Berufsbild des Qualitätsmanagers bzw. Qualitätsmanagementbeauftragten (QMB) hielt Einzug in die Unternehmen.

In der Auseinandersetzung mit den jeweiligen Standards ging es um kontinuierliche Verbesserung. Das umsichtige und schrittweise Einführen *(Implementieren)* in den

Betrieben führte dazu, dass in vielen Organisationen eine neue *Qualitätskultur* entstand. Mit der konkreten Umsetzung in den betrieblichen Alltag, z. B. über Fehlertische, selbstverantwortliche Teamarbeit, Visualisierung der wichtigsten Kennzahlen, kam es zu einer neuen *Eigenverantwortung* der Mitarbeitenden. Die Mitarbeitenden lernten Schritt für Schritt, in Prozessen zu denken, vgl. Bild 2.5. Qualitätsmanagement (QM) geht genauso wie Arbeitssicherheit alle Mitarbeitenden der Betriebe an. Wenn QM im Alltag gelebt wird, sind Audits keine große Belastung, sondern eine Form der Reflexion und Möglichkeit zur Organisationsentwicklung.

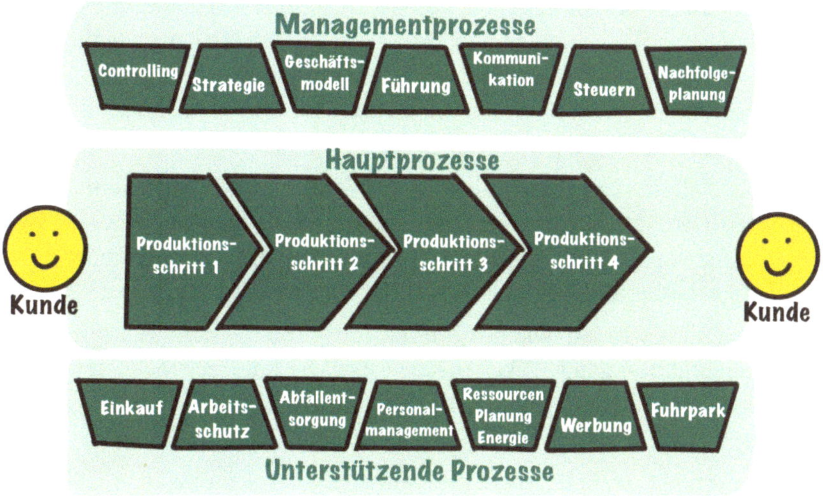

Bild 2.5 Einführung eines übergreifenden Prozessverständnisses in den 2000er-Jahren

Auch beim Thema QM hielt die Digitalisierung Einzug und sie dauert bis heute an. Gerade in KMU finden sich vom gedruckten Handbuch auf Papier bis hin zur QM-Software alle Spielarten, oft auch noch mit einer Vielzahl von Medienbrüchen. Der Weg zum integrierten Business Warehouse, in dem Bilanzen zielgruppengerecht und tagesaktuell abrufbereit dargestellt werden, ist oft noch sehr weit.

Auch hier besteht eine Parallele zur aktuellen Entwicklung: Im Kontext des Qualitätsmanagements wurden über die Einführung der Produkthaftung in der EU und deren Umsetzung in nationales Recht die Unternehmen gezwungen, ein belastbares Qualitätsmanagement aufzubauen (Mockenhaupt, 2019). Die Beweislastumkehr fordert seither, dass die Hersteller die Fehlerfreiheit ihrer Produkte im Fall eines gerichtlich verfolgten Schadens nachweisen müssen. Vielleicht wäre es nützlich, dies bei den aktuellen Diskussionen um das Lieferkettengesetz zu erinnern.

Ähnlich wie das Qualitätsmanagement wurden einige Jahre später dann auch das Energiemanagement (DIN EN ISO 50001) und das Umweltmanagement (DIN EN ISO 14001) eingeführt. Die Einführung der High Level Structure (HLS) und später der Harmonized

Structure (HS) ließ eine Integration der Managementsysteme nun relativ mühelos zu. Diese Systeme gehören für viele größere Firmen zum Standard. Auch wenn im Energieeffizienzindex der Fraunhofer Gesellschaft im April 2024 noch festgestellt wurde, dass immer noch rund 47 % der Unternehmen mit einem Energieverbrauch von mehr als 7,5GWh pro Jahr kein Energiemanagement System implementiert haben (Jung, Torolsan & Stich, 2023). In KMU sind diese Prozesse weiterhin wenig etabliert, deshalb stellen wir in Abschnitt 3.1 ein geeignetes Stufenmodell für kleine und mittlere Unternehmen auf Grundlage der noch neuen und weithin unbekannten ISO 50005 vor.

Bei dem anstehenden Sprung in eine nachhaltige Wirtschaft und damit auch in ein überprüfbares Nachhaltigkeitsmanagement der Unternehmen wird erneut ein neues Niveau der Unternehmensführung erforderlich. Heute werden die Unternehmensgrenzen überschritten, das Unternehmen wird zu einem Akteur in einem globalen Netzwerk von Material-, Energie- und Informationsströmen.

Bisher standen vor allem die Auswirkungen der Tätigkeiten der Unternehmen auf die unmittelbaren Geschäftspartner und die direkte Umwelt im Mittelpunkt. Nun aber wird die gesamte Lieferkette befragt, es werden Aspekte wie Klimawandel, Menschenrechte, Biodiversität und die Versauerung der Meere betrachtet.

Erstmals muss evaluiert werden, wie der Klimawandel und die damit verbundenen physischen Risiken und Übergangsrisiken (neue gesetzliche Anforderungen und finanzielle Bewertungen) die eigenen Geschäftsinteressen befördern oder bedrohen, vergleiche Abschnitt 9.1.

Es stehen also nicht mehr die Erfüllung immer engerer Toleranzgrenzen und die kontinuierliche Steigerung von Zielwerten durch eine immer effizientere unternehmensweite Vernetzung der Prozesse im Mittelpunkt des Interesses. Auf der Grundlage dieser etablierten Fähigkeiten stehen die unternehmerischen Ziele und deren Bilanzen selbst im Fokus. Denn diese Ziele sind kritisch zu hinterfragen hinsichtlich ihrer Auswirkungen auf das soziale, ökologische und ökonomische Umfeld. Die engen Grenzen, die bislang nur die Mehrung des eigenen Profits im Rahmen der eigenen Organisationgrenze oder Profit Centers im Blick hatte, werden gesprengt. Das Unternehmen beginnt, sich als Teil eines größeren, gerade auch *regionalen* Netzwerks zu sehen und entsprechende Beziehungen zu pflegen, vgl. Bild 2.6.

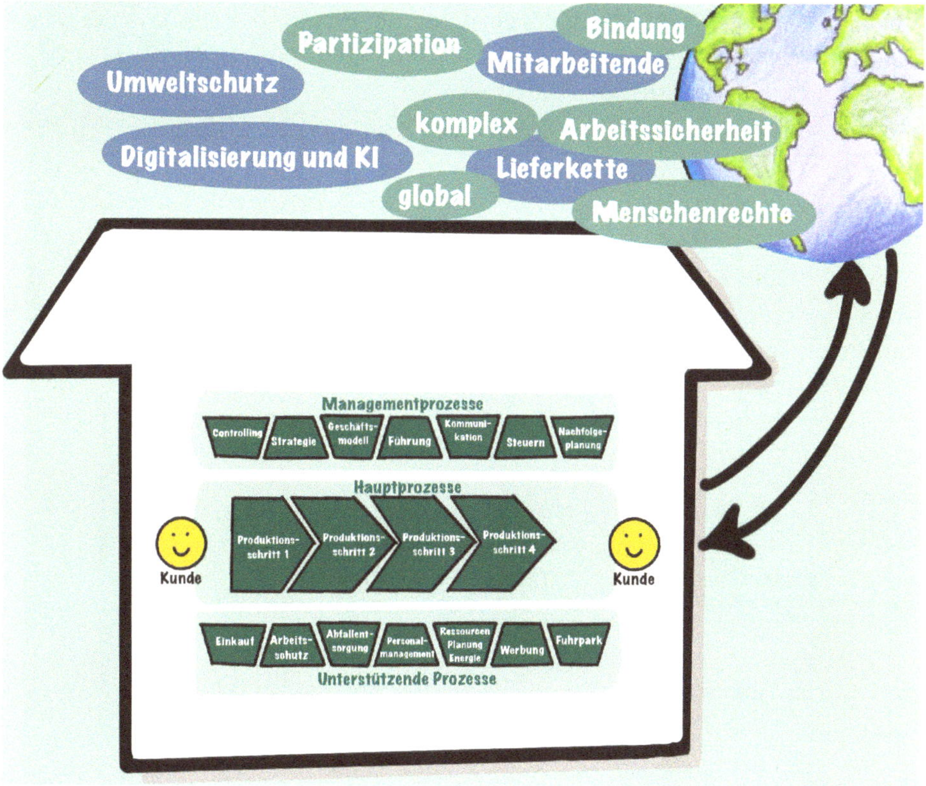

Bild 2.6 Ihr Unternehmen als Teil der Welt

Mit dem Sprung in eine nachhaltigere Wirtschaft öffnen Sie den Blick für die konkreten Orte, Organisationen und Kommunen, mit denen Sie wirtschaften. Die Ressourcen der Orte, an denen Ihr Unternehmen arbeitet, werden wieder wichtiger. Die regionalen Unternehmen, die in derselben Branche wie Sie tätig sind, können wichtige Partner hinsichtlich der Schwerpunkte in Ihrem Portfolio werden und sich in vielfältigen Allianzen – Einkaufsgemeinschaften, Ausbildungsgemeinschaften, Material- und Energieversorgung – unterstützen. Natürliche Ressourcen wie Sonne, Geothermie, Wind, Wasser und Holz werden ergänzt durch Abwärme, Roh- und Reststoffe der regionalen kommunalen und organisationalen Organisationen und durch die Einführung neuer Technologien, die uns aus den Fesseln der fossilen Einbahnstraßen entlassen. Biotechnologisch hergestellte Kunststoffe, neue Energiespeicher, Wasserstofftechnogien und vieles mehr. Regionale Netzwerke werden dank neuer Technologien zu einer deutlichen Wertschöpfung vor Ort beitragen – aus der Region für die Region.

Mit diesen Ansätzen können Sie das wichtigste Ziel Ihrer Unternehmensführung stärken: die Zukunftsfähigkeit Ihres Unternehmens. Die nächsten Jahrzehnte werden weiterhin vielfältige, heute noch unbekannte Anforderungen an die Unternehmensführung stellen. Es lohnt sich, auf die Signale zu achten und damit Ihr Unternehmen für diese Zukunft aufzustellen.

Damit wird das wahrscheinlich wichtigste Ziel Ihrer Unternehmensführung klar: die Transformation des Unternehmens in eine Wirtschaftsweise, die den ständig neuen Risiken und Einflüssen wie Klimaveränderungen, Währungsschwankungen, Inflation, Epidemien, Lieferengpässen über die Stärkung regionaler Strukturen flexibler begegnen kann.

Mit diesen Erkenntnissen wird die Auseinandersetzung mit Nachhaltigkeitsthemen und den regenerativen Ansätzen in der Wirtschaft zu einer Herzensangelegenheit für vorausschauende Führungskräfte. Nicht eine überbordende Berichtspflicht ist Ziel und Kern des inhaltlich verstandenen Nachhaltigkeitsmanagements, sondern eine aktive Gestaltung der unternehmerischen Zukunft.

Die Einführung einer nachhaltigen oder sogar regenerativen Wirtschaftsweise stärkt die Widerstandskraft (Resilienz) Ihrer Unternehmung und ist damit eine wichtige Zielgröße Ihrer unternehmerischen Zukunft.

Um mit dieser neuen Komplexität umgehen zu können, braucht es unternehmerische Initiative und den Mut, diese Themen schrittweise und mit einem strategischen Blick anzugehen. Folgende strategischen Ausrichtungen bieten sich an:

- Die aktive Vernetzung mit ***externen Kompetenzen***, die bei der Priorisierung der Themenvielfalt und ihrer schrittweisen Bearbeitung unterstützen
- Der Aufbau ***firmeninterner Kompetenzen*** und unternehmensinterner *Prozesse*, die den neuen Anforderungen an die Analyse der Auswirkungen gerecht werden
- Die konsequente Nutzung der integrierten Informationsströme zur ***aktiven Steuerung, Regelung und Optimierung betrieblicher Prozesse***.
- Die kritische Überprüfung der eigenen ***Geschäftsmodelle***, die in der Regel aus der linearen Wirtschaftsweise des letzten Jahrhunderts stammen und sich auf Basis der neu aufgebauten Kompetenzen in Richtung kreislauforientierter Strukturen ändern müssen
- Die Intensivierung ***regionalisierter*** Wirtschaftsstrukturen, über die die Planungssicherheit und Resilienz erhöht werden kann und gleichzeitig der schädliche Umwelteinfluss der Firmen verringert werden kann

Diese neue Art des Wirtschaftens *verlässt das bisher Bekannte* und löst entsprechende Ängste und Überforderungen aus. Ein „weiter so wie bisher“ kann es zwar geben – kommt jedoch längerfristig der Geschäftsaufgabe gleich.

Dahingegen wird die aktive Auseinandersetzung mit diesen Themen in vielerlei Hinsicht belohnt:

- Die systematisierten Fragen nach der Nachhaltigkeit Ihres Unternehmens machen seine vielfältigen Zielkonflikte transparent und erhöhen die für langfristige Entscheidungen notwendige Anzahl der Perspektiven.
- Die Unternehmung gewinnt an Dynamik und Strahlkraft und zieht entsprechende Mitarbeitende, Lieferanten und Kunden an.
- Die Spielräume des unternehmerischen Handelns werden größer.
- Ihre Organisation wird resilienter, also widerstandsfähiger gegen die Veränderungen, die von außen auf Sie zukommen werden.
- Die aktive Auseinandersetzung mit den Themen einer nachhaltigen und sogar regenerativen Wirtschaftsweise führt nach und nach in eine kreislauforientierte Struktur, das Wirtschaftsmodell des nächsten Jahrhunderts.
- Ihr finanzieller Spielraum wird dank der positiven Bewertungen Ihrer Kapitalgeber vergrößert, da diese ihrerseits eine Risikobewertung der vergebenen Kredite hinsichtlich aktueller Nachhaltigkeitskriterien geben müssen.
- ...

Nehmen Sie die Herausforderungen an und gehen Sie in positiver Haltung Schritt für Schritt Ihren Weg in die regenerative Nachhaltigkeit. Entwickeln Sie Ihr Unternehmen zu einer resilienten, vorbildlichen Organisation.

> Zukunftsfähigkeit braucht ständige Organisationsentwicklung. Die Einführung nachhaltiger Prozesse und damit verbunden die konsequente Qualifizierung aller Mitarbeitenden sind ein wichtiger Meilenstein auf dem Weg in eine regenerative Wirtschaft.

2.2 Schrittweises Vorgehen in einem sich ändernden Umfeld

In den folgenden Abschnitten finden sich Hinweise für Ihren eigenen unternehmerischen Weg in eine nachhaltige, kreislauforientierte und regenerative Wirtschaft. Für diese spezifischen eigenen Wege gibt es keine allgemeingültige Wegbeschreibung. Aber es gibt Voraussetzungen und logische Abfolgen, die im Auge behalten werden sollten.

Wie bei einer großen Wandertour gilt es, sich auf bekannte und unbekannte Stationen des Wegs vorzubereiten. Je anspruchsvoller das Terrain ist, desto wichtiger ist es, die eigenen Fähigkeiten sowie die eigene Ausrüstung und deren Grenzen zu kennen – und für schwierige Passagen auch zuzulassen, dass externe Unterstützung überlebensnotwendig sein kann.

Das Bild einer Abenteuerreise bietet sich für die anstehenden Veränderungen an. Für diese Abenteuerreise möchten wir Ihnen eine Landkarte an die Hand geben, die Ihre Fantasie anregt und die Reise Ihrer Unternehmung in einen größeren Zusammenhang setzt. Die Ihnen hilft, die Herausforderungen von ihrer sportlichen Seite zu sehen. Neue Wege und Pfade zu suchen, die Sie noch nie gegangen sind und die von daher neben neuen Herausforderungen auch neue Perspektiven und Ausblicke für Sie bereithalten.

Für Ihre anspruchsvolle Reise in Ihre eigene unternehmerische Nachhaltigkeit können wir in dieser Landkarte einige bekannte Wegstrecken skizzieren, von Erfahrungen eigener Reisen und von Erfahrungen anderer Abenteurer berichten. Anders als in einer gut kartografierten Umgebung findet Ihre unternehmerische Wanderung jedoch in einer sich stark verändernden Landschaft statt. Entgegen der Situation bei einer üblichen Wanderung wissen Sie also noch nicht, wie Ihre unternehmerische Umgebung sich in den kommenden zehn Jahren darstellen wird. Die Marktsituation, die Kundenanforderungen, die gesellschaftlichen Rahmenbedingungen und die Gesetzgebung ändern sich. Die Verortung des eigenen Unternehmens in diesem Kontext erfordert Ihre offenen Ohren und Augen, eine für Veränderung offene Haltung und die Bereitschaft, auf dem Weg Korrekturen vorzunehmen.

Sie sind Mitgestaltender dieser neuen Umgebung und Ihre eigenen Schritte werden Auswirkungen auf die Landschaft haben, in der Sie sich bewegen.

Für Ihren Weg in eine nachhaltige Zukunft schlagen wir Ihnen deshalb vor, Ihre aktuelle Situation auf einer Landkarte[3] darzustellen (Bild 2.7). Dadurch können Sie sich über die Entwicklungsfelder klar werden, die es auf dem Weg in die Zukunft Ihres Unternehmens zu bestellen gilt. Sie können mit der Karte im mittleren Teil des Buchs arbeiten oder auch mit einem weißen Bogen Papier neu beginnen. Welche Karte auch immer: Aufgestellt an einer zentralen Stelle in Ihrer Organisation, wird sie die Fantasie aller anregen und zum Mitgestalten einladen.

Im Norden unserer Karte finden Sie das Leuchtfeuer der regenerativen Wirtschaft direkt neben dem Hafen der Zukunft. An anderen Orten der Karte locken weitere Leuchtfeuer. Vielleicht ermutigt es Sie, ein Leuchtfeuer bei Ihrer Reise im Blick zu halten und damit noch einmal gründlicher über die langfristige Weiterentwicklung Ihres Geschäftsmodells nachzudenken und die wertvollsten Aspekte zu fokussieren.

---

[3] Siehe Ende Kapitel 5 und den digitalen Download unter *plus.hanser-fachbuch.de*.

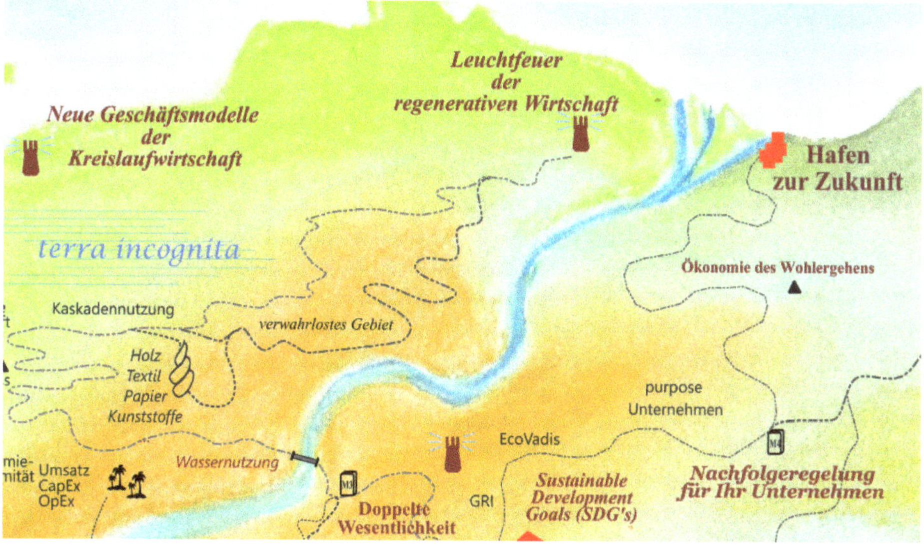

Bild 2.7 Ihre Vision als Leuchtfeuer

Welche positiven Landmarken und Leuchtfeuer entdecken Sie auf der Karte? Welche davon sprechen Sie besonders an und geben Ihnen Hinweise auf Ihre möglichen Wege in die Zukunftsfähigkeit Ihrer Organisation? Stellen Sie sich solche wichtigen Fragen nicht allein, sondern laden Sie Menschen ein, denen die Zukunft Ihrer Organisationen genauso am Herzen liegt wie Ihnen. Nehmen Sie sich z. B. die Sustainable Development Goals (SDGs) zu Hilfe[4]. Auch Ihr Unternehmen wird sehr wahrscheinlich schon Beiträge zu folgenden Zielen leisten:

- SDG 8: Menschenwürdige Arbeit und Wirtschaftswachstum
- SDG 9: Industrie, Innovation und Infrastruktur
- SDG 10: Weniger Ungleichheit

Haben Sie bei der Erreichung dieser Ziele alle Mitarbeitenden Ihrer Unternehmung im Blick? Oder geht Ihr Beitrag schon darüber hinaus? Und wie steht es mit anderen Zielen der SDGs, z. B.:

- SDG 5: Geschlechtergleichheit
- SDG 11: Nachhaltige Städte und Gemeinden
- SDG 12: Nachhaltiger Konsum und Produktion

Die SDGs können für Ihre Unternehmensentwicklung ein nützlicher Kompass sein. Neben den materiellen Werten wie Kostensenkungen durch Effizienzpotenziale, die Senkung der operationalen und regulatorischen Risiken u. v. m. fördern sie die imma-

---

[4] *https://sdgs.un.org/goals*

teriellen Werte wie die Stärkung der Loyalität der Kunden und Mitarbeitenden sowie ihre Marke (Moock, 2024).

In Deutschland werden die Zieldaten der Ziele und Unterziele auf dem SDG-Portal jährlich aktualisiert, sodass Sie die regionalen Entwicklungen einsehen können[5]. Falls Sie Anleitungen für konstruktive Workshops suchen, stehen diese über regionale Netzwerke ebenfalls kostenfrei zur Verfügung[6].

Tragen Sie Ihre eigenen Herausforderungen, Ihre eigenen positiven Landmarken, Ihre Wegweiser und Meilensteine in Ihre Karte ein.

Wir möchten Ihnen für Ihre Reise wichtiges Rüstzeug mitgeben. Denn kaum jemand geht ohne einen gut gefüllten Rucksack und eine Vorstellung wichtiger Meilensteine auf eine anspruchsvolle Wanderung.

2.3 Regenerative Wirtschaft: Der Leitstern der nächsten Generationen

Ein wichtiger Leitstern für die ersten Etappen Ihrer Reise können die Sustainable Development Goals (SDG) der UNO von 2015 sein. Ihre Beschäftigung mit der Frage nach einer zukunftsfähigen Wirtschaft wird Sie zu der Erkenntnis führen, dass es langfristig nicht mehr nur darum gehen kann, einen minimalen Schaden in unserem Umfeld zu hinterlassen, sondern dass wir über unsere Wirtschaftstätigkeiten auch zu einer Erholung und Gesundung der sozialen und ökologischen Systeme beitragen können.

Regenerative Unternehmen konzentrieren sich auf das größere System, in dem sie tätig sind (Umwelt, Gesellschaft, Stakeholder etc.) und nicht nur auf die direkten Auswirkungen des Unternehmens. Das Ziel einer regenerativen Wirtschaft soll dem Wohlergehen aller Lebewesen auf unserem Planeten dienen. Dahinter steckt die Überzeugung, dass es nicht um Gewinner und Verlierer geht, sondern dass es Wege gibt, die dazu führen, dass wir als Gesellschaft in der Lage sind, ein faires Wirtschaftssystem aufzubauen, das zu einer lebenswerten Zukunft für alle beiträgt.

In der Donut-Ökonomie (Bild 2.8), einer Skizze der Rahmenbedingungen regenerativen Wirtschaftens, die von Kate Raworth entworfen wurde, wird der sichere Lebensraum für alle so dargestellt, dass soziale Grundlagen für alle eingehalten werden müssen (soziales Fundament). Dabei dürfen allerdings auch die Ressourcen des Planeten nicht überstrapaziet werden. Die ökologische Obergrenze, die ökologische Decke, ist einzuhalten (Raworth, 2017).

---

5 SDG-Portal, in Deutschland gepflegt von der Bertelsmann Stiftung: *https://sdg-portal.de/de*

6 Regionales Netzwerk Nachhaltigkeit *https://www.renn-netzwerk.de*

Die unternehmerische Verantwortung liegt aus dieser Sicht darin, mit Ihrem Geschäftsmodell dazu beizutragen, dass beide Grenzen – das soziale Fundament und die ökologische Decke – nicht überschritten werden. Nachstehend einige Beispiele für diese Grenzen:

- **Soziale Mindesstandards:** Wasser, Nahrung, Gesundheit, Bildung, Einkommen und Arbeit, Frieden und Gerechtigkeit, Politische Mitsprache, Soziale Fairness, Gleichheit der Geschlechter, Unterkunft, Soziale Netzwerke, Energie
- **Ökologische Decke:** Klimawandel, Ozeanversauerung, Freisetzung von Schadstoffen, Stickstoff- und Phosphorkreislauf, Nutzung von Süßwasser, Umwandlung von Landflächen, Verlust von Biodiversität, Luftverschmutzung, Schäden an der Ozonschicht

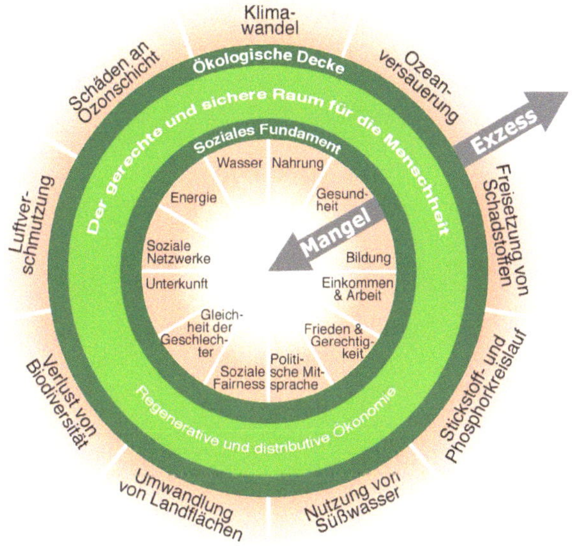

Bild 2.8
Soziales Fundament und ökologische Decke/The Doughnut of social and planetary boundaries, © Kate Raworth and Christian Guthier, CC-BY-SA 4.0 (Raworth, 2017)

Erweitern Sie Ihre Karte:

- Sind Sie mit Ihrem Unternehmen an Themen beteiligt, die zur Überschreitung der Obergrenzen führen könnten?
- Haben Sie mit Ihrem Unternehmen die Möglichkeit, das soziale Fundament für Menschen zu sichern?

Tragen Sie die Themen zunächst als Stichpunkte auf Ihrer Karte ein. Die Bewertung und Maßnahmen folgen später.

Regeneratives Wirtschaften heißt also auch, dass Schäden nicht mehr als externalisierte Kosten an die Allgemeinheit abgewälzt werden. Kate Raworth verweist in der Donut-Ökonomie immer wieder auf die Notwendigkeit, sich von einer linearen Wirtschaftsweise zu trennen (Bild 2.9). Wir können nicht unendlich Ressourcen entnehmen, produzieren, konsumieren und entsorgen. Wir müssen gemeinsam regenerative Kreislaufstrukturen entwickeln.

Dieser Leitgedanke ist von staatlichen und regionalen Organisationen aufgenommen worden. Auch von diesen wird erkannt, dass dies ein gangbarer Ausweg aus dem scheinbaren Wiederspruch zwischen Ökologie und Ökonomie sein kann.

> *„Zirkuläres Wirtschaften geht über die klassische Kreislaufwirtschaft im Sinne des Recyclings hinaus: Es gilt, Material- und Energiekreisläufe zu schließen. So können nicht nur Wettbewerbsfähigkeit gesichert und Rohstoffunabhängigkeit erreicht, sondern auch ökologische Ziele wie Klimaschutz und Ressourcenschonung verfolgt werden“*[7].

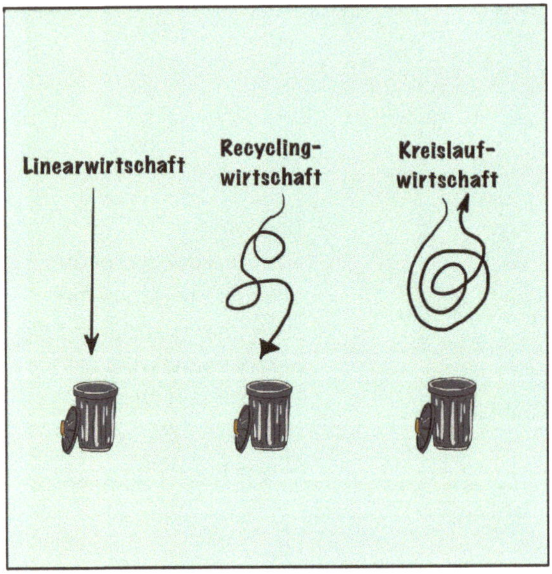

Bild 2.9
In der idealen Kreislaufwirtschaft entsteht kein Abfall

[7] Umwelttechnik Baden-Württemberg – *https://www.umwelttechnik-bw.de/de/circular-colaboration-lab*

2.4 Modelle der Kreislaufwirtschaft

Es gibt verschiedene Modelle, die die Kreislaufwirtschaft im Detail erläutern. Im Folgenden gehen wir auf zwei wichtige und bekannte Modelle näher ein – das Butterfly-Modell der Ellen MacArthur Foundation (Bild 2.10) und das UNEP-Kreislauf-Modell.

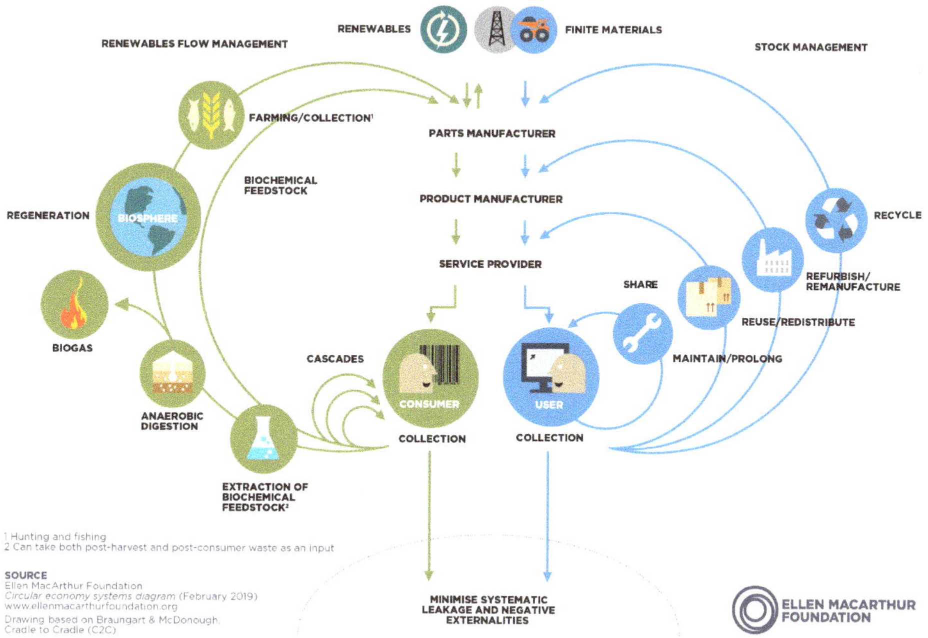

Bild 2.10 Das Butterfly-Modell der Ellen MacArthur Foundation

Das Butterfly-Modell der Ellen MacArthur Foundation[8)] veranschaulicht den kontinuierlichen Fluss von technischen und biologischen Materialien durch die Wertschöpfungskette. Eine Grundvoraussetzung einer nachhaltigen Kreislaufwirtschaft ist, dass die Energie für sämtliche Prozesse aus erneuerbaren Energien eingesetzt wird. Um Produkte, Ressourcen und Materialien möglichst lange und mit möglichst hohem Wert im Kreislauf zu halten, werden unterschiedliche Strategien genutzt, die Kreisläufe verlangsamen, verkleinern und schließen.

In diesem Modell wird zwischen zwei unterschiedlichen Rohstofftypen unterschieden, woraus zwei verschiedene Kreisläufe entstehen: die technischen und die biologischen Kreisläufe.

---

[8] *https://www.ellenmacarthurfoundation.org*

Der biologische Kreislauf

Links illustriert das Butterfly-Modell den biologischen Kreislauf mit den regenerativen Rohstoffen, also der Biomasse. Biologische Materialien sind beispielsweise Nahrungsmittel, Naturfasern, Holz und andere biobasierte Materialien.

Aus der Biosphäre werden biologische Rohstoffe gewonnen und im Anschluss von Konsumenten genutzt. Das geschieht z. B. durch Land- und Forstwirtschaft. Nach der Verwendung werden die Bestandteile wieder in die Biosphäre zurückgegeben, wobei Mikroorganismen die Aufbereitung und Zersetzung durch natürliche biologische Prozesse übernehmen. Zentrales Element ist, dass im biologischen Kreislauf ausschließlich Materialien oder Chemikalien eingesetzt werden, welche nicht toxisch sind.

Manche organischen Substanzen können nicht als Nährstoff für andere biologische Kreisläufe verwendet werden. In einem Fermentationsprozess können Mikroorganismen diese Substanzen zu Biokraftstoffen wie Biogas zerlegen. Das Nebenprodukt kann dann als Dünger oder als Faserplatte im Bau verwendet werden.

Diese Prozesse dienen der Wiederherstellung der Biosphäre – der Summe aller Räume eines Planeten, in denen Lebewesen leben.

Der technische Kreislauf

Auf der rechten Hälfte des Butterfly-Modells wird der technische Kreislauf mit den nichterneuerbaren Rohstoffen dargestellt, Das sind die mineralischen Rohstoffe. Diese sind nicht erneuerbar und können nicht in die Biosphäre zurückgegeben werden. Diese Stoffe sollten möglichst lange mit höchstmöglichem Wert in einem geschlossenen System zirkulieren. Beispiele technischer Materialien sind Plastik, Metalle und synthetische Chemikalien. Zentral für die Umsetzbarkeit der Kreislaufnutzung ist die bewusste Wahl von Rohstoffen, welche für eine möglichst endlose Kreislaufführung geeignet sind. Dafür gilt es, die Kaskadennutzung zu verstehen:

- Wartung (Maintenance/Repair)
- Wiederverwendung (Reuse, Redistribute)
- Aufbereitung (Repair, Refurbish, Remanufacture)
- Recycling

Wichtig ist, dass der nächstmögliche Schritt, z. B. Recycling, erst zum Zug kommt, wenn sich ein Produkt nicht mehr länger anderweitig nutzen lässt und die vorgelagerten Strategien keine Anwendung mehr finden. Denn aus Umwelt-, Energie- und Ressourcensicht ist es in den allermeisten Fällen besser, ein Produkt bzw. ein Material möglichst lange zu nutzen, um so sein Potenzial maximal auszuschöpfen.

Ganzheitliche Betrachtung

Das Butterfly-Modell zeigt, dass es sich bei der Kreislaufwirtschaft um ein gesamtheitliches System handelt. Es sollte über die ganze Wertschöpfungskette Zirkularität sichergestellt werden: vom Abbau der Rohstoffe über die Rücknahme der Produkte bis hin zur Wiederverwendung oder Wiederaufbereitung. Dieses Ziel bedarf einer gemeinsamen Ambition sowie neuer Formen der Zusammenarbeit und auch Denkweisen aller Akteure. Diese verschiedenen Ebenen der ambitionierten Zusammenarbeit hat Jonas Umgelter, Projektleiter Kreislaufwirtschaft und Ökodesign an der UTBW Stuttgart[9], in einem Vortrag mit Bild 2.11 auf den Punkt gebracht.

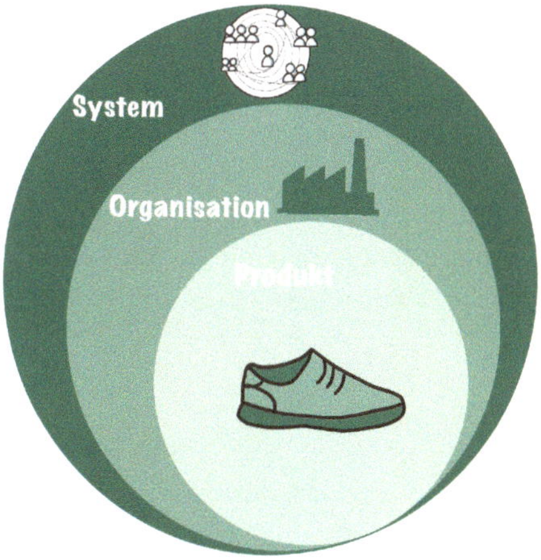

Bild 2.11
Die Kreislaufwirtschaft wird auf verschiedenen Ebenen etabliert

Ein zweites eingängiges Modell ist jenes des UN Environmental Programme (UNEP)[10]. Ähnlich wie das Butterfly-Modell baut das UNEP-Modell auf der Darstellung einer linearen Wirtschaft auf (graue Linie) und illustriert darauf aufbauend das Modell der Kreislaufwirtschaft. Zusätzlich greift dieses Modell das übergreifende Prinzip „Reduce by Design" auf, welches zur Gestaltung von Produkten und Dienstleistungen führt, die weniger Materialien pro Produktionseinheit und Nutzung verbrauchen (Effizienz) und Ressourceneffektivität fördern (orange Linie). Dieses Prinzip sollte entlang der gesamten Wertschöpfungskette zum Tragen kommen, wenn man das bestehende Wirtschaftssystem hin zu einer Kreislaufwirtschaft entwickeln möchte. Was in diesem Modell fehlt, ist eine Unterscheidung zwischen dem technischen und dem biologischen Kreislauf. Hier wird ausschließlich der technische Kreislauf dargestellt.

Dafür aber unterscheidet das UNEP-Modell die unterschiedlichen *Strategien* zur Verlangsamung, Verkleinerung und Schließung von Kreisläufen nach *Akteursgruppen*: User-to-User, User-to-Business und Business-to-Business (B2B). Dies ist ein sehr wich-

---

9 *https://www.umwelttechnik-bw.de/de/kreislaufwirtschaft*

10 *https://buildingcircularity.org*

tiger Unterschied für Geschäftsentscheidungen, sind doch im B2B-Geschäft viele KMU nicht entscheidungsfähig ohne die Zustimmung der oftmals sehr viel größeren Auftraggeber!

User-to-User: Konsument:innen können

- ihren Konsum reduzieren (reduce)
- Produkte erneut nutzen (reuse)
- auf den Konsum verzichten (refuse).

User-to-Business: Zwischen Konsumenten und Produzenten kommen in einer Kreislaufwirtschaft verschiedene Strategien zur Anwendung:

- Erneuerung, kritische Teile ausbauen und säubern, teilweise ersetzen (refurbish)
- Wiederaufbereitung, komplette Demontage, Prüfung, Reinigung, teilweise ersetzen, wie neu (remanufacture)
- Reparatur, defekte Teile austauschen (repair)

Business-to-Business: Zwischen den Produzenten gib es folgende Möglichkeiten:

- Umnutzung (repurpose)
- Rezyklieren (recycle)

Kreislaufwirtschaft: Von der Deutschen Gesellschaft für Qualität, DGQ, wurde dieser Ansatz noch differenzierter ausformuliert[11]. In Baden-Württemberg werden KMU von der Umwelttechnik BW in diesem Kontext gezielt und kostenfrei beraten.[12]

2.5 Die Kreislaufwirtschaft in Deutschland

Im Dezember 2020 veröffentlichte die Zeitschrift nature einen alarmierenden Artikel: „Global human-made mass exceeds all living biomass“ (Die globale menschengemachte Produktion übertrifft die lebendige Biomasse) (Emily Elhacham, 2020). Der enorme Ressourcenverbrauch der Menschheit bedroht über die damit verbundenen Treibhausgase, die Luftverschmutzung und den Biodiversitätsverlust unsere Lebensgrundlagen.

---

[11] Von der Linearen Wirtschaft zur Kreislaufwirtschaft (Circular Economy), Teil 1 – ein Überblick – Deutsche Gesellschaft für Qualität *(https://www.dgq.de/fachbeitraege/von-der-linearen-wirtschaft-zur-kreislaufwirtschaft-circular-economy-teil-1-ein-ueberblick)*

[12] *https://www.umwelttechnik-bw.de/de/kreislaufwirtschaft*

Können wir also zumindest in unserem hochtechnisierten Land unsere Abfälle besser nutzen und damit Ressourcen sparen? In Deutschland werden jährlich rund eine Milliarde Tonnen Primärrohstoffe abgebaut, weitere 0,7 Milliarden Tonnen Rohstoffe, Halb- und Fertigwaren werden importiert.

Der Statusbericht zur Kreislaufwirtschaft in Deutschland, herausgegeben von den Verbänden der deutschen Kreislaufwirtschaft im Januar 2024, zeigt auf, dass fast die Hälfte unserer Abfälle aus dem Baugewerbe stammen[13)]. Auch wenn große Mengen der gewonnenen Rohstoffe für viele Jahre in Gebäuden oder Gebrauchsgütern verbleiben, werden diese wertvollen Stoffe nach Ablauf ihrer Nutzungsdauer in der Regel weiterhin verbrannt oder deponiert. Dabei stellt der hohe Anteil an Verbundstoffen ein großes Hemmnis für eine günstige Weiterverwendung dar[14)]. Die neue nationale Kreislaufwirtschaftsstrategie weist in die gleiche Richtung:

> *„Ein erheblicher Teil der Rohstoffe fließt in Deutschland in Gebäude, Infrastrukturen oder langlebige Konsum- und Anlagegüter und wird dort langfristig gebunden. So entsteht ein menschengemachtes komplexes Rohstofflager, das als anthropogenes Lager bezeichnet wird. Dieses wächst kontinuierlich um rund 600 Millionen Tonnen jährlich. Es stellt damit ein Sekundärrohstoffreservoir dar, das sich durch Urban Mining systematisch bewirtschaften lässt und dessen Potenzial es zu heben gilt.“*
>
> (BMUV, 2024)

In der nationalen Kreislaufwirtschaftsstrategie wird eine starke Vision vorgestellt: Im Jahr 2045 prägt die Idee zirkulären Wirtschaftens das ökonomische Denken und Handeln. Die deutsche Wirtschaft hat mit Circularity ihre Technologieführerschaft und Weltmarktposition ausgebaut und gesichert. Unternehmen konzipieren zirkuläre, langlebige und gut reparierbare Produkte, diese werden mit neuen Geschäftsmodellen vertrieben und die verwendeten Rohstoffe werden am Lebensende in den jeweils maßgeschneiderten Kreislauf zurückgegeben. Abfälle gibt es nur noch in sehr geringen Mengen. Fossile Rohstoffe wurden überwiegend durch nachhaltige Rohstoffe ersetzt. Alle wichtigen Absatzmärkte sind von der Nachfrage nach langlebigen und gleichzeitig sich flexibel an neue Bedarfe anpassenden Produkten dominiert. Unternehmen realisieren Innovationen z. B. über modulare Produktkonzepte und Softwareupdates, sodass sich Langlebigkeit der Produkte und kurze Innovationszyklen ergänzen. Der Verkauf von Produkten wird ergänzt von Mietmodellen, bei denen Kundinnen und Kunden moderne Produkte nutzen und die Wartung und Reparatur sowie die Rücknahme am Ende der Nutzung Teil des Service sind. Es rechnet sich für Unternehmen, Produkte mit möglichst wenig Materialeinsatz und langer Lebensdauer herzustellen, und für Verbraucherinnen und Verbraucher, diese Produkte lange zu nutzen und bei Bedarf reparieren zu lassen.

---

[13] *https://statusbericht-kreislaufwirtschaft.de/inhalte_2024*

[14] *https://www.youtube.com/watch?v=hThzvvTyTLI*

Der Anteil der Rohstoffe aus recycelten Abfällen liegt bei rund 12 % (Dittrich, 2021). Selbst wenn alle aktuell bekannten technischen Potenziale und die Energiewende sehr ambitioniert gefördert und umgesetzt werden, kann dieser Anteil nur auf rund 50 % Sekundärrohstoffe an der Gesamtrohstoffmenge gesteigert werden (Dittrich, 2020). Wir sind noch sehr weit von einer Welt der geschlossenen Kreisläufe entfernt.

Grundlage für eine funktionierende Circular Economy ist die Veränderung gesellschaftlicher Wertvorstellungen. Slogan wie „Nutzen statt Besitzen“ lassen sich über das *Leasing* oder das *Sharing von Produkten* umsetzen. Produzierende Unternehmen können hier gemeinsam mit Kommunen neue Impulse setzen und gleichzeitig Kosten senken! So gibt es bereits Firmen, die ihren Fuhrpark außerhalb der Geschäftszeiten für ein kommunales car-sharing anbieten, ihre Räumlichkeiten an Wochenenden für gemeinnützige Aktivitäten zur Verfügung stellen u. v. m.

Wo sehen Sie für Ihre Firma neue Möglichkeiten? Schauen Sie sich auf der Karte die eingezeichneten Felder der Kreislaufwirtschaft und die Felder der Kooperation an und zeichnen Sie eigene, neue Ideen ein!

Leitfragen für Ihren Rucksack

- Welche Leuchtfeuer sehen Sie für Ihre Firma am Horizont?
- Welche Routen schweben Ihnen für die Zukunft vor, um Ihr Unternehmen für die anstehenden Veränderungen gut aufzustellen?
- Welche Rolle spielen Modelle der nachhaltigen, kreislauforientierten oder gar regenerativen Wirtschaft?

Literaturverzeichnis

BMUV. (10. Dezember 2024). *Entwurf einer nationalen Kreislaufwirtschaftsstrategie*. Von *https://www.bmuv.de/fileadmin/Daten_BMU/Download_PDF/Abfallwirtschaft/nkws_entwurf_bf.pdf* abgerufen.

Dittrich, M. (2020). *Abschlussbericht zu „Transformationsprozess zum treibhausgasneutralen und ressourcenschonenden Deutschland – green supreme“*. Umweltbundesamt.

Dittrich, M. (2021). *Sekundärrohstoffe in Deutschland. Ifeu Heidelberg*. Von *https://www.nabu.de/imperia/md/content/nabude/konsumressourcenmuell/2104-22-ifeu-studie-sekundaerrohstoffe_in_deutschland.pdf* abgerufen

Emily Elhacham, L. B. (9. Dezember 2020). *Global human-made mass exceeds all living biomass*. Von *https://www.nature.com/articles/s41586-020-3010-5* abgerufen

Jung, L., Torolsan, K. & Stich, M.-C. (5. Dezember 2023). *Der Energieeffizienz-Index der deutschen Industrie. Briefing Event zur Wintererhebung 2023*. Von Universität Stuttgart, Institut für Energieeffizienz in der Produktion, EEP. Von *https://www.eep.uni-stuttgart.de/dokumente/EEI-Winter-2023_24/Wintererhebung 2023_BriefingEvent.pdf* abgerufen.

Mockenhaupt, A. (2019). *Qualitätssicherung – Qualitätsmanagement*. Hamburg: Handwerk und Technik.

Moock, P. (2024). *SDGs im Mittelstand*. Berlin: Springer Gabler.

Raworth, K. (2017). *Doughnut Economics. Seven ways to think like a 21st century economics*. UK: Penguin Book.

Ries, E. (2011). *Lean Startup*. München: Redline.

Wahl, D. C. (2016). *Designing regenerative cultures*. Axminster, England: Triarchy Press.

3 Basislager: Rüstzeug für Ihre Reise

Das Basislager ist nicht nur Start Ihrer Reise, sondern gleichzeitig ein Ort, an den Sie immer wieder zurückkehren können, um sich zu sortieren und zu besinnen, um Ihre Erfolge gemeinsam zu feiern und auch Ihre Fehltritte zu reflektieren. Wie in der Zeichnung bietet das Lager Schutz und Wärme. Die Themen des Basislagers helfen Ihnen, wie mit einer Taschenlampe Licht ins Dunkel bringen. Schauen Sie gemeinsam immer wieder auf Ihre firmeneigene Karte, um sich zu orientieren.

3.1 Zeit finden

Die Reise zu mehr Ressourceneffizienz ist nicht einfach, erfordert Energie und Durchhaltevermögen. Wichtig hierfür ist, dass Sie einen Patz finden, in dem Sie innehalten und neue Kraft tanken können. Errichten Sie ein „Basislager" für Sie und für Ihr Team (Bild 3.1).

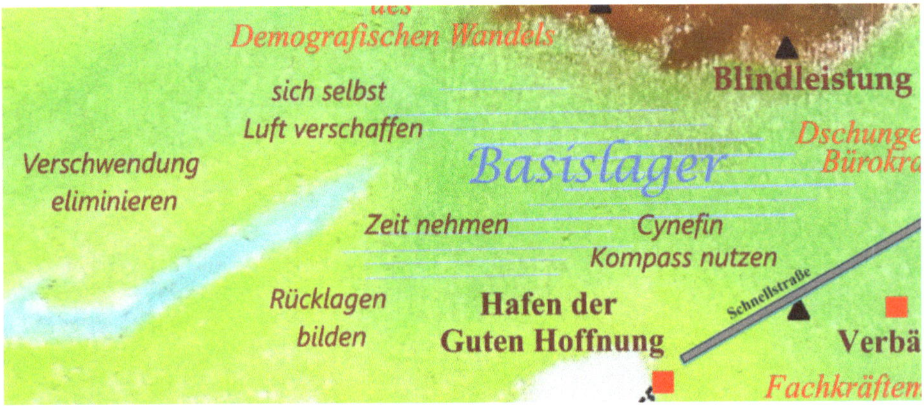

Bild 3.1 Im Basislager können Sie immer wieder Kraft sammeln

Fast die Hälfte der Geschäftsführer von KMU kennt die zu erwartenden Auswirkungen des Klimawandels auf ihre Geschäftsprozesse. So heißt es in einer aktuellen Umfrage des Instituts für Mittelstandsforschung, Bonn. In den vergangenen fünf Jahren haben sich Ereignisse wie z. B. Extremwetter, Hitze oder Hoch- und Niedrigwasser bereits auf die Geschäftstätigkeit von 41 % der KMU ausgewirkt. Es kommt aber dennoch kaum zu angemessener Auseinandersetzung mit den eigenen Veränderungs- und Gestaltungsmöglichkeiten. Die komplette Auslastung durch das Alltagsgeschäft hält fast die Hälfte der Befragten davon ab, sich mit den konkreten Folgen des Klimawandels zu beschäftigen (Bild 3.2; Rieger-Fels & Schlepphorst, 2023).

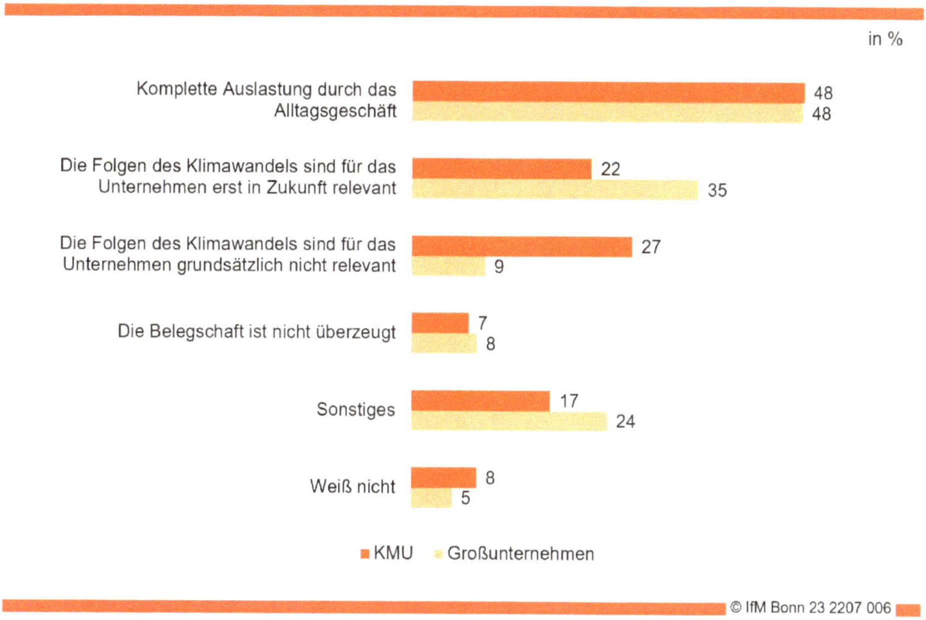

Bild 3.2 Gründe, warum eine intensive Beschäftigung mit den Folgen des Klimawandels (noch) nicht erfolgt ist

Zeit ist die Ressource, die am fairsten verteilt ist. Jeder hat jeden Tag 24 Stunden davon zur Verfügung. Wofür nehmen wir uns Zeit? Das ist eine Frage der Priorisierung und in dieser Frage dürfen Sie als Führungskraft mit gutem Beispiel vorangehen (Bild 3.3).

Wie viel Zeit haben Sie im Wochenrückblick in die Ausrichtung Ihres Unternehmens auf die Folgen des Klimawandels oder auf anderen Themen der langfristigen Ausrichtung investiert? Schauen Sie sich die Themen aus der Donut-Ökonomie (Bild 2.8) nochmal an und schätzen Sie Ihre Zeitinvestition in die für Sie relevanten Themen.

Notieren Sie auch im Wochenrückblick die Zeiten, für die Sie den Eindruck haben, Ihre Zeit im Geschäft verschwendet zu haben.

Wie ist es Ihnen gelungen, Ihre Zeit sinnvoll zu investieren? Wie sind Sie in die verschwendete Zeit gerutscht und haben sich somit die Macht über Ihre Zeitinvestitionen abnehmen lassen?

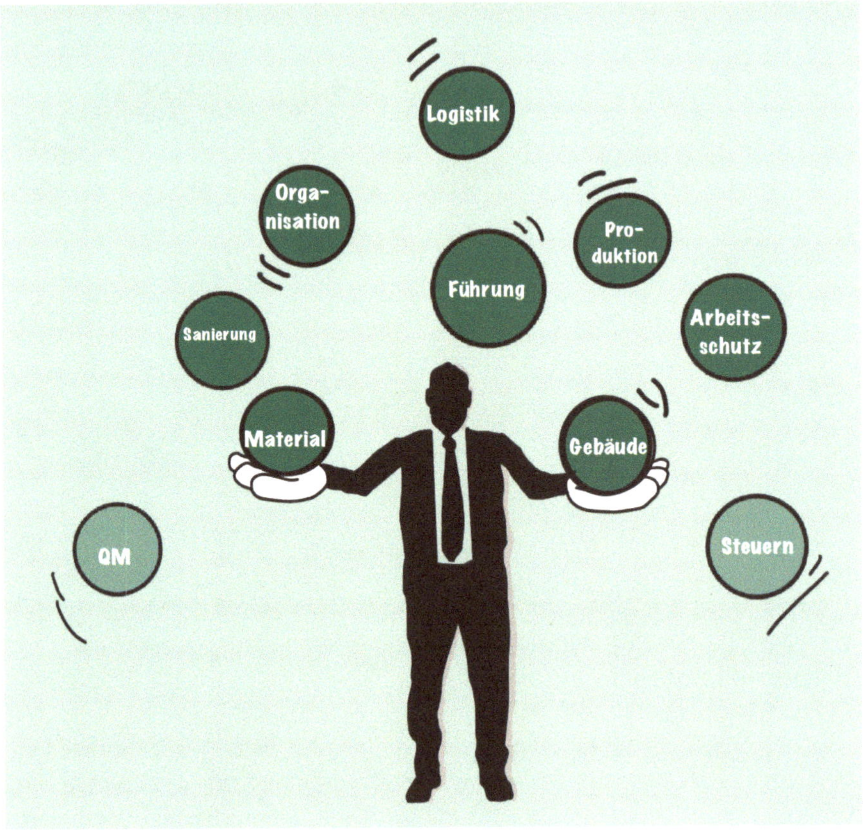

Bild 3.3 Wie viele Themen können Sie gleichzeitig jonglieren?

In jeder Organisation gibt es Routinen, die Zeit in Anspruch nehmen. Und es gibt kulturelle Gepflogenheiten z. B. bei Entscheidungsprozessen. Wie viel Raum geben Sie Ihren Mitarbeitenden für Entscheidungen? Und wie gut können Sie Entscheidungen ertragen, die Sie so selbst nicht getroffen hätten, die aber möglicherweise zum gleichen gemeinsamen Ziel führen? Wie viele Routinemeetings gibt es in Ihrem Unternehmen und an wie vielen nehmen Sie selbst teil? Hier gibt es kein richtig oder falsch, sondern es geht um bewusste Entscheidungen, wie Sie mit Ihrer wertvollen Zeit umgehen wollen. Vertrauen Sie den Menschen in Ihrem Unternehmen und investieren Sie Ihre Zeit und somit Ihre Energie dort, wo sie wirklich benötigt wird.

Oft finden sich bei Zeitfressern Regeltermine, in denen wir in bekannter Runde dieselben Argumente austauschen, ohne neue Ansätze zu finden oder neue Motivation zu gewinnen. Oder Fahrten zu persönlichen Gesprächen, die wir auch per Telefon oder Video hätten erledigen können. Erschwerend kommt bei dieser Thematik hinzu, dass uns ein Nein zu Zeitfressern immer schwerer fällt, je erschöpfter wir sind. Mit müdem Kopf fällt es leichter, die Sachen noch kurz durchzuziehen, als den inneren und äußeren Kraftakt anzugehen und aus dem Hamsterrad auszusteigen.

Ein *Nein* kostet oft mehr Energie, als Dinge zu erledigen, birgt aber mittelfristig die Gefahr, dass Ihr Unternehmen von Ihnen abhängig und somit unbeweglicher wird und dass Sie beim Jonglieren immer mehr Kraft investieren müssen, um keine Bälle zu verlieren.

Wenn wir in eine Zeit des regenerativen Wirtschaftens aufbrechen wollen, dann sollten wir zuallererst mit unseren eigenen Kräften anfangen, damit uns die Lebensfreude nicht verloren geht. Dies lohnt sich doppelt:

- Sie selbst gewinnen einen freien Kopf und wieder Freude an Ihren Aufgaben.
- Ihre Unternehmung bekommt neuen Schwung, weil auch in der Organisation durch wesentliche Fragen Luft für Neues entsteht.

3.2 Das gute Maß finden: Sich selbst Luft verschaffen

Kennen Sie diese Flow-Energie, bei der die Zeit nur so zu fliegen scheint? Sie vergessen zu essen und nehmen Störungen gar nicht wahr. Irgendwann schauen Sie mit gutem Gefühl auf das Ergebnis Ihrer Arbeit. Der Psychologe Mihály Csíkszentmihályi bezeichnet diese Energie als Flow, ein ständiges Schwingen zwischen der Aufregung einer herausfordernden Tätigkeit, die uns sinnvoll erscheint und dem Gefühl der Kontrolle, weil wir die Fähigkeit haben, diese Tätigkeit auszuführen. In Bild 3.4 ist dieser Flow-Bereich als goldene Fläche mit viel Energie und Helligkeit dargestellt. Sobald die energiegeladene Aufregung einer herausfordernden Tätigkeit in Richtung Sorge geht, hört der Flow-Bereich auf und es wird anstrengend. Die Überforderung schleicht sich ein und mit ihr die verstärkte Form der Sorge, die Angst, es nicht oder nicht rechtzeitig zu schaffen. Die letzte Ausprägung der Überforderung im Flow-Modell sind die Gleichgültigkeit und der Burn-out. An der unteren Grenze passiert Ähnliches. Wenn die Aufgabe kontrollierbar ist, wird es irgendwann entspannend bis hin zu langweilig. Langweilige Aufgaben frustrieren uns Menschen und die Unterforderung mündet im Bore-out, was für das Unternehmen und die betroffene Person genauso schädlich ist wie der Burn-out.

Nehmen Sie sich ein bisschen Zeit und betrachten Sie Bild 3.4 etwas intensiver. Welche Gefühle drücken die schematisierten Strichmännchen in den jeweiligen Bereichen aus? Welche dieser Gefühle sind Ihre häufigsten Begleiter?

Bild 3.4 Flow braucht ein stimmiges Gleichgewicht zwischen Anforderungen und Fähigkeiten

3.2.1 Der Umgang mit Zeit

Haben Sie, so wie die meisten Führungskräfte, Ihre Woche voll durchgeplant? Heben Sie sich die anspruchsvolleren Aufgaben für Randzeiten auf? Sehen Sie sich zunehmend mit neuen Herausforderungen konfrontiert? Das Risiko einer längerfristigen Überforderung steigt mit jedem Ja. Es geht im ersten Schritt darum, dass Sie sich selbst Ruheinseln verordnen. Ruhezeiten, in denen Sie nicht notwendigerweise schlafen, sondern gerne auch anderweitig Kraft und Lebensfreude tanken können. Energiezeiten, die Sie knallhart einhalten und nicht als Puffer für überraschende oder langfristige Probleme hergeben.

Zeit finden

Wie kommen Sie aus dieser Zwickmühle heraus? Zum einen brauchen Sie dringend Zeit für unterwartete Probleme oder für wichtige langfristige Fragen. Zum anderen aber auch Zeit für Erholung, Regeneration und Lebensfreude. Es braucht Ihre bewusste Entscheidung, sich für Ihr eigenes langfristiges Wohlbefinden Zeit zu nehmen. Und damit ganz konkret: Ihren Kalender auszumisten (Bild 3.5)! Werfen Sie ab sofort aus Ihrer 60-Stunden-Woche 30 Stunden raus und planen zehn Sonderstunden – also im Schnitt zwei Stunden pro Tag – für Unvorhergesehenes oder Langfristiges ein.

Bild 3.5 Den eigenen Terminkalender säubern – eine anspruchsvolle Aufgabe!

Reduzieren Sie Ihre Arbeitswoche auf eine gesunde 40-Stunden-Woche!

Die zehn Stunden für unvorhergesehene Probleme verteilen Sie vorteilhaft auf zwei halbe Tage, damit Sie wirklich in die jeweilige Problematik eintauchen können. Probieren Sie es aus und befolgen Sie den Vorschlag von Bild 3.6!

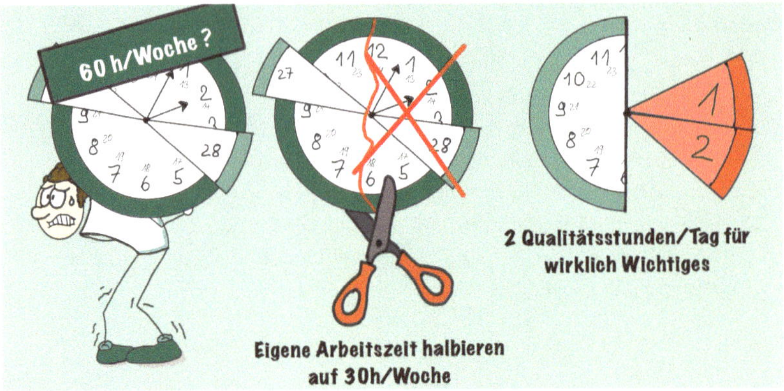

Bild 3.6 Sich selbst Luft verschaffen: zurück zum Acht-Stunden-Tag

Die gewonnenen 20 Stunden investieren Sie in Zeit für Familie, Freunde, Sport, Natur und Ihre ganz persönlichen Kraftquellen, die sich immer wieder verändern können. Sie werden feststellen:

- Die von Ihnen erwartete Katastrophe bleibt aus.
- Es wird positive Reaktionen Ihrer Kolleg:innen und Mitarbeitenden geben.
- Ihre Partnerschaft gewinnt neue Intensität.
- Ihre pubertierenden Kinder finden es ätzend.
- Nach wenigen Tagen oder Wochen werden Sie mit neuem Schwung, neuer Lebenskraft und Freude leben und arbeiten.

Wenn Sie zu der hier vorgeschlagenen Veränderung bereit sind, dann stehen Sie vor zwei weiteren Herausforderungen:

- Wie gehen Sie mit den neu gewonnenen Freistunden um? Wie finden Sie Ruhe und Kraft?
- Welche Themen nehmen Sie sich für die zehn Sonderstunden vor, ohne diese zu überfrachten, sodass diese Stunden zu hektischem, chaotischem Rumstochern werden?

In den freien Stunden Ruhe finden

In meiner eigenen Führungsbiografie und in Hunderten Gesprächen mit Geschäftsführenden, Freunden, Kolleg:innen und Coachees zeigte sich deutlich: Die allermeisten Führungskräfte verlieren das Gespür dafür, welche Begegnungen, Orte, Beziehungen sie innerlich nähren und ihnen Kraft und Ruhe geben. Das moderne Führungsleben führt in eine heftige Einseitigkeit. Das ständige Erfüllen und Funktionieren machen uns hoch effizient, mental routiniert, überdurchschnittlich leistungsfähig. Aber körperlich, emotional und spirituell stagnieren wir oder verkümmern.

Mit etwas Abstand betrachtet ist das absurd. Gerade wenn wir einen Führungsanspruch an unsere Unternehmung haben und bewirken wollen, dass unsere Firma lebendig wächst und gedeiht und gestärkt in die Zukunft geht, dann braucht es mehr als unseren Intellekt. Dann braucht es unseren Weitblick, unsere Intuition, unser Gespür. Über Zeiten der Ruhe finden wir zurück zu unseren eigenen Gefühlen und unseren eigenen Bedürfnissen. Damit sind wir erst wieder in der Lage, lebendige Beziehungen zu leben. Eine Einsicht, die alle spirituellen Traditionen und Coaching-Schulen in jeweils eigener Weise formulieren und dafür auch reichhaltige Übungswege anbieten.

Es fällt Ihnen schwer, sich Aktivitäten für die Erholungszeiten vorzunehmen? Visualisieren Sie in Ihrer persönlichen Karte Ihre ganz eigenen Wege raus aus dem operativen Alltag (Bild 3.7): Wo finden Sie Ihre persönlichen Ruheinseln und Kraftorte? Nehmen Sie sich hierzu Zeit. Gehen Sie raus in die Natur, machen Sie einen Spaziergang und lauschen Sie auf die Dinge, denen Sie begegnen.

Selbst wenn Sie auf den ersten Blick scheinbar ergebnislos zurückkehren: Diese Stunde hat Ihnen gehört, und es lohnt sich, solche kleinen Wanderungen immer mal wieder anzugehen.

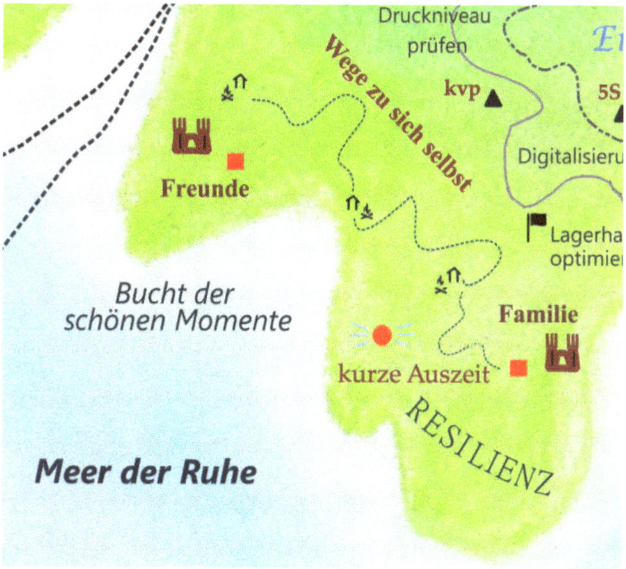

Bild 3.7
Ihr Weg raus aus dem operativen Alltag, hin zu sich selbst – finden Sie Orte der Ruhe

Wie Sie die Stunden für Unvorhergesehenes und Langfristiges nutzbringend verwenden

Wenn Sie sich auf dieses Abenteuer der Konzentration auf das Wesentliche einlassen, dann wird als Nächstes die Frage auftauchen, welche Themen Sie in den zehn nun neu verfügbaren Stunden für Unvorhergesehenes oder Langfristiges angehen wollen. Die Liste ist lang und es braucht eine Priorisierung. Dazu empfehlen wir eine weithin bekannte Hilfe: die Eisenhower-Matrix, siehe Bild 3.8. Die Eisenhower-Matrix sollte jeden Tag auf Ihrem Tisch liegen. Sie können diese Matrix nutzen, um Ihre Themen auf den Achsen operative Dringlichkeit und strategische Wichtigkeit einzuordnen.

Bild 3.8 Die eigenen Tätigkeiten konsequent einordnen mithilfe der Eisenhower-Matrix

3.2.2 Kraft durch Delegation

Die dringenden und strategisch wichtigen Themen gehen Sie in den zehn Sonderstunden der Woche selbst an. Die operativ dringenden, aber strategisch weniger wichtigen Themen delegieren Sie. Mit dem Delegieren leisten Sie einen doppelten Beitrag zum Firmenwohl: Sie fördern und fordern einen Mitarbeitenden und geben ihm Raum, sich zu entwickeln. Sie gewinnen dadurch Zeit für die anspruchsvollsten Aufgaben.

Ihren möglichen Einwand, dass Sie niemanden hätten, an den Sie delegieren können, lassen wir bestenfalls ein einziges Mal gelten. Denn: Sie sind die Führungskraft, Sie verteilen die Arbeit und stellen neue Mitarbeitenden ein, und Sie entscheiden über die Zahl Ihrer Auszubildenden. Achten Sie auf eine stetige Weiterentwicklung Ihrer vorhandenen Talente und seien Sie kreativ, findig und umsichtig bei der Personalbeschaffung: gegebenenfalls auch ein strategisches und wichtiges Thema für Ihre zehn gewonnenen Sonderstunden.

Vielen Führungskräften fällt das Delegieren schwer. Wie sieht das bei Ihnen aus?

Selbstreflexion zum Thema Delegieren

- In welchen Situationen delegieren Sie nicht oder nur ungern?
- Was würde passieren, wenn Sie trotz eines unguten Gefühls delegieren würden?
- Was verstehen Sie unter Führung?

Nehmen Sie sich Zeit für diese Fragen. Das muss nicht jetzt sein. Heben Sie sich die Selbstreflexion für Ihren Abendspaziergang auf oder für die geblockte Zeit in Ihrem Kalender, denn die Antworten sind wichtig. Und sie sind ganz individuell. Das sind keine rhetorischen Fragen. Die Antworten sind das Ergebnis Ihrer Erfahrungen und sozialen Prägungen. Sie haben Ihre eigenen Erfolgsstrategien entwickelt. Diese sind allerdings hin und wieder auf Aktualität und Brauchbarkeit zu überprüfen.

Delegieren setzt voraus, Vertrauen zu haben, dass der oder die andere es gut macht. Eine gute Führungskraft macht sich ersetzlich, ermächtigt andere. Wenn Sie einen Monat Auszeit nehmen können, ohne dass der Laden zusammenbricht, dann haben Sie einen richtig guten Job gemacht!

Wenn Sie noch ungern delegieren, bedenken Sie folgende Auswirkungen:

- Es hindert Sie daran, sich Zeit für strategische und langfristige Themen zu nehmen.
- Es gefährdet die Weiterentwicklung Ihres Unternehmens.
- Es behindert die Weiterentwicklung Ihrer Mitarbeitenden.
- Es behindert die Anerkennung fähiger Mitarbeitenden.
- Es schafft ein Klima des Misstrauens.

Mit der Kunst des Delegierens können Sie eine Vertrauenskultur in Ihrer Organisation aufbauen und stärken. Wahres Delegieren lässt den Mitarbeitenden Spielraum für eigene Lösungswege. So wie ein schnelles, unbedachtes Ja zu überraschenden Zusatzaufträgen, wenn die Hütte eigentlich schon voll ist, die Mitarbeitenden in Stress und Not bringen kann – so kann ein stures Nein zur Delegation die Mitarbeitenden in Frustration und Stagnation führen.

Als Führungskraft haben Sie erheblichen Einfluss auf das Befinden Ihrer Mitarbeitenden. Delegieren Sie ermächtigend und definieren Sie klar den Rahmen des Spielraums für Ihre Mitarbeitenden, indem diese Lösungen finden können. Lassen Sie Ergebnisse zu, die Ihnen nicht eingefallen wären.

Für eine regenerative Wirtschaft braucht es auch die eigene Regeneration! Mit dem bewussten Umgang mit Ihrer Zeit und Ihrer Lebensenergie senden Sie wertvolle Zeichen an die Belegschaft:

- Sie gewinnen wertvolle Zeit für Ruhe und Ausrichtung, für Ihre eigene Regeneration, und schaffen damit ein gutes Betriebsklima.

- Sie gewinnen Zeit für wichtige, wesentliche und strategisch bedeutsame Fragen.
- Ihre Mitarbeitenden erhalten erhöhte Wertschätzung, weil auch ihre Arbeitszeit inhaltlich wertvoller, vielleicht auch höherwertiger, eingesetzt wird.

Praktizieren Sie von nun ab regelmäßig die Wege Ihrer persönlichen Ruhe und Erholung. Auf diesen Wegen und in Ihren besonderen Momenten können Sie Lebensfreude und Zuversicht gewinnen, sich von der Natur beschenken lassen und damit eine tiefe Motivation für die notwendigen Veränderungen finden.

3.3 Finanzielle Mittel: Rücklagen bilden über Effizienzsteigerungen

Eine deutliche Mehrheit von KMU plant in den kommenden Jahren Investitionen in nachhaltige Technologien und Prozesse (Bild 3.9; Löher, 2022). Auffällig ist, dass die deutliche Mehrheit der Unternehmen die dazu notwendigen Investitionen aus eigenen Mitteln bestreiten möchten.

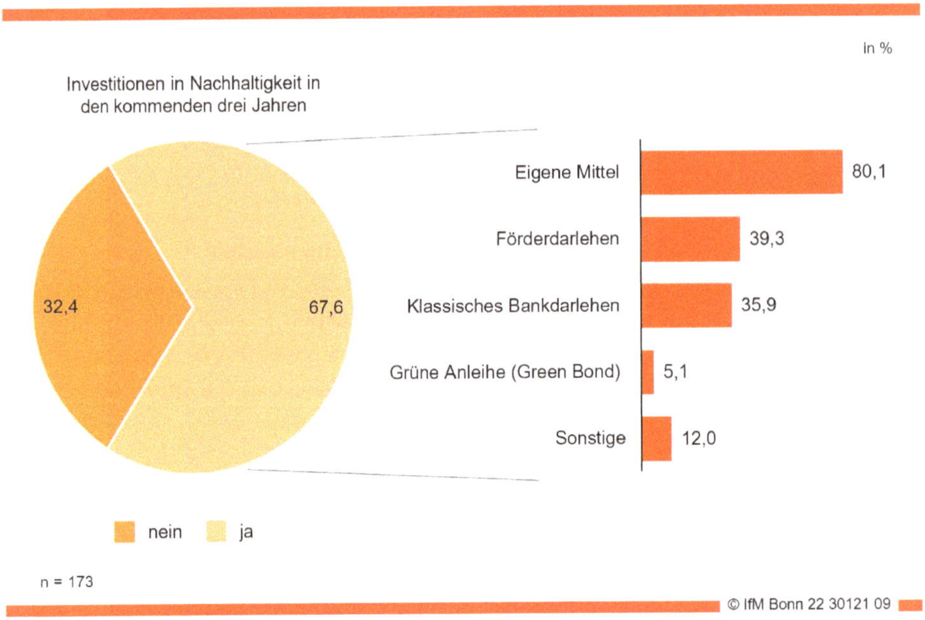

Bild 3.9 Investitionen in Nachhaltigkeit und deren Finanzierung (Löher, 2022)

Die Stärkung der eigenen Liquidität über das zügige Umsetzen von Effizienzmaßnahmen ist ein unternehmerisch sinnvoller erster Schritt. Dieser kann größere Investitionen unter Umständen erst ermöglichen, und wird sich auch bei der langfristigen Umgestaltung der eigenen Geschäftstätigkeiten auszahlen.

In Bild 3.1 ist diese Erkenntnis mit dem Merker „Rücklagen bilden“ eingetragen. Schauen Sie sich Ihre eigene Kostenstruktur noch einmal aus einem anderen Blickwinkel an. Dabei können wichtige Hinweise auf die rentabelsten Maßnahmen sichtbar werden.

Ein Beispiel: Die Kostenstruktur produzierender Unternehmen nach Bild 3.10 zeigt, dass der dominante Kostenblock für die Materialbeschaffung anfällt: Gut 40 % der Kosten (im Jahr 2017 statistisch 42 % der Kosten) geben produzierende KMU für die von ihnen eingesetzten Materialien aus. Die Energiekosten sind noch mit 2 % angegeben. Diese Angabe dürfte bedingt durch die Erhöhung der Strom- und Gaspreise bei den meisten KMU heute bei annähernd 5 % der Kosten liegen.

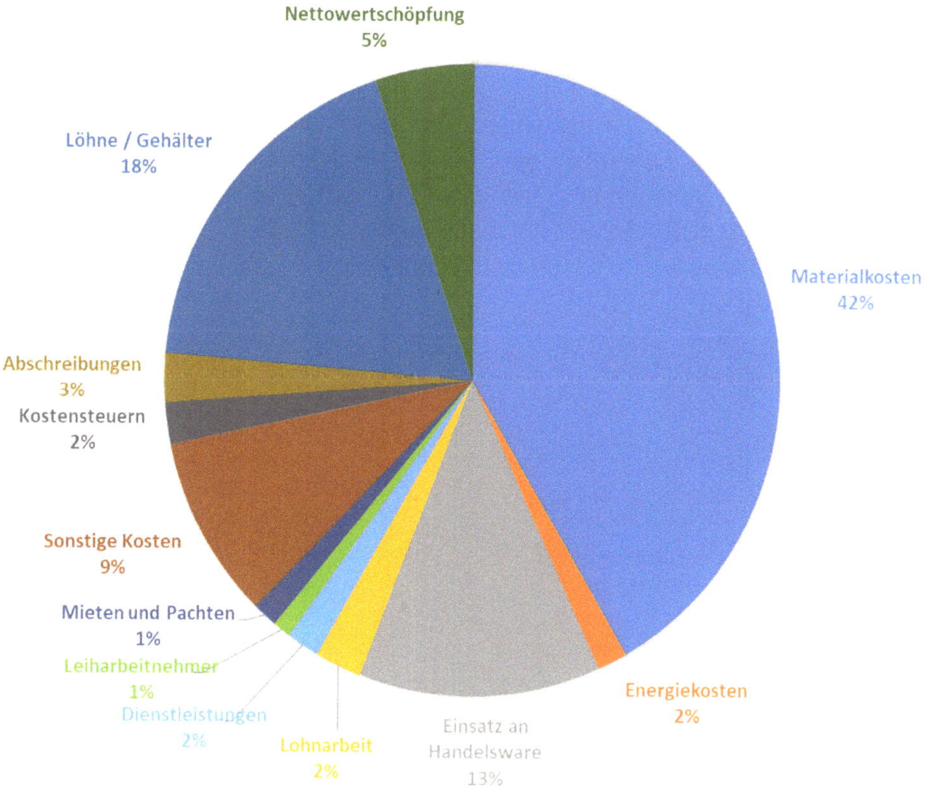

Bild 3.10 Kostenstruktur des produzierenden Gewerbes 2017 (Bundesamt, 2019)

Eine Reduktion der Materialkosten um 2 bis 3 % kann durch Einsparen von Verschnitt, Ausschuss und Abfall oder Minimierung der Lagerbestände erreicht werden. Geht man von einer üblichen Gewinnquote von 5 % bei produzierenden Unternehmen aus, können diese Maßnahmen unmittelbar zu einer rund einprozentigen Erhöhung der Gewinne führen. Das ist eine beachtliche Gewinnsteigerung. Denn: Eine einprozentige Gewinnsteigerung könnte alternativ z. B. über eine etwa 20-prozentige Umsatzsteigerung erzielt werden[1], wozu in der Regel enorme Anstrengungen notwendig sind.

Eine Verringerung der Materialkosten um 2,5 % über das Verhindern von Ausschuss, Verschnitt und Abfall kann Ihren Unternehmensgewinn um 1 % steigern, wozu Sie alternativ 20 % mehr Umsatz machen müssten!

Wie sieht Ihre eigene Kostenverteilung aus? Diese kann je nach Dienstleistungsanteil Ihrer Geschäftstätigkeit deutlich von Bild 3.10 abweichen. Mit einem Kostenstrukturrechner[2] können Sie Ihre Firma im Branchenvergleich einordnen.

Auch in Ihrem Betrieb finden sich wahrscheinlich zahlreiche Potenziale zur Steigerung der Energie- und Materialeffizienz. Wie so oft kommt es auch hier auf einen guten Mix der Maßnahmen an, siehe Bild 3.11. Kurzfristige organisatorische Maßnahmen lassen sich in der Regel ohne Investitionen umsetzen, sollten aber durch Schulungsmaßnahmen gut erklärt und eingeübt werden. Technologische Umstellungen kosten oft viel Geld und brauchen lange, bis sie umgesetzt sind (siehe auch Abschnitt 5.2.4). Organisatorische Maßnahmen sollten nicht als Vorwand genutzt werden, um grundsätzliche Verbesserungen anzugehen!

Bild 3.11
Kosten und Zeitperspektive verschiedener Maßnahmen der Effizienzsteigerung

1 Nach Angaben des Statistischen Bundesamts lagen Ende 2021 die Umsatzrenditen von KMU zwischen 5 und 14 % – wobei die Angaben stark variieren und auch von der Firmengröße stark beeinflusst werden. Für das verarbeitende Gewerbe lag sie Ende 2021 bei 5,1 %. Quellen: *https://de.statista.com/statistik/daten/studie/261428/umfrage/umsatzrenditen-im-deutschen-mittelstand* und *https://de.statista.com/statistik/daten/studie/261430/umfrage/umsatzrenditen-im-deutschen-mittelstand-nach-branchen*

2 Kostenstrukturrechner VDI RE: *https://kostenrechner.ressource-deutschland.de*

Wie wäre es mit einem Betriebsrundgang zu allen Orten, in denen Abfall und Ausschuss gesammelt wird? Heben Sie jeden Deckel hoch, schauen Sie in jeden Container und in jede Ölwanne und erstellen Sie eine Liste von dem, was Sie vorfinden.

- Werden in Ihrem Betrieb alle Abfälle sortenrein getrennt? → Sortenreines Trennen steigert den Wert von Reststoffen!
- Wie konstant sind die einzelnen Abfall- und Verschnittmengen? Gibt es Tages-, Wochen- oder Monatsschwankungen? → Das Wissen über die Einflüsse hilft Ihnen, Verschnitt zu minimieren!
- Welches sind die teuersten Abfälle? → Die teuersten Rohstoffe, aber auch nachbearbeitete Zwischenprodukte mit ihren dadurch erhöhten Maschinenkosten (!) sollten Sie zuerst anschauen!
- Wie oft und in welcher Form lassen Sie Reststoffe abholen? → Geschickte Verdichtung reduziert Transportfahrten!
- Welche Fragen haben Sie noch, wenn Sie an Ihre Abfälle, Verschnitte und Reststoffe denken?
- ...

In diesen Fragen liegen wichtige Anstöße für Verbesserungen und damit unmittelbare Sparmaßnahmen, die sich direkt positiv auf Ihren Gewinn und Ihre Liquidität auswirken. Aber Achtung: Stürmen Sie nicht allein los! Nutzen Sie die Erfahrungen des gesamten Teams! Niemand kennt die Tücken der Maschinen so gut wie die Anlagenfahrer und Schichtführer, die jeden Tag vor Ort sind. Gehen Sie gemeinsam vor Ort und gehen Sie den Dingen Schritt für Schritt nach.

In einigen Fällen wie z. B. fehlende Abfallsortierung, falsche Bestellmengen oder falsche Längenvorgaben, innerbetriebliche Verpackungen u. v. m. werden Sie die Dinge unmittelbar verbessern können. Bei anderen Problemen entstehen Potenziale, die mit Ihren Lieferanten und Kunden besprochen werden müssen. In solchen Fällen ergeben sich dann oft auch Einsparungen für Ihre Geschäftspartner, was zu einer weiteren Verbesserung der Geschäftsbeziehung führen kann.

3.4 Alles simpel oder was? Ein Kompass für situatives Handeln

Ihre Reise in eine nachhaltige oder regenerative Wirtschaftsweise ist kein Urlaub mit erprobten Ausflugsangeboten. Sie betreten neues Terrain, das vor Ihnen kaum jemand betreten hat. Ein Großteil Ihrer betrieblichen Abläufe ist bereits erprobt, weil Sie Ihre Prozesse und Produkte über Jahre verbessert und optimiert haben. Solche erprobten und optimierten Abläufe nennt man Best Practice, die beste Art, etwas zu tun. Es ist wichtig zu unterscheiden: Wo gibt es erprobte Wege, die Sie auch weiterhin gehen wollen? Und wo gilt es neue Wege zu finden? Wie bei einem Urlaub und der Unterscheidung nach „All-Inklusive-Angeboten" oder „Abenteuerreise" gilt es auch bei Ihren betrieblichen Herausforderungen, eine Unterscheidung bezüglich der Vorbereitung und der Ausrüstung vorzunehmen. Und wie bei einer Wanderung in unbekanntes Gebiet warten Überraschungen auf Sie, die den Reiz des Neuen ausmachen.

Hier bietet Ihnen das Cynefin-Modell von David Snowden[3] einen pragmatischen Kompass, um neue Situationen zunächst einmal einordnen zu können und die geeigneten Führungs- und Entscheidungsmethoden zu aktivieren. David Snowden erklärt die unterschiedlichen Bereiche in seinem Cynefin-Modell als Domänen.

3.4.1 Domäne: simpel

Bild 3.12 Bekannt und erprobt (Aleff et al., 2024)

---

3 *https://thecynefin.co/about-us/about-cynefin-framework*

In der Domäne „simpel" befinden wir uns in Ihren erprobten Prozessen (Bild 3.12), die Sie auch beibehalten wollen. Sie stehen an einem Punkt A, haben ein Problem und kennen die Lösung und den Weg dahin (B). Es gibt nur einen besten Weg (Best Practice). Das Ganze ist wie Fahrradfahren bei Sonnenschein. Der Weg ist vorhersehbar und wiederholbar und jeder, der diesen Weg gehen will, kann dies nach einer Vorgabe fehlerfrei bewältigen. Das ist die Welt der Standards, der klaren Ursache-Wirkungs-Mechanismen. Das funktioniert, weil nahezu alle Einflussgrößen auf den Prozess bekannt sind. Im Produktionskontext können solche Prozesse oft automatisiert werden. Wenn die Automatisierung hier noch nicht erfolgt ist, handelt es sich meist um Prozesse, die ohne große Einarbeitung bzw. Erfahrung und Kenntnisse durchgeführt werden können.

Der Handlungsauftrag lautet hier: Erkenne die Situation, ordne sie in ein bestehendes System ein und reagiere.

3.4.2 Domäne: kompliziert

Genauso wie in der Herausforderung zuvor stehen Sie in der Domäne „kompliziert" am Punkt A und wollen zu einem Punkt B über einen definierten Weg. Allerdings gibt es hier nun Hindernisse, Gegenwind, schlechte Sicht und mehrere Wege, die zum Ziel führen (Bild 3.13). Es braucht etwas Erfahrung und die Unterstützung von Experten, um auch alternative Wege zum Ziel zu finden. In diesem Bereich wird analysiert, bevor die beste Lösung für den aktuellen Fall gefunden werden kann. Auch hier sind wir immer noch im Bereich der Ursache-Wirkungs-Mechanismen. Diese sind aber nicht so offensichtlich.

Viele Fachleute wollen sich in diesem Gebiet nicht auf eine einzige Standardprozedur festlegen, denn es kommt auf die Qualität des Materials, das Klima in der Halle, die Standzeit der Maschine, den Lieferanten und auf die Umgebungstemperatur und vieles mehr an. Laut Snowden beginnt hier das Management. Standards in diesem Bereich sollten unbedingt zusammen mit den Experten vor Ort erstellt und immer wieder überprüft werden. Überlegen Sie gemeinsam, ob der Standard die Mitarbeitenden unterstützt oder eher behindert. Kontrolle verhindert Kreativität und Innovation. Regeln Sie nur, was unbedingt notwendig ist, und ansonsten vertrauen Sie den Experten vor Ort.

Der Handlungsauftrag lautet: Erkenne die Situation, analysiere sie und reagiere.

Unternehmen auf dem Weg in eine nachhaltige oder regenerative Zukunft verlassen schnell den simplen Bereich und stehen vor komplizierten oder komplexen Herausforderungen.

Bild 3.13 Experten gesucht (Aleff et al., 2024)

3.4.3 Domäne: komplex

Durch den Nachhaltigkeitskontext werden neue Maßstäbe gesetzt. Die betriebsinternen Belange betreffen noch stärker als zuvor einen erweiterten Kreis von Personen und Gruppen, dieser Kreis wird Stakeholder genannt. Wir reden hier von Mitarbeitenden, Lieferanten und Kunden, aber auch von Nachbarn, Finanzgebern, NGOs, Kooperationspartnern, Mitbewerbern, Hochschulen und Forschungsinstituten. Je mehr Interessengruppen beteiligt sind, umso mehr Informationen gibt es. Wir versuchen das instinktiv zu vermeiden und entscheiden lieber allein. Wenn wir allerdings die Dinge vereinfachen, obwohl die Sachverhalte komplex sind, finden wir nicht die passenden Lösungen und treffen möglicherweise keine angemessenen Entscheidungen. Es gilt mehrere Perspektiven zuzulassen, ja sogar einzufordern. Lassen Sie sich auch auf Komplexität ein!

Bild 3.14 Unbekanntes Gebiet (Aleff et al., 2024)

Wenn Sie gemeinsam mit Ihrem Team und anderen Personen, die ein Interesse an Ihrer Geschäftstätigkeit haben, neue Wege gehen, dann befinden Sie sich im Bereich der komplexen Herausforderungen (Bild 3.14). Sie wissen zwar, wo Sie sind (A), und haben auch eine ungefähre Vorstellung von Ihrem Ziel, aber dieses zeigt sich noch nicht klar. Daher gibt es auch keinen Weg dorthin. Der Weg entsteht beim Gehen. Hier zeigt sich, welche Fähigkeiten Führungskräfte heute brauchen: Vorstellungskraft und Kreativität. Sind Sie in der Lage, sich eine Zukunft vorzustellen, die es noch nicht gibt? Sehen Sie ein Produkt, eine neue Dienstleistung, einen anderen Prozess schon vor Ihrem geistigen Auge, bevor irgendjemand anderes nur in diese Richtung schaut? Dann sind Sie bereit für komplexe Herausforderungen.

Machen Sie sich klar, dass dies ein Möglichkeitsraum ist. Auch andere haben Ideen, vielleicht widersprechen sich sogar mehrere Ideen. Das ist nicht schlimm, lassen Sie das zu, fördern Sie die Kreativität in Ihrem Team, wenn Sie erkennen, es wird komplex, und geben Sie dafür die nötige Zeit und den Raum. Denn hier liegen die Chancen für Innovationen. Hier braucht es eine andere Fehlerkultur als in den beiden Ursache-Wirkungs-Bereichen zuvor. Dort galt es Fehler zu vermeiden, denn sie sind teuer. Im komplexen Bereich sollten Sie Fehler schnell machen, um schnell daraus zu lernen.

Der Weg entsteht beim Gehen und kann kaum durch vorherige Analyse sichtbar gemacht werden, er ist ja neu. Sie probieren Ideen und Ansätze erst aus. Über Versuch und Irrtum und kleine Feedbackschleifen tasten Sie sich voran. Dieser iterative Weg (lat. iterare → reisen) ist klassisch für die Start-up-Szene und die Software-Entwicklung. Schon früh geht man mit ersten Ideen zu den Kund:innen und holt sich Feedback ein. Man entwickelt ein Produkt oder eine Dienstleistung mit den Kunden zusammen.

Für Ihre Reise in die regenerative Wirtschaft gibt es keine Blaupause. Wie bei einer Wanderung in unbekanntes Gebiet warten Überraschungen auf Sie. Umso wichtiger, dass Sie diese Reise nicht allein machen. Gehen Sie mit Ihren Ideen früh nach draußen, reden Sie darüber, hören Sie auch anderen Ideen neugierig und interessiert zu. Gemeinsam finden Sie viel mehr heraus, als Sie sich allein vorstellen können.

Aus dieser Perspektive kann beispielsweise die Einführung der E-Mobilität lehrreiche Schleifen für Sie bereithalten: Nutzerverhalten, optimierte Ladezeiten, neue Abrechnungsmodalitäten u. v. m. Das klassische „Zu Ende denken" ist hier schlicht nicht möglich: Schnelles Lernen ist angesagt.

Da bei der Transformation von Unternehmen in eine nachhaltige Wirtschaftswelt auch die Geschäftsmodelle langfristig überarbeitet werden, sehen sich auch traditionsreiche Unternehmen in Zukunft mit komplexen Fragestellungen konfrontiert. Beschäftigen Sie sich mit den Methoden, die im Start-up-Bereich erfolgreich eingesetzt werden. Die Teammitglieder arbeiten mit partizipativen Gruppenprozessen wie Scrum, Liberating Structures, agilen Methoden der Entscheidungsfindung, Circle Facilitation, um schnell und beweglich zu bleiben. Erfolg bedeutet nicht, ein Produkt abzuliefern, Erfolg bedeutet, zu lernen, wie man das Problem des Kunden löst, sagt Eric Ries in seinem Buch *Lean Startup* (Ries, 2011). Viele Perspektiven zulassen, Komplexität fordern und fördern, neugierig sein, experimentieren und früh mit den ersten Ergebnissen nach draußen gehen, das ist hier gefragt.

Der Handlungsauftrag lautet: Probiere es aus, erkenne und reagiere.

3.4.4 Domäne: chaotisch

Im Sprachgebrauch ist das Chaos unbedingt zu vermeiden. Im Cynefin-Modell ist es die vierte Domäne, die gleichwertig zu den anderen zu betrachten ist (Bild 3.15). Chaotische Situationen entstehen schnell und oft ohne Vorwarnung: eine weltweite Pandemie, eine Überschwemmung, ein Brand oder einfach eine unvorhergesehene Situation im betrieblichen Alltag.

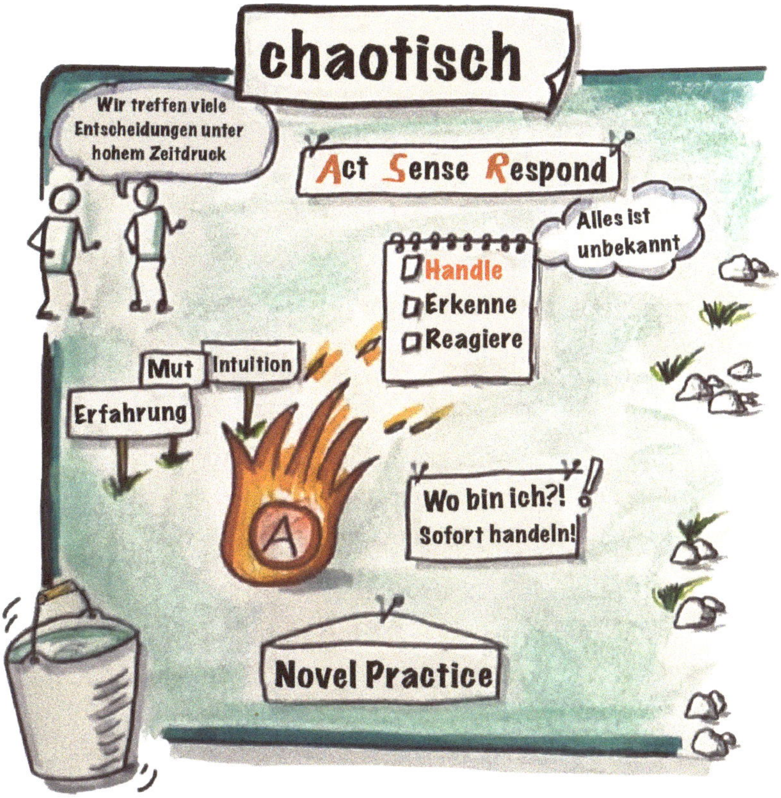

Bild 3.15 Handeln im Chaos (Aleff et al., 2024)

Da, wo Sie stehen, brennt es. Sie müssen sofort handeln. Hier treffen Menschen mit Mut und aus ihrer Intuition heraus schnelle Entscheidungen unter Zeitdruck. Erst, wenn die Gefahr vorüber ist, können Sie sich das Ganze in Ruhe anschauen und analysieren, was gut gegangen ist und was Sie beim nächsten Mal anders machen könnten.

Wichtig für Sie als Führungskraft: In chaotischen Situationen entscheiden instinktiv die Menschen mit Erfahrung. Wertschätzen Sie, dass jemand aus Ihrem Team Entscheidungen im Chaos getroffen hat und somit die Verantwortung übernommen hat. Sie können solch mutiges Verhalten von erfahrenen Personen schnell zunichtemachen, wenn Sie den Inhalt der Entscheidung abwerten und kritisieren. Als Folge davon werden Ihre Mitarbeitenden im nächsten Fall nichts tun und auf Ihre Entscheidung warten. Fördern Sie den Mut Ihrer Mitarbeitenden, in brenzligen Situationen beherzt zu entscheiden und loben Sie dieses Verhalten!

Der Handlungsauftrag im Chaos lautet: Handle. Erkenne dann und reagiere, indem Du anpasst und nachjustierst.

3.4.5 Aufmerksam bleiben

Keine Domäne ist mehr wert als die anderen. Sie können innerhalb eines Projekts, eines Meetings parallel existieren, denn es handelt sich um eine situative Verortung. Für jede Domäne gibt es typische Rollen:

- **Simpel:** Der Qualitätsmanager erstellt Standards.
- **Kompliziert:** Der Analyst erforscht die kleinsten Zusammenhänge.
- **Komplex:** Der Kreative experimentiert und testet.
- **Chaotisch:** Der Macher macht.

Was passiert, wenn Sie sich dieser vier Bereiche nicht bewusst sind? Dann befinden Sie sich in der Höhle der Unaufmerksamkeit (Bild 3.16). Dies ist eine Art fehlendes Bewusstsein für die vier Domänen und deren Wichtigkeit.

Bild 3.16 Die Höhle der Unaufmerksamkeit (Aleff et al., 2024)

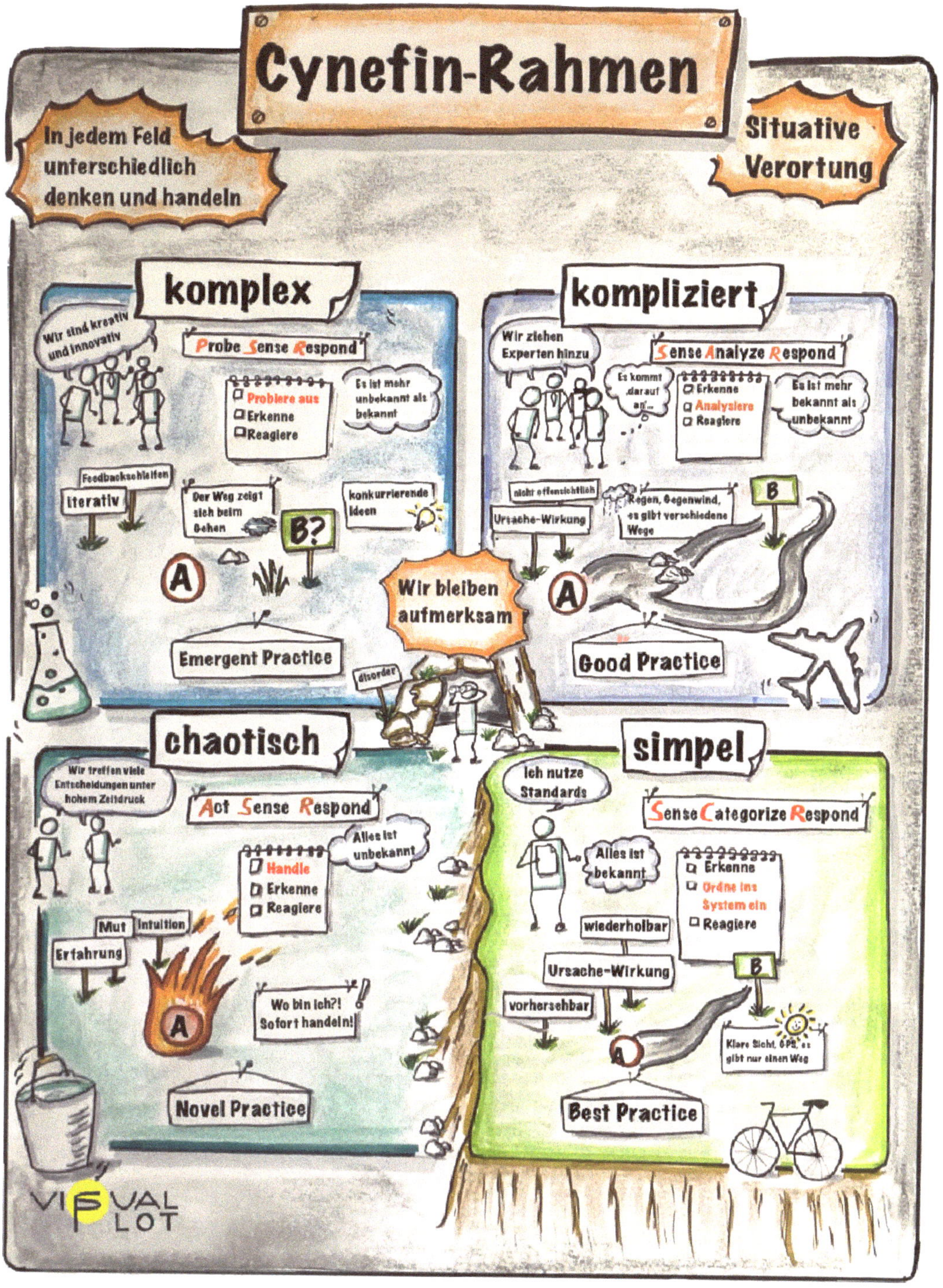

Bild 3.17 Das Cynefin-Modell von David Snowden (Aleff et al., 2024)

Sie haben für eine der vier Domänen eine Präferenz, eine Art Erfolgsstrategie, mit der Sie im Leben dorthin gekommen sind, wo Sie jetzt sind? Wo ordnen Sie sich ein? Ohne Bewusstsein für die vier Domänen gehen Sie davon aus, dass alle Probleme dieser Welt auf genau diese Art gelöst werden können. Das ist, als ob Sie Optiker sind und Ihrem Kunden großzügig Ihre eigene Brille anbieten, weil Sie zwei davon haben: „Das ist eine gute Brille. Sie hat mir im Leben immer gute Dienste geleistet."

Bleiben Sie aufmerksam für die verschiedenen Domänen und die notwendigen Methoden und Haltungen in jedem der Bereiche und akzeptieren Sie Strategien, die nicht Ihrer eigenen Präferenz entsprechen (Bild 3.17). Gemeinsam im Team und mit der Vielfalt der Perspektiven werden Sie ein ganzheitliches Bild erhalten und die beste Lösung für das gemeinsame Ziel finden. Die Freude am gemeinsamen Tun wird Ihre Firma durch alle Krisen in die Zukunft tragen.

Leitfragen für Ihren Rucksack

- Gehen Sie wertschätzend mit sich um? Gehen Sie wertschätzend mit Ihrem Team um?
- Schaffen Sie sich genügend Freiräume, um Kraft zu tanken? Für sich und Ihr Team?
- Achten Sie auch darauf, dass Ihnen Luft zum Atmen bleibt? Auch in finanzieller Hinsicht?
- Konzentrieren Sie sich auf die Aufgaben, die wirklich wichtig sind?
- Wissen Sie stets in welcher Domäne Sie sich befinden? Und handeln Sie entsprechend dieser Domäne?

Literaturverzeichnis

Aleff, D. et al. (2024). *Nachhaltigkeit und Qualitätsmanagement*. München: Carl Hanser Verlag.

Bundesamt, S. (3. Juni 2019). *Kostenstruktur der Unternehmen des verarbeitenden Gewerbes – 2017*. Von *https://www.destatis.de/DE/Themen/Branchen-Unternehmen/Industrie-Verarbeitendes-Gewerbe/Publikationen/Downloads-Struktur/kostenstruktur-2040430177004.html* abgerufen

Löher, J. (Oktober 2022). *Die Förderung nachhaltiger Finanzierung durch die EU – Auswirkungen auf den Mittelstand*. Bonn: IfM Hintergrundpapier, Institut für Mittelstandsforschung.

Rieger-Fels, M. & Schlepphorst, S. (September 2023). *Klimarisiken aus Perspektive der Unternehmen*. Von IfM-Hintergrundpapier, Institut für Mittelstandsforschung. Von *https://www.ifm-bonn.org/fileadmin/data/redaktion/publikationen/ifm-hintergrundpapier/dokumente/IfM-Hintergrundpapier_Klimarisiken.pdf* abgerufen

Ries, E. (2011). *Lean Startup*. München: Redline.

4 Empowerment: Mitarbeitenden Freiräume geben

Sie stehen vor einer großen Reise. Sie werden diese Reise nur zu einer Erfolgsgeschichte machen, wenn Sie gemeinsam mit Ihrem Team vorangehen. Sie brauchen die vielfältigen Kompetenzen und Erfahrungen Ihrer Leute – gerade für die Strecken, in denen es in unbekanntes Gebiet geht. Sie brauchen Begeisterung und überdurchschnittliche Leistungsbereitschaft, um neue Geschäftsfelder zu erkunden und erfolgreich umzusetzen.

4.1 Aufs Team kommt es an

Bild 4.1 Das Miteinander stärken

Bei vielen Menschen können Veränderungen auch Unsicherheit und Angst auslösen. Betriebliche Veränderungsprozesse ziehen sich quer durch die Organisation und jede und jeder ist davon betroffen. Auch wenn die Teamzugehörigkeit vielleicht nicht verändert wird, Abläufe ändern sich, es gibt neue Inhalte, Begriffe und Sprache ändern sich, man wird mit der eigenen Lernfähigkeit konfrontiert, macht Anfängerfehler, stellt sich im Vergleich zu jüngeren Mitarbeitenden vielleicht ungeschickt und dumm an.

Auf Ihrer Reise in zukünftige Geschäftsfelder brauchen Sie die innere Bereitschaft Ihrer Mitarbeitenden, diese Risiken einzugehen. Sie brauchen das Vertrauen Ihrer Mitarbeitenden, dass sie neue Prozeduren und Dinge ausprobieren dürfen, Fehler machen dürfen, Lernen dürfen. Eben das zu tun, was zwangsläufig notwendig ist, wenn wir die Domäne „simpel“ (Kapitel 3) verlassen müssen.

Gehen Sie folgenden Fragen nach, immer wieder. Sie sind zentral für die weitere Reise! Aktualisieren Sie Ihre Antworten auf diese Fragen in einem Jahr:

- Was können Sie tun, um das Vertrauen Ihre Mitarbeitenden in Ihre unternehmerische Reise zu verdienen?
- Wie stärken Sie die Selbstverantwortung Ihrer Teams?
- Wie kann aus Ihrem Unternehmen eine lernende Organisation werden?

Flankierend dazu zwei weitere Fragen:

- Wie viel Zeit/Geld investieren Sie in Ihre persönliche Entwicklung?
- Wie viel Zeit/Geld investieren Sie in die Entwicklung Ihres Teams?

4.2 Vertrauen verdienen, Vertrauen schenken

Verdienen Sie das Vertrauen Ihrer Mitarbeitenden? Diese Frage mag Sie erstaunen. In der Regel beschäftigt Sie wahrscheinlich eher die Frage, ob Sie Ihren Mitarbeitenden vertrauen können, als umgekehrt. Wenn Sie darauf schauen, welchen Führungskräften und Autoritäten Sie selbst in Ihrem Leben vertraut haben, dann werden Ihnen vielleicht folgende Punkte wichtig sein:

- fachlich kompetent – weiß, wovon er oder sie spricht, hat es selbst schon umgesetzt
- Überblick – kann die Relevanz eines Problems, einer Situation erkennen und reagiert angemessen
- lösungsorientiert – setzt sich für Win-Win-Situationen ein
- Vorleistung – ist bereit, zu investieren, ohne den unmittelbaren Gewinn zu suchen
- Verständnis – ist bereit, auf die persönlichen Bedürfnisse des Gegenübers einzugehen
- realistisch – hat einen guten Blick für die gegebenen Ressourcen und deren Möglichkeiten
- wertschätzend – erinnert sich an Geleistetes, zeigt Dank und Anerkennung
- lernfähig – ist bereit, eigene Fehler zuzugeben, und lernt daraus
- konsequent – steht zu getroffenen Vereinbarungen und fordert diese ein
- klar – bringt die Dinge auf den Punkt
- neugierig – möchte neue Ansätze und Ansichten kennenlernen
- experimentierfreudig – geht kalkulierbare Risiken ein, um zu lernen

Für solche Führungskräfte engagieren wir uns gerne und laufen bei Bedarf auch eine Extrameile.

> Solange Sie als Führungskraft allein über Ihre unbestreitbare Machtposition als Arbeitgeber (oder ihre formale, hierarchische Position) führen, sind Sie für Ihre Mitarbeitenden ein klassischer Vorgesetzter, dessen Anweisungen man folgt, um seinen Job zu erledigen und zu behalten. Sie agieren aufgrund der Akzeptanz der Leitungsbeziehung. Diese wird über die formalen Rahmenbedingungen Ihres Betriebs gestützt. Wenn Sie als Führungskraft aber eine wertschätzende Beziehung zu den Mitarbeitenden pflegen und zu einem Vorbild im geschilderten Sinne werden, werden Sie zu einer Führungskraft (Vorbild, Mentor). Der Unterschied? Sie haben die Akzeptanz Ihrer Mitarbeitenden in der Führungsbeziehung gewonnen und können Vertrauen aufbauen!

Es geht in diesem Kontext um Ihre Persönlichkeit, um Ihre Ausstrahlung und damit um die Wirkung, die Sie als Person auf andere Menschen haben. In machtbetonten Organisationen bekommen Vorgesetzte i. d. R. selten offene Rückmeldung über die Wirkung ihres Verhaltens. Ein Mangel an Feedback, der zu einer Verkrustung und Stagnation in diesen Firmen und Organisation führt.

In jeder Organisation sollte es zudem auch strukturelle Elemente der Führung geben, die zu einem Vertrauensaufbau bei den Mitarbeitenden führen und die gleichzeitig Ihre Arbeit als Führungskraft erleichtern. Zu diesen Formen der Kontraktgestaltung zählen z. B. ein transparentes Entgeltsystem, Kriterien für Beförderungen, betriebliche Formate der Mitbestimmung, Betriebsvereinbarungen. Diese strukturellen Komponenten beinhalten sowohl monetäre Anreize und Sicherheiten (Vergütung, Leistungszulagen, Altersvorsorge, Zusatzversicherungen, Firmenwagen) als auch nicht monetäre Komponenten wie Fortbildungsmöglichkeiten, herausfordernde Aufgaben oder Projekte, Entscheidungsspielräume sowie Elternzeiten, familienfreundliche Maßnahmen, Mobilitätsangebote, Fitnessangebote etc.

Gerade bei Konflikten mit Mitarbeitenden kann es ratsam sein, sich an die beschriebenen eigenen Erwartungen an Vorgesetzte zu erinnern und kritisch zu hinterfragen, welchen eigenen Beitrag man zum Konflikt beigetragen hat.

Aber bei aller gesunden Selbstkritik: Es gibt auch immer wieder Fälle, in denen das Fehlverhalten oder die Fehlleistung klar aufseiten des Mitarbeitenden liegt. Wollen wir auch diese Situationen langfristig nutzen, um gerade auch hier Vertrauen aufzubauen und das Engagement und die Bindung des Mitarbeitenden zu erhöhen, dann ist wohl Folgendes unerlässlich:

- Die klare Ansage – in einem persönlichen, gesichtswahrenden Gespräch. Dies sollte möglichst zeitnah und konkret erfolgen, sodass der Konflikt nicht stillschweigend eskaliert und später nicht mehr eingefangen werden kann.
- Die klare und ehrliche Botschaft, dass es die Chance zum Lernen und Verbessern gibt und die entsprechenden Schritte auch gesehen werden.
- Die Bereitschaft, dem Mitarbeitenden wieder mit Vertrauen zu begegnen.

Bei den anstehenden Veränderungen werden aber auch andere Arten von Konflikten immer wieder auftauchen. Neben den persönlichen Konflikten zeigen sich strukturelle Konflikte, weil neue Rollen nicht sauber geklärt sind, Zuständigkeiten von Teams neu definiert werden müssen und Mitarbeitende damit zu Symptomträgern für diese organisationalen Konflikte werden. Achtung: Don't shoot the messenger! Hier ist Ihre Weitsicht gefragt (siehe auch Abschnitt 3.2).

Als Führungskraft gehen Sie auch im Zusammenhang mit einer Konfliktbewältigung in Vorleistung – mit einem erneuten Vertrauen in den Willen Ihrer Mitarbeitenden, von erkannter Fahrlässigkeit oder strukturellen Problemen zu lernen und in diesem Sinne „besser" zu werden. Von den meisten Mitarbeitenden wird dieses Vertrauen mit Loyalität beantwortet werden, wenn sie spüren (!), dass es ernst gemeint ist.

In Anbetracht der zunehmenden kulturellen Diversität ist es wichtig, sich mit den meist unausgesprochenen, oft unbewussten Erwartungen von Mitarbeitenden aus anderen Kulturkreisen auseinanderzusetzen. Eine lesenswerte Einführung bietet (Hofstede, Hofstede & Minkow, 2017). Hier werden grundlegende Einstellungsunterschiede und kulturell bedingte Wertevorstellungen erklärt, die sich über Ausprägungen von Machtdistanz, Unsicherheitsvermeidung, Leistungsorientierung, Zukunftsorientierung etc. plausibel erklären lassen.

Bei einigen Mittelständlern kam dieses Problem offen zur Sprache: Wie gehen wir mit kulturellen Erwartungshaltungen muslimisch geprägter Männer um, die sich nicht vorstellen können, mit Frauen gemeinsam einen Raum für eine Pause zu teilen ... Wie gehen wir mit einer stark auftretenden Gruppe mit russischer Herkunft um, die bei Konflikten mit anderen Gruppen Gewalt androhen? Vielleicht hilft die Erkenntnis, dass dies grundsätzlich keine neuen Probleme sind, die aber über stigmatisierende Schemata (Ausländer, Russe, Araber, Moslem ...) schnell zu dramatischen Eskalationen und damit zu Spaltungen führen können. Einmal mehr ist hier Ihre Persönlichkeit gefragt: ins direkte Gespräch gehen, Zeit nehmen, gut zuhören, die einzelnen Parteien verstehen, in Ruhe abwägen und eine für alle tragbare und praktikable Entscheidung treffen. Und damit auch Grenzen klarmachen, welche Integrations- und Anpassungsleistungen in Ihrer Firma notwendig sind, um dazuzugehören.

4.3 Selbstverantwortung der Teams und lernende Organisation

Für Ihren Aufbruch in eine nachhaltige und regenerative Zukunft gilt es, zusammen mit Ihrem Team eine entsprechende Haltung einzunehmen, die es ermöglicht, neugierig auf bewährte Prozesse zu schauen und im gegenseitigen Vertrauen zu experimentieren. Diese Art der Haltung des gemeinsamen Forschens kann nicht durch Ansage und Befehl und auch nicht mit einer Gehaltserhöhung erreicht werden. Das bekommen Sie nur hin, wenn Ihre Mitarbeitenden sich als Team fühlen und nicht nur als zusammengewürfelter Haufen, der zufällig in der Nähe wohnt und in Ihrem Unternehmen zusammenkommt, weil ja alle irgendwie Geld verdienen müssen. Damit sind sie im simplen oder auch komplizierten Bereich handlungsfähig, im komplexen Bereich nicht mehr.

Ein Beispiel: In der industriellen Wäscherei Geiger Textil in Bad Säckingen finden sich unter 380 Mitarbeitenden 34 verschiedene Nationen. Auch wenn Wert darauf gelegt wird, dass die deutsche Sprache gelernt wird – Sprachunterricht und Integrationskurse in den eigenen Räumen werden angeboten –, so ist es immer wieder schwierig, trotz der deutlichen kulturellen Unterschiede gut miteinander auszukommen. Um 1 Million Stück Berufskleidung gut gepflegt im Umlauf zu halten, braucht es achtsame

Augen und Hände an jeder Stelle. Bei Geiger Textil wird darauf geachtet, dass die Menschen in den Teams sich gegenseitig helfen und Kolleg:innen voneinander lernen. Ob eine Mitarbeiterin für lange Zeit dieselbe Tätigkeit am selben Ort ausführt oder aber immer wieder neue Dinge lernt, entscheidet sie selbst mit.

Was können Sie also tun, um die Selbstorganisation Ihrer Teams zu fördern? Geben Sie Ihren Mitarbeitenden Raum, Dinge selbstständig auszuprobieren und zu verbessern! Sie schlüpfen damit in die Rolle eines Gärtners, Sie unterstützen das Wachstum Ihrer betrieblichen Talente anerkennend und wertschätzend (Bild 4.2). Und als Gärtner oder Gärtnerin wissen Sie, dass es Zeit und Geduld braucht – manchmal auch Wachstumshilfen, Stützen, Dünger – und immer wieder ehrliche Aufmerksamkeit!

Bild 4.2
In einer lernenden Organisation geben Sie Mitarbeitenden Raum für ihr Wachstum

Raum zu geben, heißt auch, dass Sie sich immer wieder zurücknehmen. Auch wenn Sie überzeugt sind, genau zu wissen, wie eine bestimmte Verbesserung gelingen würde: Treten Sie zurück und überlassen Sie anderen den Zieleinlauf (Bild 4.3). Gehen Sie nicht in Konkurrenz, sondern bieten Sie wertschätzendes Coaching und unterstützende Beratung an!

Die meisten operativen Arbeiten brauchen Raum und Vertrauen. So zum Beispiel auch der/die Qualitätsmanagementbeauftragte, der oder die für die Prozessbeschreibungen zuständig ist. Um Prozesse zu implementieren, reicht es nicht, sie auf einer Prozesslandkarte beschreiben zu lassen und diese dann im QM-System für das Audit bereitzuhalten. Um einen Prozess zu implementieren, braucht es Mitarbeitende, die den Sinn und Zweck dieser Prozesse erkennen. Die sich auf die neuen Prozesse mit Herzblut einlassen und dafür sorgen, dass sich neue Gewohnheiten im Unternehmen entwickeln.

Bild 4.3
In einer lernenden Organisation lassen Sie auch anderen mal den ersten Platz

Für Ihre erfolgreiche Reise in nachhaltige Geschäftspraktiken ist es wichtig, dass Ihre Mitarbeitenden verinnerlichen, dass nicht nur einzelne Prozesse im Sinne von KVP (kontinuierlicher Verbesserungsprozess) fortlaufend verbessert werden können, sondern es ist auch notwendig, Pfeiler Ihres Geschäftsmodells immer wieder kritisch zu hinterfragen:

- Beauftragen wir die passenden Lieferanten?
- Bedienen wir die richtigen Kunden?
- Bieten wir die richtigen Produkte und Dienstleistungen an?
- Nutzen wir unsere Ressourcen effizient?
- ...

Im Sinne der Nachhaltigkeit ist der finanzielle Erfolg ein wichtiges, aber nicht mehr das alleinige Beurteilungskriterium! Eine eigene Umfrage[1)] von Ende 2022, an der mehr als 200 Unternehmen aus dem südbadischen Raum teilnahmen, bestätigt allerdings: In gut 90 % der Betriebe ist noch alleinig die Geschäftsführung für das Themenfeld Nachhaltigkeit und seine betriebliche Weiterentwicklung verantwortlich. Zu bedenken ist hierbei, dass auch die fähigste Unternehmensleitung unmöglich alle Aspekte im Blick haben und für diese auch noch neue Ansätze entwickeln kann.

Binden Sie möglichst die gesamte Belegschaft in die Weiterentwicklung Ihres Betriebs ein – nicht in Form eines einmal jährlich stattfindenden Workshops, sondern vor allem über den Aufbau einer betrieblichen Lernkultur, in der das Thema „Nachhaltigkeit“ in all seinen Facetten entfaltet wird.

---

1 *https://www.ihk.de/freiburg/innovation/innovation-technologietransfer/ressourceneffizienz/marktanalyse-ressourceneffizienz-6062324*

Lassen Sie *regelmäßig* zu kleinen Workshops einladen, um Ideen für effizientes, nachhaltiges Handeln einzusammeln. Etablieren Sie z. B. einen regelmäßigen halbstündigen betrieblichen Erfahrungsaustausch (ERFA), an dem die Teams über die wichtigsten Dinge reden, die sie in der letzten Woche verbessert haben. Dabei kann z. B. die Fragetechnik der 7W aus Abschnitt 3.3 eine nützliche Hilfestellung sein. Achten Sie darauf, dass in diesen ERFA auch die persönlichen, subjektiven Hinweise auf Lösungsansätze besprochen werden. „Wie hast Du gemerkt, dass der Meißel an das Ende seiner Lebensdauer kam?"/„Welche Routine hilft Dir, deinen Arbeitsplatz sauber zu halten?"/„Wie entscheidest Du, welcher Auftrag gerade wichtiger ist?"/„Welche Visualisierung kann Dir bei der Arbeit helfen, den Überblick zu behalten?"/„Wie gehst Du mit nervigen Kunden um?".

Soll sich eine zukunftsorientierte, nachhaltige Unternehmens**kultur** entwickeln, müssen alle Mitarbeitenden, alle Prozesse, alle verwendeten Arbeitsmittel und Infrastrukturen (IT ohne Medienbrüche etc.), aber auch viele externe Geschäftspartner:innen Schritt für Schritt auf eine lange Reise mitgenommen werden. Wichtig hierbei ist die Bereitschaft, miteinander und voneinander zu lernen. Und auch die Bereitschaft, gemeinsam Dinge zu verlernen, die nicht mehr nützlich sind.

Die bundesdeutsche Arbeitsagentur gewährt finanzielle Unterstützung bei betrieblichen Fortbildungen. In vielen Fällen wird auch die finanzielle Belastung, die durch den Arbeitsausfall des Mitarbeitenden entsteht, kompensiert[2)].

Bild 4.4 stellt schematisch dar, dass die Reise in betriebliche Nachhaltigkeit lange dauern kann. Die Initialzündung kommt von Ihnen (in Bild 4.4 als Management Push beschreiben), um dann aber auf eine intrinsische Motivation der Mitarbeitenden hin zu arbeiten.

Mit der allseits zunehmenden kulturellen Diversität ist es wichtig, ein besonderes Augenmerk auf offene und transparente Kommunikation zu legen. Wir können im betrieblichen Alltag nicht mehr von einem gemeinsamen Erfahrungshintergrund ausgehen und damit auch nicht von einem gleichartigen Erwartungshintergrund. Es braucht daher viel Geduld bei der Kommunikation: Fragen Sie bei Ihren Mitarbeitenden immer wieder aktiv nach, was bei Ihrem Gegenüber angekommen ist, und ob er/sie Fragen hat.

---

[2] Siehe in Baden-Württemberg z. B. *https://www.diamantimunternehmen.de*

Bild 4.4 Der Weg in die lernende Organisation ist lang und lohnenswert (in Anlehnung an (Schmidt, Haubach, Spieth, Bauer & Preiß, 2019))

Leitfragen für Ihren Rucksack

- Sind Sie sicher, dass Sie die fachliche Kompetenz Ihrer Mitarbeitenden voll ausschöpfen und weiterentwickeln?
- Hat sich die Organisation Ihrer Unternehmung in den letzten zehn Jahren verändert und damit an die vielen Veränderungen des Umfelds hinreichend angepasst?
- Kennen Sie Firmen in Ihrem Umfeld, die innovative Formen der Zusammenarbeit erprobt haben?

Literaturverzeichnis

Hofstede, G., Hofstede, G. J. & Minkow, M. (2017). *Lokales Denken, globales Handeln. Interkulturelle Zusammenarbeit und globales Management*. München: dtv.

Laloux, F. (2015). *Reinventing Organisations. Ein Leitfaden zur Gestaltung sinnstiftender Formen der Zusammenarbeit*. München: Franz Vahlen GmbH.

Oestereich, B. & Schröder, C. (2017). *Das kollegial geführte Unternehmen. Ideen und Praktiken für die agile Organisation von morgen*. München: Verlag Franz Vahlen.

Oestereich, B. & Schroeder, C. (2019). *Agile Organisationsentwicklung*. München: Verlag Franz Vahlen.

Schmidt, M., Spieth, H., Haubach, C., Preiß, M. & Bauer, J. (2019). *100 Betriebe für Ressourceneffizienz – Band 2*. Berlin Heidelberg: Springer.

5 Warmlaufen – einfache Touren zum Einstieg

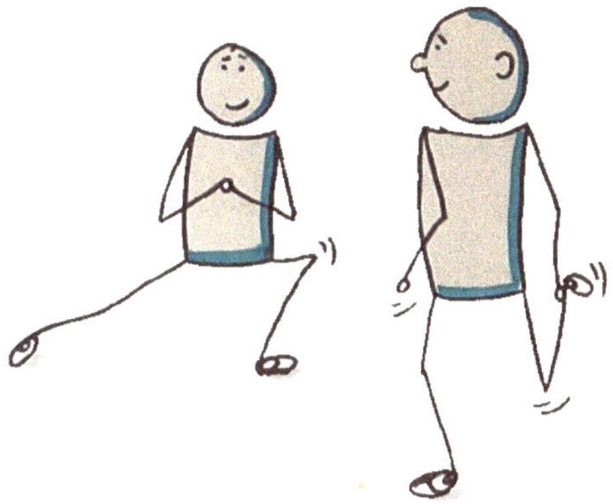

Vieles kennen Sie schon und haben Sie bereits umgesetzt. Es muss nicht schwer sein. Laufen Sie sich warm und nutzen Sie zum Einstieg bekannte Routinen und Themen. Wichtig ist: Machen Sie es gemeinsam im Team.

5.1 Der Start

Starten Sie Ihre Reise in die Energie- und Materialeffizienz mit einer einfachen Tour (Bild 5.1). Schnelle Erfolgserlebnisse erhöhen die Motivation und müssen nicht viel kosten.

Bild 5.1 Starten Sie Ihre Tour in einfachem, gut bekanntem Terrain

Seit Jahrhunderten ist das Energiesparen eine wichtige wirtschaftliche Tugend. Hans Carl von Carlowitz veröffentlichte 1713 im Zuge seiner Zuständigkeit für das sächsische Berg- und Hüttenwesen die *Sylvicultura Oeconomica, oder haußwirthliche Nachricht und Naturmäßige Anweisung zur Wilden Baum-Zucht*. Er forderte, respektvoll und „pfleglich“ mit der Natur und ihren Rohstoffen umzugehen, und kritisierte den auf kurzfristigen Gewinn ausgelegten Raubbau der Wälder. Obwohl das Wort „nachhaltend“ in seinem 432-seitigen Buch nur einmal vorkommt, gilt von Carlowitz als Schöpfer des Begriffs „Nachhaltigkeit“[1].

Spätestens seit der ersten Energiekrise in den 1970er-Jahren wurden von vielen Interessenverbänden Initiativen gestartet, systematisch Energie zu sparen. In den letzten 20 Jahren wurden von der EU anspruchsvollere Standards (wie z. B. der Ecodesign-Standard[2]) für das Inverkehrbringen elektrischer Komponenten, Maschinen und Anlagen erlassen sowie der sparsame Umgang mit elektrischer Energie gefördert. Und auch im öffentlichen Bewusstsein ist der klassische Umweltschutz eng mit dem Thema „Energiesparen“ verbunden.

---

1 *https://de.wikipedia.org/wiki/Hans_Carl_von_Carlowitz*, zuletzt abgerufen am 14. Oktober 2024

2 *https://europa.eu/youreurope/business/product-requirements/compliance/ecodesign/index_de.htm*

Grundlegende Regel für Ihre Wanderungen im Nachhaltigkeitsland: Das **Vermeiden** eines Ressourcenverbrauchs ist immer günstiger als eine regenerative Alternative einzuführen.

Für den Energiebedarf in Deutschland wurde dies vor Jahren bereits von Professor Volker Quaschning erkannt. Er stellte den zunehmenden Anteil regenerativer Energieversorgung bei gleichzeitiger Verminderung der fossilen Energieträger und einem Rückgang des Primärenergiebedarfs dar, vgl. Bild 5.2 (Quaschning, 2021). Nach neuesten Zahlen des Umweltbundesamts liegen wir dabei in Deutschland ziemlich genau bei den von Prof. Quaschning prognostizierten Verbräuchen und Umstellungen[3]. Die Kernbotschaft dieser Grafik ist nach wie vor gültig: Eine regenerative Energieversorgung wird in Deutschland möglich sein, wenn es gelingt, den Primärenergiebedarf drastisch zu reduzieren.

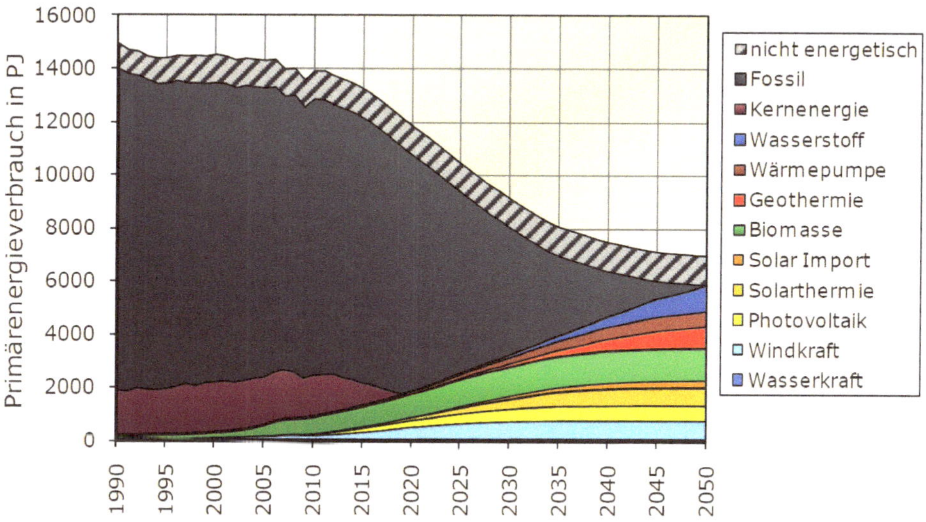

Bild 5.2 Halbieren des Primärenergiebedarfs und Einsatz Regenerativer Energien gehen Hand in Hand (mit freundlicher Genehmigung von Prof. Dr. Volker Quaschning, Hochschule für Technik und Wirtschaft HTW Berlin[4])

Was heißt das für Ihr Unternehmen? Wie lässt sich der Energiebedarf rasch und wirksam reduzieren? Werfen Sie als Erstes einen kritischen Blick auf die Gebäudehülle Ihres Betriebs. Erst wenn diese gut ertüchtigt und wetterfest ist, sollte über die Deckung des Heiz- oder Kälte-Energie-Bedarfs nachgedacht werden. In den meisten Fällen ist der verbleibende Energieaufwand dann deutlich geringer als vor der Instand-

3 *https://www.umweltbundesamt.de/daten/energie/primaerenergieverbrauch#definition-und-einflussfaktoren*

4 *https://www.volker-quaschning.de*

setzung der Gebäude, und eine Überdimensionierung der Heizung und Klimatisierung kann vermieden werden.

5.1.1 Die örtlichen Gegebenheiten nutzen

Viele produzierende Unternehmen arbeiten in Gebäuden, die nicht dem aktuellen Stand der Technik hinsichtlich Isolation, natürlicher Beleuchtung, Begrünung, Regenwassernutzung etc. entsprechen. Das ist in vielerlei Hinsicht schädlich. Mit den bevorstehenden *Temperaturanstiegen in den Sommermonaten* und den immer häufigeren *Extremwetterereignissen* drohen vielen Unternehmen unangenehme Folgen:

- Das Aufheizen der Gebäude hat drastische Anforderungen an den Klimatisierungsbedarf, die Arbeits- und Produktionsbedingungen.
- Die Temperaturwechsel beschleunigen das Altern der Materialien und erschweren die Lagerung von hitzeanfälligen Produkten.
- Überflutung, Hagelschlag, Blitze, Hochwasser oder Windböen führen zu Schäden an der Bausubstanz, an Dach und Fassade – bis hin zu Schäden an Maschinen und Anlagen.

Bevor Sie Ihr eigenes Gebäude genauer anschauen, werfen Sie einen Blick auf die konkreten örtlichen Gegebenheiten, in denen Ihre Gebäude stehen. Welche natürlichen Gegebenheiten bieten sich hier an für eine regenerative Nutzung der gegebenen Ressourcen und welche Gefahren drohen, wenn Sie rein technokratisch das Gebäude an diesem Ort betrachten?

Kriterien zur Gefährdungseinschätzung

Nutzen Sie zur Einschätzung der Anfälligkeit Ihrer betrieblichen Liegenschaften[5] folgende Kriterien:

1. Lage/Standort:
   - Lage im Gelände (Hanglage, Senke, Hochebene etc.)
   - Lage im Gewässersystem (Flusslage, Küste etc.)
   - Anbindung an die Verkehrsinfrastruktur (Bahn, Fluss, Straße etc.)
   - Erreichbarkeit (alternative Zufahrtswege)
   - Umgebungseigenschaften (Grünflächen, dichte Bebauung etc.)
2. Bauliche und räumliche Eigenschaften
   - Bebauungsdichte
   - Versiegelungsgrad
   - Art der Nutzung (Freiflächen, Nutzflächen, bebaute Flächen etc.)
   - Ausrichtung der Gebäude (Sonneneinstrahlung, Blitz- und Windexposition etc.)
   - Bauweise (Gebäudetyp, Höhen, Dachkonstruktionen etc.)

[5] Kriterien in Anlehnung an (Benden, Riegel, Trum & Theißen, 2017)

3. Betriebliche Eigenschaften
   - Flexibilität und Pufferkapazitäten (Lieferengpässe, Wasser-, Material- und Energieversorgung)
   - Produktbezogene Eigenschaften (Feuchte-, Temperatur-, ... Empfindlichkeiten, Lagerfähigkeit etc.)
   - Personendichte auf den Flächen (Mitarbeitende, Kunden, Lieferanten ...)
   - Art der Arbeitsplätze (körperliche Aktivität)

Umsetzungsbeispiele

Es wird zunehmend darauf ankommen, die örtlichen Gegebenheiten besser zu nutzen. Dazu zählen z. B.:

- die Anpassung der Fassaden zur aktiven Nutzung der Einstrahlungsverhältnisse des Sonnenstands;
- die Einführung von Regenrückhaltesystemen zur Bewässerung der begrünten Flächen;
- die Entlastung der Kanalsysteme durch Versickerungssysteme oder Rigolen;
- die Wahl heller Außenflächen zur Verringerung der Aufheizung von Gebäuden;
- die adiabate Gebäudekühlung bietet energieeffiziente Lösungen für Produktionshallen;
- die Nutzung von Verschattungselementen, wie außenliegender Sonnenschutz, Schutzdächer oder sonnenstandregulierte Photovoltaikanlagen halten Hitze aus den Gebäuden;
- die Dämmung der Gebäudehülle gegen Hitze und Kälte;
- die Nutzung von Dach- und Fassadenbegrünungen zur Wärmedämmung, zum Schutz der Gebäudehülle sowie zum Wasserrückhalt und zur Minderung der Aufheizung durch Verdunstungskühle;
- die Nutzung von Schnelllauftoren, die den Wärmeaustausch auf ein Minimum reduzieren. Diese sollten Sie unbedingt nutzen für Gebäude mit viel Warenverkehr. Moderne Lösungen erlauben auch definierte Teilhöhenöffnungen. Für Personenverkehr sollten Sie zusätzliche kleine Türen vorsehen;
- das Anbringen von Industrievorhängen zwischen Hallenabschnitten;
- die Nutzung wiederverwendbarer, poröser Pflastersteine, die die Böden stabilisieren, ohne diese zu versiegeln[6];
- der Aufbau der biologischen Vielfalt über Blühwiesen, Kräutergärten – die gleichzeitig die Aufenthaltsqualität erhöhen[7].

Unter dem Begriff naturbasierte Lösungen (nature based solutions) werden Maßnahmen gebündelt, die eine Kooperation mit Ökosystemen stärken und zu einer erhöhten Resilienz gegenüber dem Klimawandel beitragen. Wissenschaftliche Untersuchungen

---

6 siehe z. B. den Ecodesign-Preisträger Godelmann unter *https://bundespreis-ecodesign.de* ...

7 *https://www.hlnug.de/fileadmin/dokumente/klima/klimprax/Gewerbegebiete-_klimaangepasst_und_fit_web.pdf*, zuletzt abgerufen am 24. Oktober 2024

können uns dabei helfen, die Leistungsfähigkeit unserer natürlichen Umgebung besser zu verstehen und aktiver einzubinden. Warum ist es z. B. sinnvoll, Bäume zu pflanzen? Verdunstung bewirkt Kühlung: Die Kühlleistung eines großen Laubbaums entspricht laut Forschenden der niederländischen Universität Wageningen 20 bis 30 Kilowatt. Ein einziger Baum ist also so leistungsstark wie zehn Standardklimaanlagen[8].

Die Berliner Initiative „Reinventing Society" hat Zukunftsbilder einer lebensfreundlichen Städteplanung entworfen, die auch im Kontext der Ertüchtigung gewerblicher Gebäudehüllen anregende Impulse geben können. Bild 5.3 und Bild 5.4 machen den möglichen Wechsel offensichtlich und die Visuals der Initiative laden zum Stöbern, Träumen und Weiterdenken ein[9].

Bild 5.3 Ertüchtigung von Büro- und Gewerbegebäuden – integriertes Energiesparen, Energieerzeugen, Wärme- und Kälteschutz – Bremerhaven Werftquartier, aktuelles Bild 2023 | Reinventing Society & Loomn (CC BY NC SA 4.0, Foto: Dennis Vogt) (Schaller, Zeddies, Scheub & Vollmar, 2023)

[8] Siehe *https://botanikguide.de/baeume-kuehlen-staedte-wie-natuerliche-klimaanlagen*, zuletzt abgerufen am 14. Oktober 2024

[9] *https://realutopien.info/visuals*

Bild 5.4 Ertüchtigung von Büro- und Gewerbegebäuden – integriertes Energiesparen, Energieerzeugen, Wärme- und Kälteschutz – Bremerhaven Werftquartier, Zukunftsbild 2045 | Reinventing Society & Loomn, (CC BY NC SA 4.0, Foto: Dennis Vogt) (Schaller, Zeddies, Scheub & Vollmar, 2023)

Auf unserer Landkarte sehen wir in der Nähe des „operativen Alltags" Extrem-Wetter-Ereignisse und heiße trockene Sommer (Bild 5.5). Für diese Veränderung sind unsere Gebäude im Regelfall nicht gerüstet. So finden sich in vielen Produktionsstätten in den Dächern integrierte Lichtkuppeln aus Plexiglas, wie in der in Bild 5.6 dargestellten Produktionshalle eines Metallbau-Unternehmens in Weil am Rhein. Nach extremen Hagelfällen wurde das Plexiglas großflächig beschädigt (Bild 5.7).

Bild 5.5 Aktuelle Bedrohungen – nicht nur durch die Folgen des Klimawandels

Bild 5.6 Plexiglasdächer in Produktionshallen, vormals beliebt aufgrund ihrer guten Lichtdurchlässigkeit, aber anfällig für Hagelschäden und enormen Hitzeeintrag im Sommer (Bild mit freundlicher Genehmigung von Firma Scheffelt GmbH, Metallbau und Pulverbeschichtung, Weil am Rhein)

Bild 5.7
Schäden am Oberlicht aus Plexiglas (Bild mit freundlicher Genehmigung der Firma Scheffelt GmbH, Weil am Rhein)

Es stellt sich die Frage nach guten neuen Ansätzen. Ein Wechsel auf Polycarbonat bietet sich mit Bezug auf die höhere Schlagfestigkeit gegenüber Plexiglas an und bietet ebenfalls den Vorteil eines relativ geringen spezifischen Gewichts. Von Vorteil, wenn die Dachkonstruktion in Zukunft auch für den Aufbau einer eigenen Photovoltaik-Anlage (PV-Anlage) genutzt werden soll. Die Alterungsbeständigkeit dieses Materials ist jedoch mäßig. Eine deutlich robustere Nachrüstung kann über Hagelschutzgitter erfolgen, über die gleichzeitig auch die Durchsturzsicherheit erhöht werden kann.

Wenn die Statik der Hallenkonstruktion es erlaubt, bieten sich in Hinblick auf den Klimawandel neue Konzepte der Dachnutzung an. Ihr Dach kann zu einer aktiven Nutzfläche werden: Als Regenrückhaltebecken, als begehbare Flächen für solar- und klimatechnische Anlagen. Oder als begrünter Erholungsort für die Pausenzeiten.

Für die Dachbegrünung wurde von vielen Gemeinden eine „Gebührenreduktion für Gründächer" festgelegt[10]. Gründächer sind nicht nur für die Biodiversität ein großer Gewinn. Gründächer können auch Ihre eigene Aussicht und damit Ihr eigenes Wohlbefinden steigern – wie Bild 5.8 von einer begrünten Garage unterhalb eines Bürogebäudes zeigt.

Bild 5.8 Angenehmes Dachgrün statt triste Aussicht auf eine Garage[11]

Neben den Dächern sind auch die zunehmend **versiegelten Flächen** in Städten und Industriegebieten ein Problem. Hierzu gibt es innovative Ansätze, über neuartige, vollständig wiederverwendbare Pflasterbeläge den Wasserhaushalt zu stabilisieren. Prominenter Anbieter: Die 2023 vom Bundespreis Ecodesign für ihren Klimastein prämierte Firma Godelmann[12]. Aber auch eine Umgestaltung der Freiflächen ist an-

[10] Ob auch Ihre Gemeinde schon eine derartige Regelung hat, sehen Sie unter *https://www.gebaeudegruen.info*

[11] Mit freundlicher Genehmigung von Elektro Kaiser, Hochschwarzwald, Häusern

[12] *https://bundespreis-ecodesign.de/de/gewinner/2023-gdm-klimastein*

gesagt: Mulden und Gräben bieten sich als natürliche „Verzögerungsglieder" an, die bei extremen Regengüssen für eine langsame Entwässerung sorgen und damit auch einen weiteren Ausbau der Kanalisation überflüssig machen können[13]. Viele der hier beschriebenen Anpassungsmaßnahmen an den Klimawandel werden durch Bundesförderungen unterstützt – kleine Unternehmen können bis zu 60 % der förderfähigen Kosten erstattet bekommen[14].

Im Kontext der Gebäude- und Freiflächengestaltung bietet sich eine Kooperation mit den örtlichen Nachbarn an. So gibt es in Baden-Württemberg seit zehn Jahren das Gesetz zur Stärkung der Quartiersentwicklung durch Privatinitiativen[15] und einen entsprechenden Leitfaden[16] zur Einführung solcher Business Improvement Districts (BID), der es den Gemeinden ermöglicht, einen rechtssicheren Rahmen für eine Quartiersentwicklung zu bieten.

Neu an diesem gesetzlich verankerten Ansatz ist, dass Gebühren von allen Eigentümern innerhalb eines abgegrenzten Gebiets erhoben werden können. Mit diesen finanziellen Mitteln lassen sich Dienstleistungen wie etwa ein zentrales Park- oder Carsharing-Management, Sicherheits- und Notfallmanagement unterhalten oder auch bauliche Maßnahmen wie die Gestaltung von Freiflächen realisieren (Benden, Riegel, Trum & Theißen, 2017). Für die einzelnen Unternehmen ergeben sich durch die kollektive Nutzung der Leistungen betriebswirtschaftliche Vorteile und Trittbrettfahrer werden über dieses Gesetz gleichermaßen zur Kasse gebeten.

In Zukunft wird in solchen Quartieren/BIDs – ähnlich wie in der aktuellen Wärmeplanung – auch der Aufbau von Kreislaufstrukturen für Materialien, das Recycling und die Verwertung von Rest- und Abfallstoffen eine immer wichtigere Rolle in regionalen Wirtschaftsstrukturen spielen (vgl. Abschnitt 8.1).

Schon heute jedoch werden zunehmend gemeinsame Kälte- und Wärmenetze aufgebaut, wie dies seit Ende 2023 durch das Energie-Effizienz-Gesetz[17] zur Nutzung der Abwärme gesetzlich eingefordert wird. Dabei bietet es sich an, die Temperaturniveaus der Wärmequellen und Wärmesenken im Blick zu behalten und entsprechende Kopplungen vorzusehen. In Summe lassen sich für große Städte große Einsparpotenziale nachweisen. So wurde für Berlin in einer aktuellen Studie gezeigt, dass rund 10 % der notwendigen Wärme über Abwärme bereitgestellt werden könnte[18]. In

---

13 Vgl. den anschaulichen Beitrag in der Ringvorlesung der TU Berlin: *https://www.tu.berlin/aloenk/studium-lehre/lehrveranstaltungen/klimaringvorlesung*

14 *https://www.kfw.de/inlandsfoerderung/Unternehmen/Energie-und-Umwelt/F%C3%B6rderprodukte/Umweltprogramm-(240-241)*

15 *https://mlw.baden-wuerttemberg.de/de/staedtebau/staedtebaufoerderung/rechtliche-grundlagen-und-verfahren/gesetz-zur-staerkung-der-quartiersentwicklung-durch-privatinitiative*

16 *https://mlw.baden-wuerttemberg.de/fileadmin/redaktion/m-mlw/intern/Dateien/06_Service/Foerderprogramm/Staedtebaufoerderung/13948_IHK_BW_Broschuere_Leitfaden_Quartierentwicklung_WEB.pdf*

17 *https://www.gesetze-im-internet.de/enefg/BJNR1350B0023.html*

18 *https://www.ioew.de/news/article/potenzialanalyse-abwaerme-koennte-bis-zu-10-prozent-des-zukuenftigen-waermebedarfs-berlins-decken*

Bild 5.9 sind typische Abwärmequellen und ihre Temperaturniveaus schematisch eingetragen. Wie das Bild zeigt, steckt auch in unseren Abwässern eine enorme Restenergie, die sich für Nahwärmenetze – die sogenannten kalten Wärmenetze – mit niedrigem Temperaturbereich um die 40 °C – nutzen lässt.

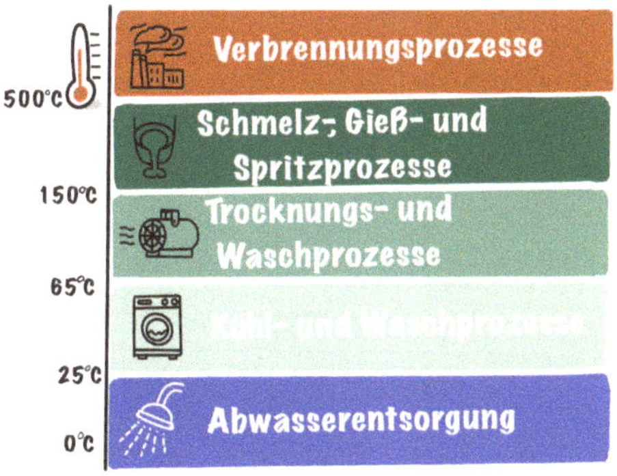

Bild 5.9
Abwärmepotenziale und ihre Temperaturniveaus (Weiß, 2024)

Kritische Betrachtung des eigenen Gebäudes

Leitfrage: Wie ist die Gebäudehülle energetisch gegenüber dem Boden und der Außenluft gedämmt?

Gehen Sie bei Ihrem Gebäudecheck in folgender Reihenfolge vor:

- Weist die oberste Geschossdecke eine Wärmedämmung auf? Nach aktueller Vorschrift sollte der Wärmedurchgangskoeffizient bei maximal 0,24 $W/m^2 K$ liegen – was sich z. B. durch eine rund 20 cm dicke Dämmplatte oder eine Einblasdämmung, gerne aus regenerativem Material, realisieren lässt. Um Fördermittel über die Bundesförderung für effiziente Gebäude (BEG) zu erhalten, darf der maximale Wärmedurchgangskoeffizient derzeit (Frühjahr 2025) bei maximal 0,14 $W/m^2 K$ liegen.
- Entsprechend kritisch sollten Sie sich die Kellerdecke und den Kellerboden anschauen und anschließend
- die Türen und Fenster gemeinsam mit der Gebäudefassade begutachten – da diese immer als Einheit betrachtet werden sollten, um eine möglichst homogene Außenhaut des Gebäudes zu erhalten und Tauwasserbildung zu vermeiden. In diesem Zusammenhang werden Ihnen auch einige bauliche Wärmebrücken auffallen, die es zu vermeiden gilt.

5.1.2 Abwärme – der schlummernde Riese am Wegesrand

Die Abwärme von Kläranlagen in Baden-Württemberg könnten im Jahr 2030 rund 4 % des Nutzwärmebedarfs aller Gebäude in Baden-Württemberg decken! Das technisch-wirtschaftlich nutzbare Potenzial beläuft sich für den Einsatz von Wärmepumpen am Auslauf von Kläranlagen in Baden-Württemberg für das Stichjahr 2030 auf eine Einspeisekapazität von 537 MW und eine Einspeisemenge von bis zu 3744 GWh/a (Münch, 2022). Auf unserer Landkarte finden sich dementsprechend „Abwärme Riesen“, die auf ihre Erschließung warten (Bild 5.10).

Bild 5.10
Ungenutzte Abwärme – weiterhin ein *riesiges* Potenzial

In vielen Produktionsbetrieben fallen beim Einsatz der Maschinen und Anlagen enorme Abwärmeströme an. Sei es als Restwärme aus den unmittelbaren Produktionsprozessen (z. B. Backöfen/Backstraßen, Wasch- und Trocknungsanlagen, Schmelzöfen) oder als Abwärme aus den Hilfsaggregaten (z. B. Kompressoren (!), Kälte- und Kühlwasseranlagen). Häufig wird diese Abwärme noch als unerwünschte Restgröße behandelt, die möglichst direkt über Abluftrohre durch Maueröffnungen oder über das Dach zu entsorgen ist, damit die Produktionshallen nicht zu warm werden (Bild 5.11).

Bild 5.11
Abwärme wird gerne noch entsorgt – statt sie kaskadiert zu nutzen (Bild mit freundlicher Genehmigung der MAYKA GmbH, Schliengen)

Bei steigenden Energie- und CO_{2e}-Preisen und dem zunehmenden Bewusstsein für die Folgen unbedachten Energieeinsatzes wird immer klarer, dass auch Abwärme ein wertvolles Gut ist. Sie lässt sich in den meisten Fällen innerbetrieblich zur Vorwärmung von Gasen oder Flüssigkeiten verwenden. In manchen Fällen kann dies stufenweise erfolgen, sodass vom höchsten Temperaturniveau ausgehend die Abwärme Schritt für Schritt eingesetzte Stoffe vorwärmt oder Aggregate beheizt. In diesem Fällen wird dann von einer kaskadierten Abwärmenutzung[19] gesprochen.

In der kaskadierten Nutzung der Abwärme steckt in vielen Betrieben ein riesiges Effizienzpotenzial!

Auch bei der Abwärmenutzung lässt sich die Maxime „Vermeiden geht vor dem technologischen Verändern“ nutzen. Hier kommt jedoch noch ein weiterer Schritt hinzu: das Verwenden der Abwärme. Es empfiehlt hierbei sich folgende Punkte zu berücksichtigen:

- An welchen Orten in Ihrem Betrieb ist es spürbar warm? Dies könnte ein Hinweis auf mangelnde Wärmedämmung sein.
- Wo wird warme Luft abgesaugt? Wird die Energie dieser warmen Luft durch eine Wärmerückgewinnung innerbetrieblich genutzt?
- Wo werden Maschinen oder Anlagen gekühlt? Wird die Energie des Kühlwassers genutzt oder an die Außenluft abgegeben?
- Gibt es zu einem Verfahren/einer von Ihnen genutzten Anlage Alternativen, die ganz ohne Abwärme auskommen? Gibt es also nichtthermische Varianten, die z. B. ohne Dampfströme auskommen?
- Gibt es in Ihrem Betrieb Maschinen und Anlagen, die klassischerweise über Druckluft angetrieben werden, aber auf hocheffiziente elektrische Antriebe umgerüstet werden können? Hier steckt ein großes Einsparpotenzial drin: Nur etwa 20 % der einem Kompressor zugeführten Energie wird durch die komprimierte Luft übertragen. Der Rest der Energie geht als Druckverlust in den Rohrleitungsnetzen oder als Abwärme verloren. Nur wenn sich der Einsatz von Druckluft in Ihrer Produktion nicht vermeiden lässt, dann sollten Sie an die Kompressoren Wärmetauscher koppeln, die das Temperaturniveau der austretenden Kühlluft der Kompressoren von etwa 70 °C z. B. für die betriebliche Brauchwassererwärmung, für Heizung der Gebäude oder auch zu Trocknungszwecken bereitstellen.
- Kann das Abwärmeaufkommen verringert werden? Zum Beispiel, indem das Temperaturniveau gesenkt wird, die Dämmung verbessert oder die Wärmebrücken reduziert werden? Kann das Produktionsverfahren geändert werden, sodass

[19] Eine anschauliche Einführung gibt ein Video der DENA unter *https://www.youtube.com/watch?v=IQW3dSb0Ymw*

Prozesse mit hohem Temperaturniveau entkoppelt werden von Prozessen mit niedriger Temperatur und die Versorgung entsprechend gesplittet wird?

- Kann irgendwo in Ihrem Betrieb Abwärme gewonnen werden über Wärmerückgewinnungsanlagen/Wärmetauscher und innerbetrieblich genutzt werden? Zur Vorwärmung von Einsatzmaterialien, zur Trocknung von Vor- oder Endprodukten, zur Vorwärmung der Verbrennungsluft? Oder kann die Abwärme über entsprechende Absorptionskältemaschinen zu Kühlzwecken genutzt werden? Kann die Abwärme verstromt werden?
- Kann die nicht vermeidbare Abwärme – z. B. über ein professionelles Contracting – an externe Nutzer verkauft werden? Externe Nutzer können in unmittelbarer Nachbarschaft liegen oder über ein Nahwärmenetz versorgt werden. Contractoren können die dazu notwendigen Anlagen oft günstiger einkaufen als Einzelunternehmen – sodass auch hierdurch die Rentabilität steigt. Viele Contractoren projektieren die wärmetechnischen Anlagen in dem Wissen, dass während der gut 20-jährigen Nutzungszeit Technologiewechsel vorgenommen werden müssen. Bei Fachfragen kann der Fachverband weiterhelfen[20].

Abwärmeprojekte sind in der Regel anspruchsvoll. Führen Sie entsprechende innerbetriebliche Schulungen zu dem Thema durch. Nach der Schulung bietet sich ein gemeinsamer Workshop an, um konkrete Verbesserungsmöglichkeiten zu finden.

Die nicht vermeidbare Abwärme kann genutzt werden (Bild 5.12), um

- andere Wärmebedarfe zu decken – mithilfe von industriellen Wärmepumpen auch bis zu einem Temperaturniveau von rund 180 °C.;
- Kälte bereitzustellen über Adsorptions- oder Absorptions-Kältemaschinen;
- Strom zu erzeugen, z. B. über eine Organic-Rankine-Turbine, in der statt Wasserdampf organische Medien eingesetzt werden, um einen geringen Temperaturunterschied zwischen Wärmequelle und -senke zu ermöglichen.

Die damit verfügbare Energie kann dann wiederum in weiteren Anwendungen genutzt oder gespeichert werden. Limitiert werden diese vielfältigen Möglichkeiten oft durch die räumlichen oder zeitlichen Bedingungen. Größere Abstände zwischen Wärmequellen und Wärmesenken machen den Einbau von Rohren und Pumpen notwendig, der zeitliche Unterschied zwischen dem Anfallen der Abwärme und ihrer Nutzung kann aufwendige Speicherlösungen erfordern.

[20] *https://vedec.org*

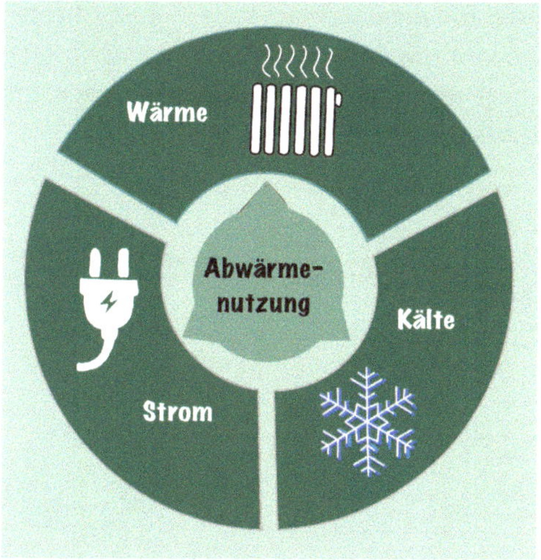

Bild 5.12
Abwärme lässt sich in unterschiedliche Energieformen wandeln und weiternutzen

Für einen ersten eigenen Check, ob Ihr Betrieb ein lukratives Abwärmepotenzial aufweist, empfehlen wir Ihnen den Online-Rechner vom Bayerischen Landesamt für Umwelt[21)] und die Umsetzungshilfen der Sächsischen Energieagentur GmbH, die auch ein Excel-basiertes Berechnungstool umfassen[22)]. Weitere Schritte sollten Sie mit einer qualifizierten Beratung machen. Hierzu stellen der Bund und die Bundesländer finanzielle Unterstützung bereit, im Unterschied zu anderen Projekten bereits ab der Anbahnung und Konzeption der Abwärmeprojekte.

Seien Sie im Bereich der Abwärmenutzung kreativ! Egal ob im Bestand oder im Neubau, es lohnt sich, unkonventionell zu denken und neue Wege zu gehen.

Ein Beispiel: Die meisten Unternehmen haben einen großen Löschwassertank, der als thermischer Speicher eingesetzt werden kann. Im Bereich von 5 bis 40 °C darf das Wasser problemlos erhitzt und abgekühlt werden und kann damit als thermisches Reservoir für Kälte- und Wärmenetze genutzt werden. Die Nutzung geschieht indirekt über einen Wärmetauscher, sodass das Löschwasser im Tank jederzeit verfügbar ist. Eine Anwendung ist vor allem bei Kühlprozessen sinnvoll, sodass die Kälte tagsüber aus dem Löschwassertank bezogen werden kann, der sich dadurch langsam erwärmt. Nachts, bei idealen äußeren Bedingungen, kann der Löschwassertank wieder heruntergekühlt werden.

Noch effizienter wird es, wenn eine Wärmepumpe die Abwärme des Kühlprozesses aus dem Löschwassertank für die Wärmebereitstellung nutzen kann. Schematisch ist diese Anwendung in Bild 5.13 in zwei Varianten wiedergegeben. Der Löschwassertank fungiert als Pufferspeicher zwischen dem Kälte- und Wärmenetz, der Rück-

---

21 *https://www.umweltpakt.bayern.de/abwaermerechner/index.php*

22 *https://www.saena.de/download/broschueren/BU_Technologien_der_Abwaermenutzung.pdf*

kühler/die Kälteanlage sorgt falls notwendig für eine ausreichende Kälteleistung.[23)]Bild 5.14 zeigt die realisierte Wärmerückgewinnungsanlage: links der Löschwassertank, in dem die Gebäudewärme gespeichert wird; rechts die Wärmetauscher, mit denen im Winter Wärme gewonnen werden kann.

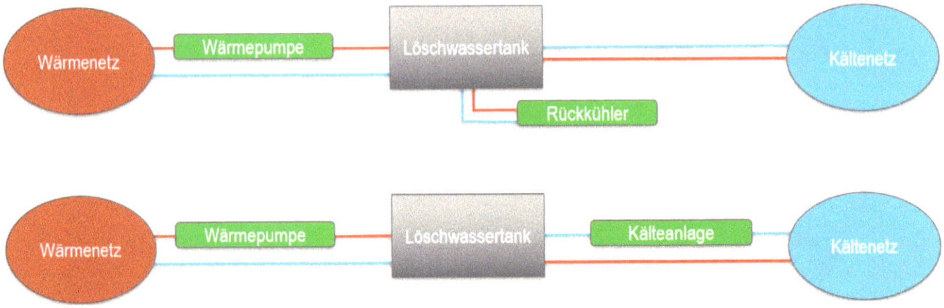

Bild 5.13 Anlagenschema für die Wärmespeicherung in einem Löschwassertank (Schema: Jonas Wilke)

Bild 5.14 Löschwassertank zur Wärmerückgewinnung der Kältetechnik auf einem Industriebetrieb (Fotos: Jonas Wilke)

5.1.3 Energiemanagement – Spitzen kappen, um voranzukommen

Das betriebliche Energiemanagement lässt sich sehr gut an die Betriebsgröße und die Möglichkeiten zur Einsparung anpassen. In vielen Betrieben herrscht zumindest auf Seite der Geschäftsführung ein deutliches Bewusstsein für den Einfluss des tagtägli-

[23] Begleitet und hier beschrieben von Jonas Wilke, ehemaliger Effizienzmoderator in der Region Karlsruhe

chen „Energiesparens“ auf die nächste Rechnungsstellung des Energieversorgungsunternehmens.

Nicht selten ist es der Chef oder die Chefin, die am Wochenende den Kompressor abschalten, abends beim Betriebsrundgang dafür sorgen, dass alle Lichter und Maschinen ausgeschaltet sind. Bild 5.15 zeigt eine kosteneffiziente Lösung am Ausgang einer Werkstatt eines industriellen Handwerksbetriebs im Hochschwarzwald[24)].

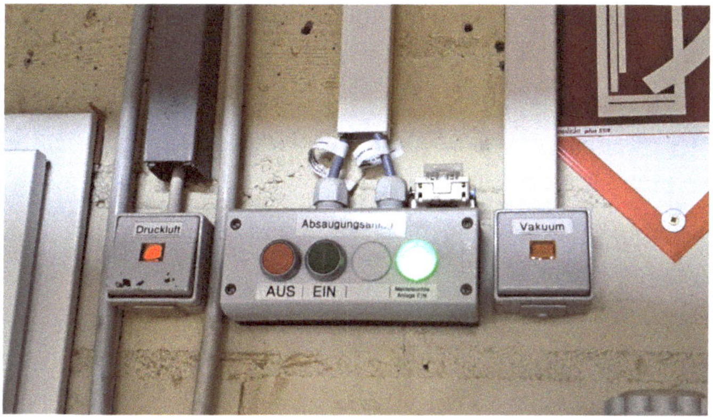

Bild 5.15 Hauptschalter für Energiefresser (Druckluft, Vakuum einer CNC-Maschine und Absauganlage) am Ausgang der Werkstatt

Eine weitere Maßnahme ist die Umstellung auf LED-Beleuchtung. Dabei sollten Sie prüfen, wo tatsächlich Licht gebraucht wird. Hängen beispielsweise die Lampen direkt über Regalen oder Schränken, dann werden sie so gut wie kein Licht spenden.

Es ist auch die Frage zu klären, welche Lichtfarbe bzw. welches Lichtspektrum für die auszuführende Arbeit geeignet ist. Kaltweiß (5300 K) ist für akribische Detailarbeiten gut geeignet – im Büro ist Normalweiß (3500 K) deutlich angenehmer. Es kann von Vorteil sein, hier Fachpersonal zu Rate zu ziehen. In vielen Fällen kann auch über Spiegel und Lichtschächte Tageslicht genutzt werden, was die Atmosphäre angenehmer macht und ebenfalls Energie spart.

Im Zuge dieser Überlegungen sollten Sie auch prüfen, an welchen Orten das Licht nur kurzfristig gebraucht wird, und dort über Bewegungs- und/oder Tageslichtmelder unnötigen Stromverbrauch systematisch vermeiden. Im Vergleich zu den alten T8-Leuchtstoffröhren mit Vorschaltgerät können Sie bis zu 85 % Energie sparen. Das funktioniert auch an Schreibtischen sehr gut.

Um auf ein höheres Gesamtniveau des Energiesparens zu kommen, empfiehlt es sich, ein Energieteam zu etablieren, das sich um eine kontinuierliche Verminderung des Energiebedarfs kümmert und die Belegschaft auf dieser Reise mitnimmt. So bietet

---

[24] Fritz Baur Holzerzeugnisse GmbH in Bernau

beispielsweise die IHK für Auszubildende einen dreitägigen Kurs zum „Energie-Scout" an, in dem wichtige betriebliche Maßnahmen zur Energieeinsparung vermittelt werden[25]. Idealerweise wird die Teilnahme eines Auszubildenden dazu genutzt, dass er die Gelegenheit erhält, über das neu Gelernte im Betrieb kurz zu reden und die von ihm umgesetzten Einsparungen darzustellen.

Nachfolgend einige Empfehlungen:

- Etablieren Sie – vielleicht nach dem Start über die Ausbildung eines Azubis – ein kleines Energieteam, das sich wöchentlich trifft, umgesetzte Maßnahmen quantifiziert in kWh und €, sich einen Fokus für die Folgewoche vornimmt und den Rest der Belegschaft mitnimmt – z. B. auch über einen aktuellen Aushang.
- Setzen Sie einen sichtbaren Fokus, indem Sie sich vom Team regelmäßig berichten lassen und ggf. am Jahresende eine Prämierung vornehmen.
- Investieren Sie in geeignete Messgeräte, um die Leistungsaufnahme wichtiger Maschinen und Aggregate zu ermitteln.
- Geben Sie dem Energieteam die Aufgabe, Schritt für Schritt die Energieverbräuche in einem digitalen Werkzeug zu dokumentieren und auszuwerten. Hier eignet sich z. B. das Energietool der Mittelstandsinitiative[26], das branchenspezifische Praxistipps und Vergleichswerte anbietet. Über dieses Werkzeug lassen sich klare Trends und Verbesserungen darstellen. Das E-Tool ist im Vergleich zum Angebot an förderfähiger Energiemanagementsoftware aus der BAFA-Liste die einzige Software, die barrierefrei, kostenfrei und persönlich beratend unterstützt wird.
- Führen Sie Energiesparaktionswochen durch: In den Aktionswochen werden die Mitarbeitenden vermehrt auf Energiesparpotenziale sensibilisiert. Auch durch das Verteilen und Anbringen von Energiesparaufklebern können die Mitarbeitenden in den Aktionswochen sensibilisiert werden.
- Unterstützen Sie diese fast kostenfreien organisatorischen Maßnahmen über regelmäßige Schulungen Ihrer Mitarbeitenden.
- Nutzen Sie kleine Wettbewerbe zwischen verschiedenen Standorten oder Abteilungen. Die Abteilung, die es schafft, am meisten Energie zu sparen, bekommt z. B. ein Grillfest finanziert. Derartige Challenges spornen die Mitarbeitenden an und lassen diese kreativ werden. Außerdem können so verschiedene Standorte oder Abteilungen miteinander verglichen werden.[27]

---

[25] *https://energiescouts.ihk.de*

[26] *https://www.energie-tool.de*

[27] Für diese – und viele weitere motivierende Hinweise – ein herzliches Dankeschön an Franziska Riek, mehrjährige Kollegin im KEFF+-Team der Regionalen Kompetenzstelle Ostwürttemberg

- Feiern der Erfolge: Erfolge, wie z. B. das Erreichen von Einsparpotenzialen verschiedener Maßnahmen, können auf Bildschirmen im Foyer, auf Aushängen am Schwarzen Brett oder im Intranet dargestellt werden.
- Investieren Sie gezielt in die Erneuerung Ihrer Liegenschaft und/oder Ihrer Anlagen und Maschinen/Ihres Fuhrparks – auf Grundlage der bis dahin vorliegenden Erkenntnisse über die unrentabelsten Energiefresser.

Notieren Sie die größten Stromverbraucher in Ihrem Betrieb. Welche davon können zeitlich flexibel genutzt werden? Welche können z. B. zeitlich versetzt aktiviert werden, um die Anlauf- und Aufheizzeiten zu strecken und damit Lastspitzen zu vermeiden? Haben Sie weitere Ideen, wie die Lastaufnahme gleichmäßig über den Tag verteilt werden kann?

Zeichnen Sie Ihren Lastgang über ein Leistungs- und Energiemessgerät (PEL – power and energy logger) auf oder lassen Sie diesen aufzeichnen[28]. Wenn Sie während der Betriebszeiten deutliche Lastspitzen feststellen, sollten Sie mit Ihrer Belegschaft überlegen, welche Maschinen diese Lastspitzen provozieren. Gibt es im Rahmen der betrieblichen Abläufe genügend Flexibilität, diese Maschinen auch zu anderen Zeiten zu nutzen? Wenn dies der Fall ist, dann könnten Sie den aktuellen Leistungsbedarf über eine *Signalampel* (oder über ein Signalhorn) für die Belegschaft in der Produktion sichtbar (oder hörbar) anzeigen lassen (Bild 5.16). Sobald sich die Leistungsabnahme im gelben Bereich befindet, könnte die Regel eingeführt werden, dass niemand mehr einen der großen Leistungsverbraucher ohne Rücksprache mit dem Meister oder der Führungskraft einschaltet. Über diese Maßnahme lassen sich durch das Verschieben der Einschaltzeitpunkte Lastspitzen vermeiden.

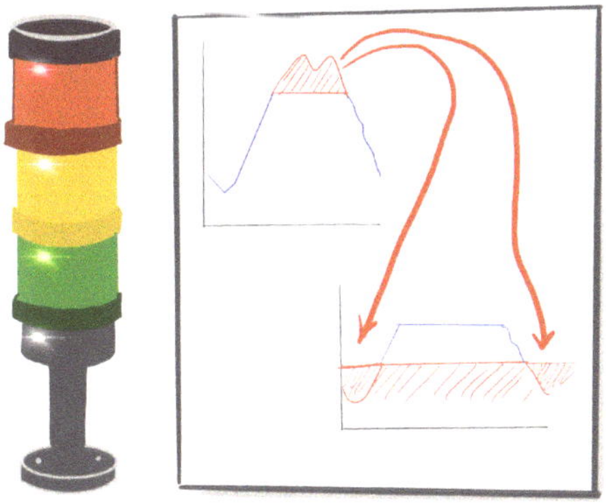

Bild 5.16
Über eine Signallampe kann der aktuelle Lastzustand signalisiert werden, sodass keine flexiblen Lasten zugeschaltet werden

[28] Hierzu gibt es regionale Dienstleister, wie z. B. das Steinbeiszentrum Nachhaltige Energie (Ulm): *https://steinbeis-kne.de/energieberatung/#lastganganalyse* oder die Süwag (Frankfurt): *https://www.suewag.de/geschaeftskunden/energieeffizienz/energiemanagement*

Über die Messungen werden die Leistungsaufnahmen der großen Verbraucher transparent und vergleichbar. Über die Signallampe wird jedem Mitarbeitenden auch signalisiert, dass er selbst einen aktiven Beitrag zum Energiesparen liefert.

> Legen Sie mit Ihren Mitarbeitenden fest, in welcher Reihenfolge die Maschinen wieder zugeschaltet werden. Hier braucht es – ähnlich wie im Straßenverkehr – einfache und klare Vorfahrtsregeln.

Neben dem Lastverschieben besteht bei energieintensiveren Unternehmen auch die Chance, ein Peak Shaving, also eine Lastreduktion, einzuführen – bei der für Zeiten hoher Netzbelastung eine eigene Energiequelle (Batterie, Kraft-Wärme-Kopplung) aktiviert wird. Nach der aktuellen Tariflandschaft wird dies insbesondere für solche Firmen interessant, die mehr als 2500 Vollbenutzungsstunden pro Jahr aufweisen – wodurch das Leistungsnetzentgelt einen dominierenden Einfluss auf die Stromrechnung gewinnt. Eine Einführung in dieses Themenfeld des Lastmanagements wurde von der DENA publiziert.

Für Betriebe mit mehr als 1 GWh Stromverbrauch pro Jahr empfehlen wir, längerfristig in eine automatisierte Lösung zu investieren. Wirksames Energiemanagement heißt, alle relevanten Energieverbräuche online zu erfassen und ihre Wechselwirkungen aktiv zu beeinflussen, sodass eine stetige Steigerung der Energieeffizienz möglich ist.

So sollten z. B. die Heizungs-, Lüftungs- und Klimasteuerungen nicht mehr als Inseln betrieben werden, sondern ihre Leistungserbringung sollte aufeinander abgestimmt und von externen Regelgrößen und übergeordneten Abschaltbedingungen geregelt sein. Die Ladezyklen der E-Mobil-Flotte kann vom Lastgang der Produktion und den geplanten Einsatzzeiten der Automobile abhängig gemacht werden. Auch hier hat das Auflösen der Inseloptimierungen begonnen und eine effiziente unternehmensweite Digitalisierung eröffnet neue Effizienzpotenziale.

Bild 5.17 zeigt die automatisierte Lastverschiebung in einem industriellen Handwerkbetrieb[29]. Nach der Installation einer neuen PV-Anlage kann nun der Eigenverbrauch des PV-Stroms auch während der Betriebszeiten anteilig hochgehalten werden. Als variable Last wurden im Betrieb die Verminderung des Absaugdrucks der Späne-Abzugsanlage, das Abschalten des Restholz-Häckslers und das Beladen der E-Automobile identifiziert.

[29] Fritz Baur Holzerzeugnisse GmbH, Bernau

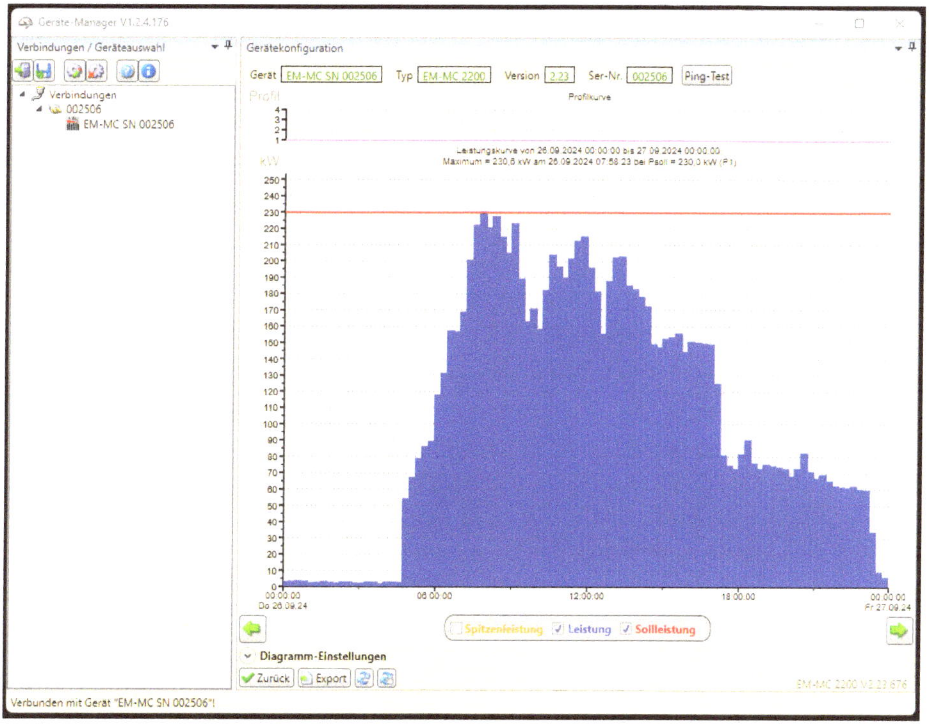

Bild 5.17 Automatisiertes Peak Shaving in der Schreinerei Fritz Baur Holzerzeugnisse GmbH, Grafik des EM-MC 2200 von FRAKO

Diese Aktivitäten werden seit November 2023 auch vom Energieeffizienz-Gesetz (EnEfG) für alle Unternehmen mit mehr als 2,77 GWh Gesamt-Endenergieverbrauch (Strom, Öl, Gas, Kraftstoffe etc. in Summe im Dreijahresschnitt) im Jahr gefordert[30]. Diese Unternehmen sind nun gesetzlich verpflichtet, Energieeinsparmaßnahmen inklusive einer möglichen Abwärmenutzung zu identifizieren und diese wirtschaftlich zu bewerten. Als wirtschaftlich rentabel gelten Maßnahmen, wenn diese nach maximal 50 % ihrer Nutzungsdauer (die auf 15 Jahre angesetzt wird) einen positiven Kapitalwert[31] aufweisen. Für wirtschaftlich rentable Maßnahmen müssen innerhalb von drei Jahren Umsetzungspläne öffentlich vorgelegt werden.

Wird gemeinsam beispielsweise an einem Flipchart anhand eines einfachen Produktionsablaufs Schritt für Schritt der Material- und Energiebedarf visualisiert, entstehen Fragen, deren Beantwortung so manches Aha-Erlebnis hervorrufen wird. Auch ein branchenspezifisches Benchmark kann hier sehr unterstützend wirken.

---

[30] Siehe das aktuelle Merkblatt unter *https://www.bafa.de/SharedDocs/Downloads/DE/Energie/ea_ermittlung_gesamtenergieverbrauch.html*

[31] Die Berechnung des Kapitalwerts erfolgt nach DIN EN 17463.

5.1.4 Systematischer Einstieg ins Energiemanagement für KMU

Auch für kleine und mittlere Unternehmen wird es immer wichtiger, die Einsparungen ihrer Ressourcen transparent zu machen. Im Zuge des Energie-Effizienz-Gesetzes liegt derzeit die Schwelle, oberhalb derer die Einführung eines Energiemanagementsystems z. B. nach ISO 50000 verpflichtend ist, bei 7,5 GWh/a. Nach einer aktuellen Umfrage[32] haben derzeit nur 54 % der gut 12 000 Unternehmen in Deutschland, die mehr als 7,5 GWh Primärenergie verbrauchen, bereits ein Energiemanagementsystem nach DIN ISO 50001 implementiert (Sauer, Jung, Torolsan & Gergert, 2024). Auch für Unternehmen mit geringerem Endenergiebedarf ist es sinnvoll, ein systematisches Energiemanagement aufzubauen.

Nach der Novellierung des Energiedienstleistungsgesetzes (EDL-G) sind zukünftig Unternehmen mit Endenergieverbräuchen von mehr als 2,77 GWh pro Jahr zu vierjährigen Energieaudits verpflichtet. Der KMU-Status ist dafür nicht mehr ausschlaggebend! Die Grenze von 2,77 GWh bezieht sich auf den durchschnittlichen Endenergieverbrauch der letzten drei abgeschlossenen Jahre.

Erst durch das konsequente Erfassen aller Energieverbräuche können im zeitlichen Verlauf wichtige Einsparpotenziale gefunden werden. Dazu mag zu Beginn als Einstieg in das Thema eine Excel-Tabelle reichen. Viel einfacher und übersichtlicher aber ist die Nutzung des kostenfreien E-Tools der Mittelstandsinitiative[33]. Es wird in mehr als 3500 Betrieben eingesetzt und bietet Orientierung bei der Erfassung aller energetischen und stofflichen Ressourcen. Zudem erlaubt es über die Kenntnis dieser Mengenströme auch den Aufbau einer betrieblichen Treibhausgasbilanz einschließlich des Scope 3.

Wenn Sie mit Ihrer Firma außerdem einen langfristigen systematischen Weg beschreiten wollen, für den Sie bei Bedarf auch einen Qualitätsnachweis über eine externe Zertifizierung erlangen können, empfehlen wir Ihnen einen Managementansatz. Hierzu bietet sich nun für KMU die ISO 50005 an, für die kostenfreie Arbeitshilfen über die Webseite des Umweltbundesamts bereitstehen.[34] Anhand eines Reifegradmodells können Sie Ihr Unternehmen Schritt für Schritt weiterentwickeln. Zwölf zentrale Elemente, zu denen z. B. Führung, Ressourcen für ein Energieteam, Energiebericht, Kennzahlen, Kompetenzen, Wartung gehören, werden jeweils über vier Reifegrade hinweg entwickelt. Nach Erreichen des vierten Reifegrads liegt der Ausbau zu einem vollumfänglichen ISO-50001-Managementsystem in greifbarer Nähe.

---

[32] *https://www.eep.uni-stuttgart.de/dokumente/EEI-Winter-2023_24/Wintererhebung2023_BriefingEvent.pdf* und *https://elibrary.vdi-verlag.de/10.37544/1436-4980-2024-01-02-11/effizienzsteigerung-durch-energiemanagementsysteme-efficiency-through-energy-management-systems-jahrgang-114-2024-heft-01-02?page=1*

[33] *https://www.energie-tool.de/#!*

[34] *https://www.umweltbundesamt.de/energiemanagementsysteme-iso-50005*

Die ISO 50005 stellt für kleine und mittelgroße produzierende Unternehmen einen gangbaren Weg zur Einführung eines systematischen Energiemanagements dar. Trotzdem sind damit Zeit und finanzielle Mittel verbunden. Wichtig auch hier: nicht Top-down alleine machen – sondern über ein Team die Dinge miteinander erarbeiten und zu einer eigenen Firmen-DNA werden lassen:

- Ein Energieteam sollte professionalisiert werden. Das heißt z. B., dass das Team firmenspezifische Verhaltensregeln in Bezug auf das Energiemanagement erarbeitet und allen Mitarbeitenden als Ansprechpartner zur Verfügung steht.
- Fehlende Messpunkte müssen identifiziert und entsprechende Messeinrichtungen spezifiziert und eingerichtet werden. Es empfiehlt sich, nach dem Pareto-Prinzip vorzugehen: die „dicken Fische" zuerst! Dazu sollten Sie die Nutzungszeiten der Stromverbraucher kennen – wozu zunächst das Wissen der Kolleg:innen vor Ort den besten Zugang gibt.
- Von Anfang an sollten die vorgenommenen Schritte dokumentiert werden in einer Form, die für später hinzukommende Kolleg:innen des Energieteams nachvollziehbar ist.

Um die Handlungsfähigkeit des Teams zu stärken, empfehlen wir, dem Team einen Werkzeugkoffer[35] mit den wichtigsten mobilen Messgeräten zur Verfügung zu stellen (Bild 5.18). Zu diesen zählen z. B.:

- Eine Wärmebildkamera – zum Aufspüren von Wärmeverlusten von schlecht gedämmten Kesseln, Rohren, Aggregaten, Pumpen oder auch Wärmebrücken im Gebäude, vgl. Abschnitt 5.1.1 – Kostenpunkt etwa 3500 €.
- Ein Leckage-Messgerät – zur regelmäßigen (!) Überprüfung aller Druckluftleitungen, Kupplungen, Druckspeicher – Kostenpunkt etwa 5500 €.
- Ein (oder zwei) Leistungsmesser mit Datenlogger (power and energy logger) – der flexibel für einige Wochen die Lastaufnahmen von aktiven Komponenten dokumentiert und damit eine wichtige Grundlage für anschließende Lastganganalysen und Verbesserungsmaßnahmen gibt – Kostenpunkt etwa 4000 €.

Auch für die Anschaffung dieser Grundausrüstung wie auch entsprechender Messeinrichtungen für das Energiemanagement gibt es vom Bund und den Ländern passende Förderpakete.

---

[35] Für einen Praxistest können solche Messkoffer ggf. auch bei Ihrer regionalen IHK ausgeliehen werden, siehe *https://www.ihk.de/sbh/unternehmer/energie-umwelt/dienstleistungen/messkoffer*

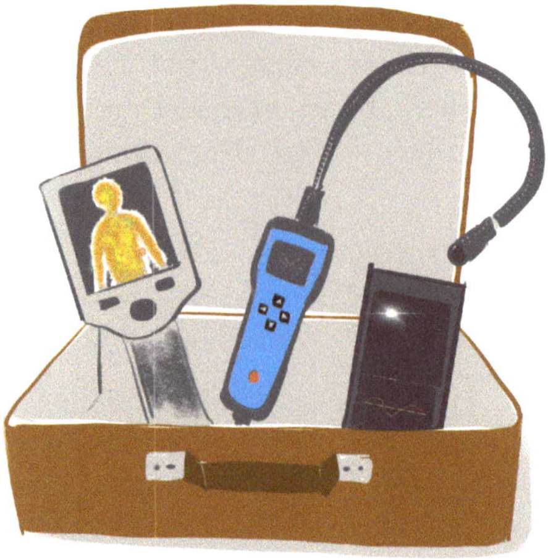

Bild 5.18
Ein gut ausgerüsteter Werkzeugkoffer wirkt motivierend auf das Energieteam

Definieren Sie zu Beginn geeignete Kennzahlen. Damit gewährleisten Sie, dass auch bei Schwankungen des Umsatzes, der Ausbringungsmengen oder der Anzahl der Mitarbeitenden eine gute Vergleichbarkeit der Monats- oder Jahresergebnisse gewährleistet ist. Die Erfolge des Energie- und Nachhaltigkeitsteams können sehr gut über Energie- und Umweltkennzahlen sichtbar gemacht werden (z. B. Kennzahlen in Bezug auf Material, Energie und Frisch- oder Abwasser, betriebliche Emissionen, Abfälle, Flächenverbrauch)[36].

5.2 Effizienz und Methoden

Bild 5.19 Auch die Materialeffizienz kann mit einfachen, grundsätzlichen Touren begonnen werden

[36] Eine Einführung zu diesem Thema gibt es vom Umweltbundesamt unter *https://www.umweltbundesamt.de/publikationen/umweltkennzahlen-in-der-praxis*

Im Kontext des wachsenden Bewusstseins für den ökologischen Fußabdruck treten die eingesetzten Materialien (Bild 5.19) deutlich stärker in den Fokus. Dies wird flankiert von anspruchsvollen Regularien zur Herkunft und Verarbeitung der Rohstoffe (Lieferkettensorgfaltsgesetz, EU-Entwaldungsverordnung etc.), ihrer Wiederverwendbarkeit und fachgerechten Entsorgung. Auch unter ökonomischem Gesichtspunkt ist es wichtig, den Blick auf die verwendeten Materialien zu wenden. Schließlich laufen gut 40 % Ihrer unternehmerischen Kosten durch Ihr Unternehmen.

Jedes Gramm ist Gold wert.

Material ist in produzierenden Unternehmen der sichtbare Hebel zur Effizienzsteigerung. Über moderne Logistik- und Produktionsmethoden hat das Lean Management die Produktionseffizienz vor allem in Hinblick auf die **Zeitersparnis** optimiert. Die Methoden des Lean Management helfen, nicht nur Zeit, sondern auch Material und andere Ressourcen zu sparen!

Die ständige Verbesserung, auch kontinuierlicher Verbesserungsprozess (KVP) ist der Wunsch, Prozesse oder Produkte Schritt für Schritt zu verbessern. Unter dem Begriff Kaizen wurde der stetige Wandel zum Besseren in Japan zu einer Lebens- und Arbeitsphilosophie populär. Heute finden Sie den Begriff Kaizen in jeder Schulung zu Lean Management, eine Unternehmensphilosophie, die auf eine Null-Fehler-Produktion abzielt und Verschwendung eliminieren und Wertschöpfung maximieren möchte.

Auch im Zuge der Ressourceneffizienz ist der Einsatz dieser Methode sinnvoll, jedoch unter Vorbehalt. Amerikanische und europäische Unternehmen sind seit den 1950er-Jahren in Scharen nach Japan gereist, haben die Erfolgsgeschichten japanischer Unternehmen untersucht und wollten Kaizen als Teil ihrer Managementsysteme integrieren. Mit überschaubarem Erfolg. Warum? In Japan ist Kaizen eine Haltung. Der Wandel zum Besseren bezieht sich auf die Arbeit, auf Produkte und auf Prozesse. Kein Tag ohne Verbesserung bezieht sich aber auch auf das Leben, die Betrachtung der eigenen Gewohnheiten und Glaubenssätze, die Überprüfung von Kommunikation und Beziehungen. Dieser ganzheitliche Ansatz, die Kaizen-Haltung, beschreibt damit auch, dass Organisationsentwicklung zugleich auch Persönlichkeitsentwicklung ist. Wenn aber Mitarbeitende nur Stelleninhaber sind und nicht mit ihrem ganzen Potenzial als ganzer Mensch gesehen werden, dann wird Kaizen oder Lean Management nur bedingt erfolgreich sein, oft zu Frust führen und scheitern.

5.2.1 5S-Methode

Bei der 5S-Methode (Tabelle 5.1) geht es um die Einhaltung von Ordnung und Sauberkeit in Ihrem Betrieb. 5S steht für Seiri (entferne Unnötiges), Seiton (sei ordentlich), Seiso (halte sauber), Seiketsu (Ordnungsraster), Shitsuke (Disziplin). Auch 5S wird über die Zeit zu einer Veränderung der Unternehmenskultur führen, aber Sie können diese Methode sofort auch in einem kleinen Bereich umsetzen und Sie werden damit auch sehr schnell Erfolge erzielen. Gehen Sie mit gutem Beispiel voran und machen Sie bei der Umsetzung mit. Paul Akers, ein bekannter Trainer und Speaker zum Thema LEAN, hat beispielsweise die Umsetzung von 5S gemeinsam mit seinen Mitarbeitenden in den Sanitärräumen gestartet[37].

Tabelle 5.1 5S-Methode

Seiri	Entferne alles aus Deinem Arbeitsbereich, was Du nicht unmittelbar brauchst. Das macht Spaß. Sowohl bei der Arbeit als auch zu Hause. Im Betrieb empfiehlt es sich, eine Palette neben den Arbeitsplatz zu stellen und alles nicht Benötigte dort zu platzieren. Sie können Zettel vorbereiten mit Ankreuzfeldern: woanders lagern, verschrotten, zum Mitnehmen usw.
Seiton	Ordne die Dinge und bewahre sie an ihrem richtigen Platz auf. Wir haben zusammen mit den Mitarbeitenden 5S im Labor durchgeführt. Es ist eine Freude, gemeinsam zu überlegen, wo der richtige Platz für was sein könnte und wie man die benötigten Dinge am schnellsten erreichen kann.
Seiso	Halte Deinen Arbeitsplatz sauber. Ob mit Putzplan oder ohne. Es ist eine Frage der Ehre, dass es blitzt und blinkt.
Seiketsu	Persönlicher Ordnungssinn: Mache 5S durch Festlegen von Standards zur Gewohnheit! Im Lager haben wir die Fächer, Bodenplätze und Regale beschriftet. Man sieht sofort, wenn etwas fehlt oder am falschen Platz steht, auch als Außenstehender. Markieren Sie die Transportwege und die Lagerplätze deutlich.
Shitsuke	Disziplin: Mache Sauberkeit und Ordnung zu Deinem persönlichen Anliegen. Es ist eine Frage der Ehre, dass alles an seinem Platz steht. Auf keinen Fall geht es um Schuldzuweisungen, dass ja eine andere Person den Platz unordentlich hinterlassen hat. Jeden Raum, den ich betrete, verlasse ich ordentlicher als ich ihn vorgefunden habe.

[37] Ein kostenfreier Download von Paul Akers Standardwerk in deutscher Sprache findet sich unter *https://paulakers.net/books/2-second-lean*

5.2.2 7W-Checkliste

Ein weiteres hilfreiches Tool ist die 7W-Checkliste. Diese Methode wird beispielsweise sehr häufig bei Ersthelferschulungen eingesetzt, und zwar anhand einer Checkliste, die sehr schnell, die Informationen liefert, die beim Absetzen eines Notrufs nötig sind. Im Produktionskontext verwenden wir diese Checkliste für die Erstellung von Arbeitsanweisungen für wiederholbare, einfache Tätigkeiten (siehe Tabelle 5.2).

Tabelle 5.2 7W-Checkliste

Was	ist zu tun? Um welche Tätigkeit geht es konkret?
Wer	macht es? Klären Sie die Verantwortlichkeiten.
Warum	macht man es? Wozu ist diese Tätigkeit wichtig?
Wie	wird es gemacht? Nennen Sie Hilfsmittel und visualisieren Sie Arbeitsschritte.
Wann	wird es gemacht? Und wie oft?
Wo	soll es getan werden? Wie lautet der Arbeitsplatz?
Wieso	wird es nicht anders gemacht? Und was sind die Konsequenzen, wenn ich es anders mache? Wenn ich z. B. persönliche Schutzausrüstung an dieser Stelle nicht verwende.

5.2.3 Drei Mu und acht Muda

Die drei Mus werden im Rahmen des Lean Managements als Grundlage der Verlustphilosophie verstanden. Diese negativen Punkte sind zu vermeiden:

- **Muda** Verschwendung
- **Mura** Abweichung, Unausgeglichenheit
- **Muri** Überlastung von Maschinen und Personen

Die Verschwendungsarten des Muda werden nochmal feiner unterteilt. Ein Anker, um sich die Verschwendungsarten zu merken ist TIM WOODS. Dies sind die Anfangsbuchstaben von den in Tabelle 5.3 und Bild 5.20 dargestellten Verschwendungsarten.

Tabelle 5.3 Die acht Muda

Transport (T)	Bewegung von Material oder Produkten ist nicht wertschöpfend. Dafür zahlt der Kunde nicht.
Inventory (I)	Bestände: Das Lagern von Produkten, Teilen oder Materialien kostet Platz und Geld.
Move (M)	Unnötige Bewegung: verbraucht Zeit, erhöht die Ermüdung der Mitarbeitenden und birgt ein Verletzungsrisiko
Wait (W)	Wartezeit: verhindert den Fluss, kostet Geld
Overproduction (O)	Überproduktion: mehr als notwendig fertigen, nur um die Maschine auszulasten und die Mitarbeitenden bei der Arbeit zu halten (weil diese auch als auszulastende Maschine angesehen werden), ist Verschwendung, die nur für Fortgeschrittene erkennbar ist
Overprocessing (O)	Tätigkeiten, die keinem Zweck dienen; Produktmerkmale, die der Kunde nicht braucht, meint auch Überregulierung; zu viele und teilweise sich widersprechende Vorgaben, Checklisten oder Dokumente.
Defects (D)	Defekte Teile: Fehler führen zu Nacharbeit und binden zeitliche und materielle Ressourcen. Ausschuss und Abfall sind zu vermeiden.
Skills (S)	Fähigkeiten: Die achte Verschwendungsart kam erst später hinzu. Nicht genutzte Potenziale der Mitarbeitenden, Fähigkeiten, die nicht eingesetzt werden, sind Verschwendung.

Bild 5.20 Die acht Verschwendungsarten – bezogen auf Materialthemen

5.2.4 Workshop-Beispiele

Workshop zur Identifikation der wichtigsten betrieblichen Verschwendungen

Identifizieren Sie in einem Workshop gemeinsam mit Ihren Mitarbeitenden die wichtigsten Verschwendungsarten in Ihrem Unternehmen und definieren Sie entsprechende Maßnahmen, wie Sie diese Verschwendungen reduzieren können.

Leitend für die Auswahl der Teilnehmenden sollte der Wertschöpfungsprozess sein.

Schritt 1: Begriffe klären

Finden Sie für die acht Verschwendungsarten Begriffe, die in Ihr Unternehmen passen.

Typisches Beispiel: Der Begriff „Overprocessing " kann in industriell geprägten Firmen z. B. gut mit Überspezifikation übersetzt werden. Viele Spezifikationen werden nicht in enger Absprache und in regelmäßigen Feedbackschleifen mit den Endkunden und den Lieferanten entwickelt. Am Ende entsteht dann ein Megaprodukt, das an der Zahlungsbereitschaft der Kunden komplett vorbeigeht.

In größeren Firmen können für eine Verschwendungsart abteilungs- oder bereichsspezifische Begriffe gefunden werden.

Wichtig bei diesem Schritt ist eine gemeinsame Sprache mit der Belegschaft. Das kann Englisch sein oder Sie lassen Mitarbeitende diese Begriffe in ihre eigene Muttersprache übersetzen. Schon die daraus entstehenden Diskussionen geben neue Einblicke und Erkenntnisse.

Schritt 2: Gemba Walk – an den Ort des Geschehens gehen

Gehen Sie mit Ihrer Belegschaft vor Ort und sammeln Sie dort gemeinsam Themen, an denen Verschwendung vorliegt.

Schritt 3: Erkenntnisse leicht zugänglich machen – z. B. durch Visualisierungen vor Ort

Visualisieren Sie Ihre gefundenen Beispiele für typische aktuelle Verschwendungen in Ihrem Unternehmen. Erstellen Sie z. B. ein Spaghetti-Diagramm für die Bewegungen, die das Material in Ihrem Betrieb vom Wareneingang bis zur Auslieferung zurücklegt.

Schritt 4: Priorisieren und Arbeitspakete schnüren

Priorisieren Sie die Themen gemeinsam. Nicht immer sind die Fehler mit den höchsten direkten Kosten die wichtigsten Probleme. Nutzen Sie bei der Umsetzung die TOP-Methode aus der Arbeitssicherheit (Bild 5.21):

- Erst die technischen Lösungen definieren und installieren
- Dann die passenden organisatorischen Vorschriften definieren und einführen
- Dann das Personal schulen, in Hinblick auf die faktisch neu verfügbaren technischen Einrichtungen und organisatorischen Maßnahmen

Auf diese Weise wird sichergestellt, dass die Probleme wirklich angegangen und abgestellt werden, statt sie über Handlungsanweisungen nur temporär anzugehen.

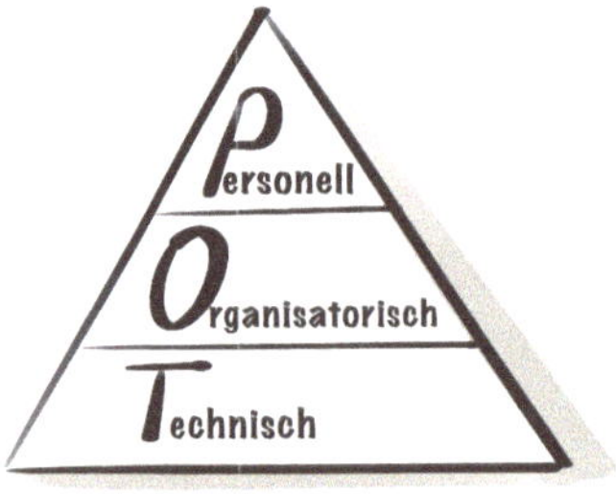

Bild 5.21
Konsequente Verbesserung fängt bei der Definition technischer Lösungen an

Der hier vorgeschlagene Workshop kann zu einem Erfahrungsaustausch mit der gesamten Belegschaft führen. Damit das gelingt, noch drei Tipps:

- Die Suche nach einer Steigerung der Ressourceneffizienz sollte in einer neugierigen Haltung erfolgen. Wenn Sie Verschwendungen entdecken – dann suchen Sie gemeinsam nach pragmatischen Lösungen, um diese Verschwendungen in Zukunft möglichst zu vermeiden.
- Nehmen Sie die Haltung eines Forschungsreisenden ein ... „Aha, das ist ja interessant, wie kommt es eigentlich dazu ...“ – sodass es zu einem angstfreien und vertrauensvollen Austausch kommen kann. Der Fokus liegt nicht auf der Suche nach Schuldigen, nach dem Motto „wer hat das schon wieder versaubeutelt“ ...
- In diesen Runden sind **Fehler** also grundsätzlich als **Helfer** anzusehen, vgl. Bild 5.22!

Bild 5.22 Fehler sind willkommene Helfer!

KVP-Workshop zur Entwicklung geeigneter Maßnahmen

Auf Grundlage der entdeckten Problemfelder können Sie nun immer wieder zu kurzen Workshops einladen.

Ein KVP-Workshop (Workshop der kontinuierlichen Verbesserung) kann sehr kurz sein, zumeist reichen 60 Minuten. Solche Workshops können wie folgt aussehen:

1. Nehmen Sie sich – gemeinsam mit Ihren Mitarbeitenden – ein priorisiertes Thema vor.

2. Gehen Sie dem ausgewählten Thema Schritt für Schritt auf den Grund. Wenn möglich, arbeiten Sie in Kleingruppen von drei bis fünf Mitarbeitenden, sodass alle mitmachen. Stellen Sie sich und Ihren Mitarbeitenden folgende „gute Fragen“ zu Ihrem Fokus-Thema. Gute Fragen sind Fragen, die auf das Aktivieren von (zwischenmenschlichen) Potenzialen gerichtet sind, die also wertschätzend, ressourcen- und lösungsorientiert sind. Achten Sie darauf, dass die Antworten konkret, klar und nachvollziehbar gegeben werden können – anderenfalls: Bleiben Sie dran, gehen Sie den Dingen auf den Grund!

   Beim Thema Abfall könnten dies folgende Fragen sein:

   - **Wo** tritt in Ihren Arbeitsschritten/in den betrieblichen Prozessen Abfall auf?
   - **Wie viel** Abfall tritt an diesen Stellen auf?
   - Welchen **Wert** (€) hat dieser Abfall?
   - Sind diese Werte jeden Tag gleich oder gibt es eine zeitliche **Entwicklung**? Ist diese wochen- oder monatsabhängig?
   - **Warum** gibt es diese Entwicklung? Was sind die Einflussfaktoren auf diese Werte?

   Für die anderen Themen verfahren Sie entsprechend.

3. Finden Sie dann mit Ihren Mitarbeitenden pragmatische Verbesserungsmaßnahmen:

   - Muss der Lieferant informiert werden? Weiß das liefernde Unternehmen von diesem Problem? Braucht es eine Ergänzung in den Lieferbedingungen, der Lieferantenvereinbarung, der Lieferantenbewertung?
   - Gibt es eine einfache Möglichkeit, das Problem für alle Beteiligten sichtbar zu machen? Über Fehlertische? Visualisierung?
   - Wer geht dem Problem in den nächsten 14 Tagen konkret nach? Wann schauen wir uns das gemeinsam wieder an?

4. Erst wenn dieser Themenkreis zur Zufriedenheit abgearbeitet ist, nehmen Sie sich mit Ihren Mitarbeitenden ein neues Thema vor.

5. Wenn dieser Kreis einige Male durchlaufen wurde, geben Sie diesen Qualitätskreis an einen zuständigen Mitarbeitenden ab!

Welche Themen könnten interessant sein bzw. was kann effizienter, sparsamer und damit in der Regel auch nachhaltiger gemacht werden? Nachstehend einige Beispiele[38)], die ebenfalls mit der Belegschaft in kurzen Workshops konkretisiert werden können:

- Einkaufsorganisation optimieren: endabmessungsnah beschaffen; keine übergroßen, aber auch nicht zu geringe Mengen
- Anzahl von Hilfsmaterialien/Chemikalien reduzieren
- quasi-kontinuierliche Mindestmengendosierung von Chemikalien
- weniger gefährliche Chemikalien verbrauchen
- Lagerung optimieren (z. B. „first in, first out")
- Kanban-Systeme nutzen, um Wiederbestellungen unter Einbezug der Mitarbeitenden zu optimieren
- Behälter richtig entleeren
- Verpackungen und deren Größe optimieren
- Werkstücke vorab inspizieren, Ausschuss verringern
- Prozessabläufe/-logistik optimieren (z. B. Farbwechsel)
- Prozessbäder sauber halten, Schmutzeintrag reduzieren
- Badaustrag/-verschleppungen minimieren
- Kontrolle und Pflege von Prozess-Bädern
- reduzierte und gleichmäßige Schichtdicke (QM!)
- Kaskadennutzung der Bäder (z. B. Reinigung, Spülen)
- ordnungsgemäße Wartung (z. B. weniger Leckagen)
- Einbindung, Schulung und Motivation des Personals

Sie könnten den KVP-Prozess nach einiger Zeit der Einübung als einen Ideenwettbewerb oder als ein betriebliches Vorschlagwesen etablieren. Dabei könnte einmal im Monat der beste Vorschlag in einem kleinen Team mit Vertretern verschiedener Interessengruppen und Anwesenheit der Vorschlaggeber ausgewählt werden. Dazu könnte es dann eine kleine Runde zum Brainstorming geben (Themen: Auswirkungen; Umsetzung generell, in anderen Teams, in Standardprozessen). Egal was aus dem Vorschlag wird, das Engagement sollte stets in irgendeiner Form belohnt wer-

---

[38] In Anlehnung an (Denz, 2015)

den. Etablieren Sie so einen Wettbewerb oder Vorschlagwesen erst, wenn die Mehrheit der Mitarbeitenden den Sinn und Zweck von KVP wirklich verstanden hat.

Achten Sie mit bei einem Vorschlagswesen darauf, dass es kurze Zyklen der Rückmeldung für die Vorschlaggebenden gibt. Sonst etablieren Sie einen toten Kummerkasten, und die Idee des KVP wird sabotiert. Und fragen Sie in den ersten Wochen immer wieder auch motivierend nach, ob schon jemand gute Ideen gefunden hat!

5.3 Digitalisierung

Die Optimierung von Material- und Energieströmen ist schon aus Kostengründen in vielen größeren Betrieben zu einer Routinetätigkeit geworden. Für diese stehen eine Vielzahl von bekannten Methoden zur Verfügung. Bei der noch relativ jungen Digitalisierung und weltweiten Vernetzung unserer Wertschöpfungsprozesse ist das noch anders. Es fehlt an gut etablierten Standards, die den praxistauglichen Umgang mit großen Datenmengen und der Pflege der Informationstechnik begleiten.

Umso mehr kommt es unter dem Aspekt des nachhaltigen Wirtschaftens darauf an, die alltäglichen Werkzeuge der Digitalisierung bewusst zu gestalten und hier auf gute Führung, ökologische und soziale Aspekte zu achten. Dabei sind Aspekte wie die Nutzung von Rechenzentren, die mit regenerativ erzeugtem Strom betrieben werden und die eine nachhaltige Abwärmenutzung aufweisen, oder IT-Services, die nicht in Billigstlohnländer ausgelagert werden, zu berücksichtigen. Auch wenn Provider zunehmend mit grün erzeugtem Strom betrieben werden und die Abwärme kaskadiert genutzt wird – auch hier gilt stets die Regel: **Vermeiden hat Vorfahrt.**

Kurz-Check in Bezug auf Datenmengen

- Wie viele Daten hält Ihre Firma derzeit auf Laufwerken aktiv vor?
- Wie viele Daten spiegelt Ihre Firma als „hot redundancy", um jederzeit operativ zu bleiben?
- Und welche Datenmengen werden auf anderen Datenträgern als Sicherheitsbackup vorgehalten?

Bild 5.23
Jede E-Mail hinterlässt ihren CO_2-Fußabdruck

Führen Sie einige grundsätzliche Regeln zum Umgang mit Datenmengen ein. Nachstehend einige Beispiele:

- Die Nutzung privater Daten in der Organisation in Hinblick auf das maximal verfügbare Datenvolumen reglementieren. Auch diese Daten werden täglich gesichert und auf Backup-Speichern gespiegelt.
- Für den Versand von Anhängen grundsätzliche Regeln vorgeben. E-Mails mit großen Anhängen gehen quer durch die Welt und verbrauchen in Summe beträchtlich viel Energie und Infrastruktur. Hier bietet sich vielmehr der Austausch über gemeinsame Verzeichnisse an.
- Auf die Audio- und Videoübertragung in Online-Besprechungen verzichten, solange Sie keinen aktiven Part übernehmen. Das spart 500 MB Datentransfer pro Stunde und Nutzer und 4Wh pro Stunde und Nutzer ein[39].
- WLAN-Router über Nacht und im Betrieb auch über das Wochenende abschalten. Die Router brauchen rund 15W Leistung, die im Schlaf gespart werden können.

Der Kauf und der Einsatz digitaler Produkte verursachen Treibhausgasemissionen (Bild 5.23). Geben Sie bei der Anschaffung von IT-Geräten auch aufbereiteten Geräten eine Chance. Nachstehend einige prämierte Anbieter:

- Greenpanda[40] ist ein Unternehmen der GSD[41] aus Bayern, das seit mehr als 25 Jahren gebrauchte IT-Geräte kauft, aufbereitet und mit Produktgarantie wieder verkauft.
- ESM Computer[42]
- insbesondere das Unternehmen AfB, weil es sich auch *sozial engagiert*: AfB social & green[43], „Arbeit für Menschen mit Behinderungen“ – nach eigenen Angaben das in Europa größte gemeinnützige IT-Unternehmen

Im Zusammenhang mit der Anschaffung von IT-Produkten lohnen sich ebenfalls grundsätzliche Überlegungen. Der Energieverbrauch von Laptops, die im Zeitalter des Homeoffice ohnehin viele Vorteile bieten, ist deutlich geringer als der von Desktop-PCs. So beträgt die Leistungsaufnahme eines Laptops im Schnitt 13 W, während ein Desktop-PC 87 W braucht[44]. In vielen Betrieben gibt es noch kleine Server-Räume, die über Klimageräte auf Temperaturen unter 10 °C gekühlt werden. Dieser Aufwand muss nicht sein – elektronische Geräte und Server haben kein Problem mit Tempera-

[39] *https://www.oeko.de/fileadmin/oekodoc/Digitaler-CO2-Fussabdruck.pdf*

[40] *https://www.greenpanda.de*

[41] *https://www.gsd.eu*

[42] *https://www.esm-computer.de*

[43] *https://www.afbshop.de*

[44] *https://www.oeko.de/fileadmin/oekodoc/Digitaler-CO2-Fussabdruck.pdf*

turen bis 25 °C[45]. Der Server-Raum kann aber auch komplett infrage gestellt werden und die IT-Infrastruktur von externen Dienstleistern betrieben werden. Das spart viel Zeit, Nerven und Energie!

Rund um diese Fragestellungen gibt es viele regionale Start-ups, die neue Konzepte anbieten und die Sie mit Begeisterung mitnehmen können in neue Welten der digitalen Vernetzung mit Lieferanten und Kunden. Damit modernisieren Sie auch Ihre Geschäftsmodelle.

Wie würden Sie Ihren unternehmerischen Reifegrad hinsichtlich der Potenziale, die die Digitalisierung mit sich bringt, einschätzen?

Die Themen Digitalisierung und nachhaltige, regenerative Wirtschaftsweise werden noch selten zusammen gedacht (Öko-Institut, 2021). Dabei bieten die neuen Technologien sehr interessante Möglichkeiten gerade über die „Dematerialisierung" an, über die es sich lohnt nachzudenken:

- Produktentwicklung: Rapid Prototyping digitaler Modelle, in denen Kunden rasches Feedback über Form und Funktionalität geben können; Simulationsprogramme, mit denen z. B. Spülvorgänge optimiert werden können, der Anteil von Angüssen reduziert werden kann, Funktions- und Toleranzanalysen durchgeführt werden können u. v. m.
- Produktion: Losgröße 1 über den 3D-Druck, für den immer neue Druckmaterialien zur Verfügung stehen
- Outsourcing von Teilen der Wertschöpfung über entsprechende Services oder Produktmodelle
- Erhöhte Einsparungen in Energie und Material über die intelligente Vernetzung von Produktionsplanung/-steuerung und bedarfsgerechte Kopplung der Maschinen und Anlagen
- Lebenszyklus der Produkte: der Digitale Produktpass (Neligan, Schleicher & Engels, 2023) enthält Informationen über die Entstehungs- und Nutzungsgeschichte der Produkte und über den (Ab-)Nutzungszustand (→ eine Chance zur Entwicklung neuer Service-Konzepte)
- Integriertes Berichtswesen/Nachhaltigkeitskommunikation
- Virtuelle Verkaufsräume, in denen der Kunde seine Produkte individuell konfigurieren und ggf. ausprobieren kann

[45] *https://www.klima-plattform.de/klimaguide/guideinhalte/artikel/it-raeume-anhebung-der-raumtemperatur*

Welche neuen, ungewöhnlichen Ideen fallen Ihnen für Ihr eigenes Unternehmen ein, die über KI, Big Data, unbegrenzte Rechenkapazität möglich wären? Tauschen Sie sich auch mit Ihren Kolleg:innen und/oder Ihrem Team hierzu aus.

Leitfragen für Ihren Rucksack

- Welche Chancen und Risiken bietet die Lage Ihrer Gebäude?
- Können Sie Ihr Betriebsgelände in einen attraktiven Lebensraum für Menschen, Tiere und Pflanzen verwandeln?
- Produziert Ihr Betrieb Abwärme und wie nutzen Sie diese?
- Gibt es in Ihrem Betrieb Ausschuss, Abfall und Verschwendung und wie eliminieren Sie diese?

Literaturverzeichnis

Benden, J., Riegel, C., Trum, A. & Theißen, A. (2017). *Gewerbeflächen im Klimawandel – Leitfaden zum Umgang mit Klimatrends und Extremwettern*. Aachen: Institut für Stadtbauwesen und Stadtverkehr (ISB) der RWTH Aachen.

Münch, K. et al. (2022). *Abwärmenutzung aus dem Auslauf von Kläranlagen. Abschlussbericht*. Von DWA-Landesverband Baden-Württemberg. Von *https://www.abwasserwaerme-bw.de/cms/content/media/Abschlussbericht_Abwasserwaermenutzung-BW_komprimiert.pdf* abgerufen.

Neligan, A., Schleicher, C. & Engels, B. (22. September 2023). *Digitaler Produktpass – enabler der circular economy*. Von Institut der Deutschen Wirtschaft e. V. (IW). Von *https://www.iwkoeln.de* abgerufen

Öko-Institut. (2021). *Anreizsysteme für eine ökologisch nachhaltige Digitalisierung in kleinen und mittleren Unternehmen*. Von *https://www.oeko.de/fileadmin/oekodoc/Nachhaltige-Digitalisierung-KMU.pdf* abgerufen.

Quaschning, V. (6. Auflage 2021). *Erneuerbare Energien und Klimaschutz*. München: Carl Hanser Verlag.

Sauer, A., Jung, L., Torolsan, K. & Gergert, A. (2024). Effizienzsteigerung durch Energiemanagementsysteme. *WT Werkstatttechnik Bd. 114*, S. 9–13. Von *https://elibrary.vdi-verlag.de/10.37544/1436-4980-2024-01-02-11/effizienzsteigerung-durch-energiemanagementsysteme-efficiency-through-energy-management-systems-jahrgang-114-2024-heft-01-02?page=1* abgerufen.

Schaller, S., Zeddies, L., Scheub, U. & Vollmar, S. (2023). *Zukunftsbilder 2045*. München: Oekom Verlag.

Weiß, J.: Potentialanalyse: Abwärme könnte bis zu 10 Prozent des zukünftigen Wärmebedarfs für Berlin decken. *https://www.ioew.de/publikation/kommunale_waermewende_strategisch_planen* am 30.9.2024 abgerufen

Leuchtfeuer der regenerativen Wir
Neue Geschäftsmodelle der Kreislaufwirtschaft
überregionale Kreisläufe
regionale Kreisläufe
terra incognita
innerbetriebliche Kreislaufwirtschaft
Kaskadennutzung
verwahrlostes Gebiet
Holz
Textil
Digitaler Produktpass
Eco-Design
Kunststoffe
Taxonomie-konformität
Umsatz CapEx OpEx
achtsame Wassernutzung
Doppelte Wesentlichkeit
EcoVadis
GRI
Berichtswesen
terra incognita
VSME
DNK
KLIMAWIN
Fatamorgana der Förderlandschaften
Klimafolgen-Anpassungs-Programme
Wettbewerbslandschaft heute "uneven playing field"
Erinnerungs-Kultur
INDIGENE WELTEN
Carlowitz 1713
Club of Rome 1972
Mahnmal des artgerechten Lebens
Brundtland 1987
Kyoto 1997
EU Green Deal 2019
CSRD 2024
Jubiläum
Rückzug und Resignation
LANGEWEILE
Berge der geleisteten Arbeit
Auf-Bruch
THG Bilanz
Paris 2015
Einflugschneise asiatischer Wettbewerber
Fort- und Weiterbildungen
Empowerment der Mitarbeitenden
Aufbruch
Energie-Karawane
Verschwendung eliminieren
Basislager
Dschungel der Bürokratie
Marktbegleiter
Selbstverantwortung der Teams
Mitsprache
Zeit nehmen
Cynefin Kompass nutzen
operativer Alltag
Ruine / Investitionsstau
Vertrauen verdienen
Lernende Organisation
Hafen der Guten Hoffnung
Verbände
Extremwetter-Ereignisse
Abwärme
RIESE
Gebäudehülle sanieren
Fachkräftemangel
Druckniveau prüfen
Einfache Touren
heiße trockene Sommer
Umgang mit Betriebsstoffen
Wege zu sich selbst
kvp
5S
KAIZEN
Steuerflucht
Materialeffizienz
Energie-Scouts
Energie-Effizienz
MA Zuwanderung
Freunde
Digitalisierung
Luftströme durch Tore verringern
Bucht der schönen Momente
Familie
kurze Auszeit
RESILIENZ
CSDDD
Beschaffungspolitik Lieferantenvereinbarungen
Meer der Ruhe
Operativer Alltag
Hafen der Lieferketten
Bio UND Fair Trade Produkte
Fair Trade Produkte
Erholung Regeneration
Autarkos (Insel der Selbstbestimmung)
Pragmateftis
Zuver-Sicht
Selbstwirksamkeit
Eigene Stärken
Paradoxis
Traumland Autarkos

Landkarte zu dem Buch
Heim, M.; Paul, S.:
Auf Nachhaltigkeitskurs!
Neue Wege für produzierende Unternehmen
durch Energie- und Ressourceneffizienz
Carl Hanser Verlag, München, 2025
ISBN 978-3-446-48349-1

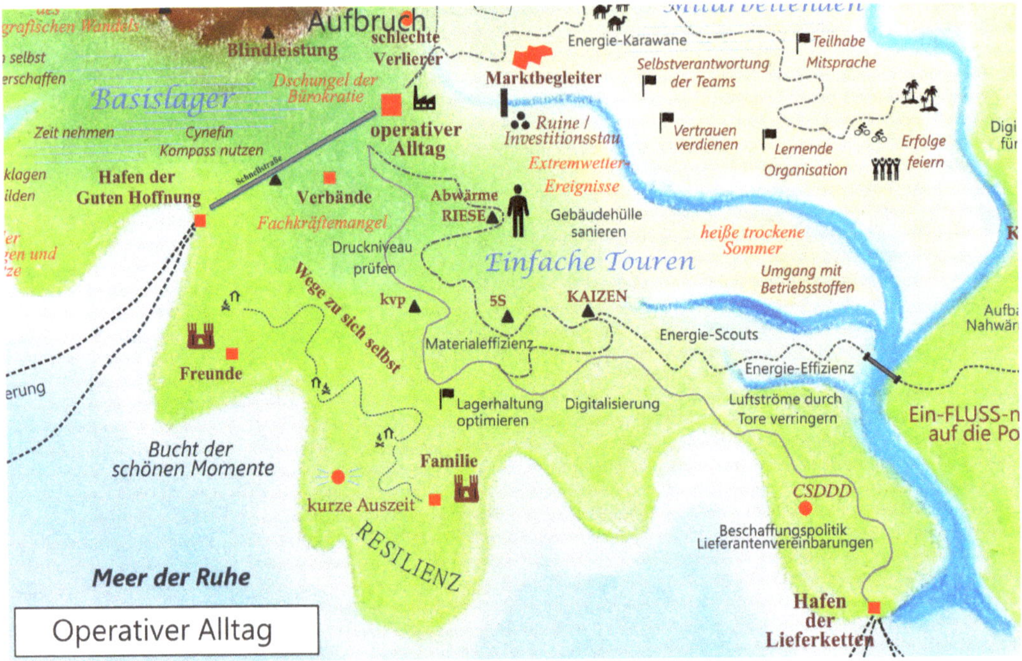

Operativer Alltag

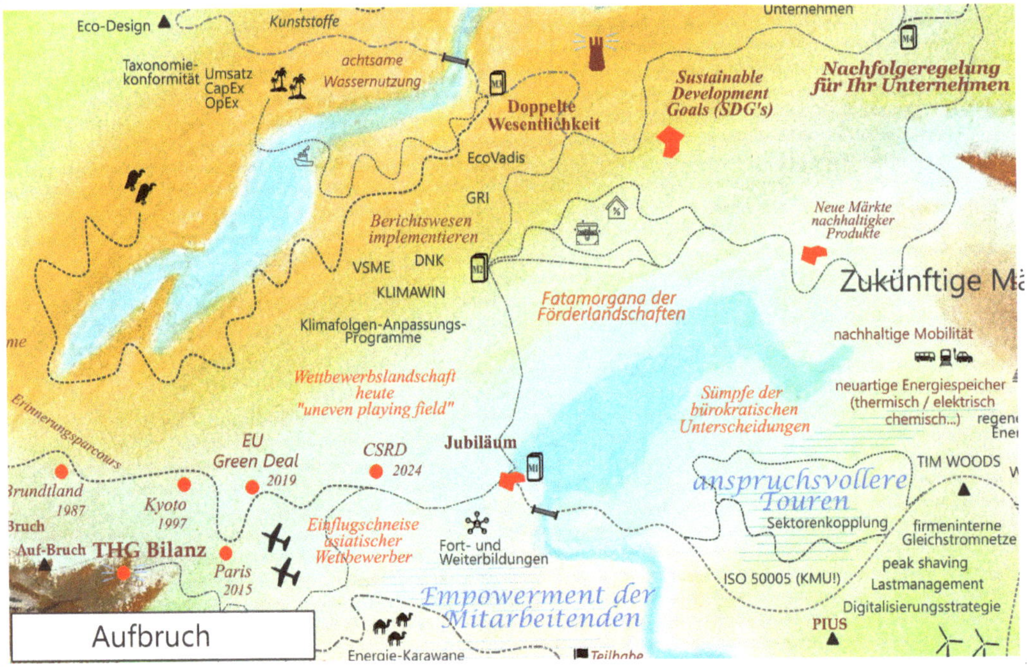

Aufbruch

Leuchtfeuer der regenerativen Wirtschaft
Neue Geschäftsmodelle der Kreislaufwirtschaft
Hafen zur Zukunft
überregionale Kreisläufe
regionale Kreisläufe
terra incognita
Ökonomie des Wohlergehens
innerbetriebliche Kreislaufwirtschaft
Kaskadennutzung
verwahrlostes Gebiet
Holz
Textil
Papier
Kunststoffe
Digitaler Produktpass
Eco-Design
purpose Unternehmen
Taxonomie-konformität
Umsatz
CapEx
OpEx
achtsame Wassernutzung
Doppelte Wesentlichkeit
Sustainable Development Goals (SDG's)
Nachfolgeregelung für Ihr Unternehmen
EcoVadis
GRI
Berichtswesen
Neue Märkte nachhaltigker
terra incognita

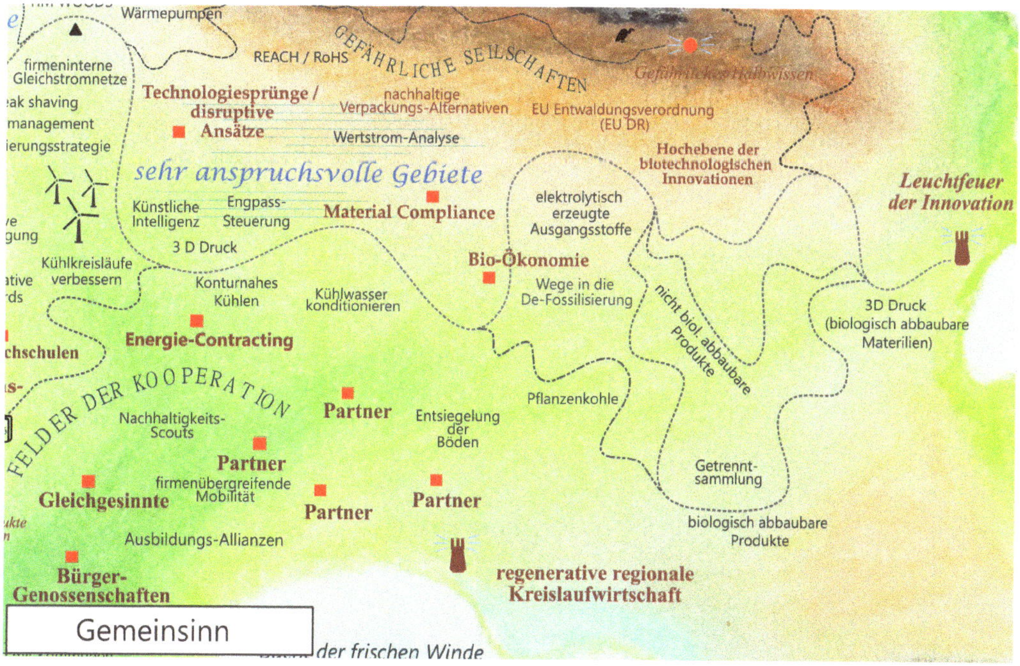
Wärmepumpen
firmeninterne Gleichstromnetze
REACH / RoHS
GEFÄHRLICHE SEILSCHAFTEN
Gefährliches Halbwissen
Technologiesprünge / disruptive Ansätze
nachhaltige Verpackungs-Alternativen
EU Entwaldungsverordnung (EU DR)
management
Wertstrom-Analyse
Hochebene der biotechnologischen Innovationen
sehr anspruchsvolle Gebiete
Leuchtfeuer der Innovation
Künstliche Intelligenz
Engpass-Steuerung
Material Compliance
elektrolytisch erzeugte Ausgangsstoffe
3 D Druck
Bio-Ökonomie
Kühlkreisläufe verbessern
Konturnahes Kühlen
Kühlwasser konditionieren
Wege in die De-Fossilisierung
nicht biol. abbaubare Produkte
3D Druck (biologisch abbaubare Materilien)
Energie-Contracting
FELDER DER KOOPERATION
Partner
Entsiegelung der Böden
Pflanzenkohle
Nachhaltigkeits-Scouts
Partner
Getrennt-sammlung
Gleichgesinnte
firmenübergreifende Mobilität
Partner
Partner
biologisch abbaubare Produkte
Ausbildungs-Allianzen
Bürger-Genossenschaften
regenerative regionale Kreislaufwirtschaft
Gemeinsinn
der frischen Winde

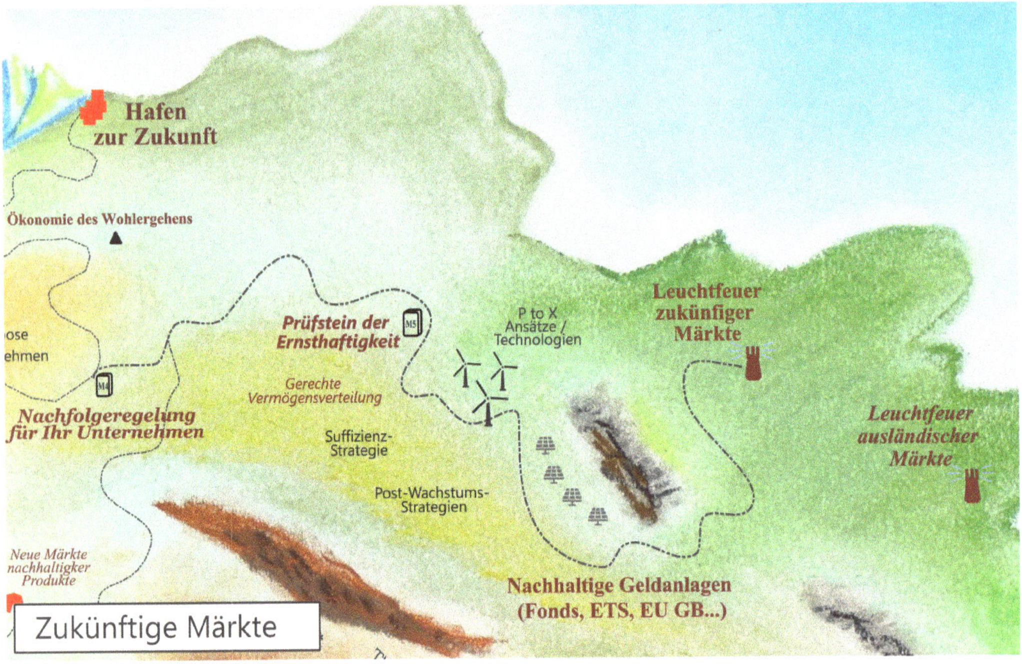

Zukünftige Märkte

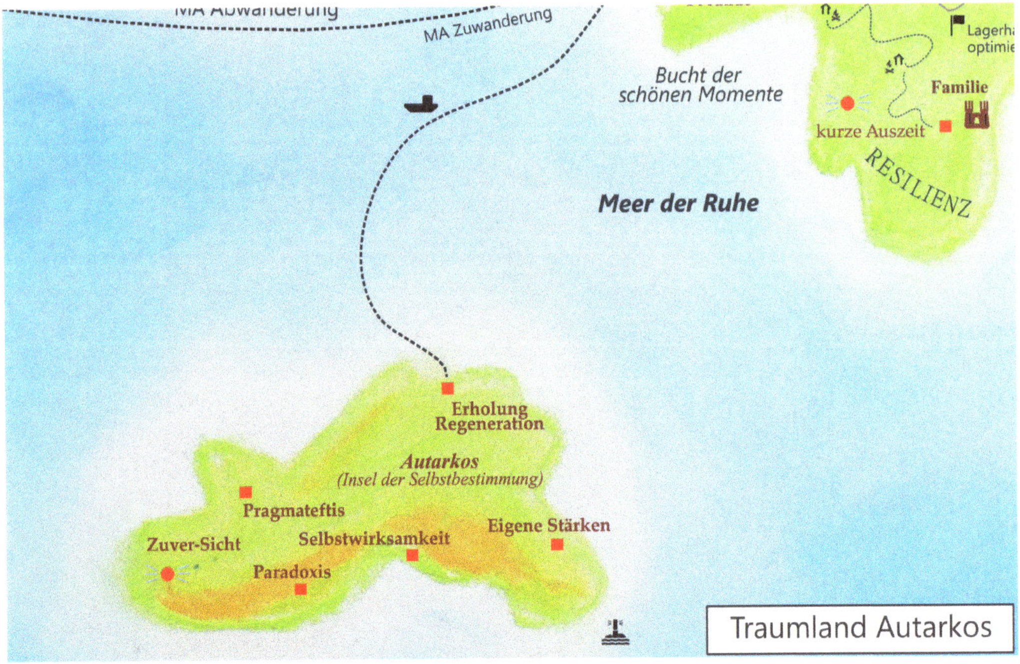

Traumland Autarkos

6 Anspruchsvolle Gebiete

Manche Themen in diesem Kapitel scheinen unerreichbar zu sein und wie ein Abgrund vor dem ersehnten Ziel zu klaffen: „Wie sollen wir das jemals schaffen?“, fragen Sie sich. Sie haben ein tolles Team und sind bereits warmgelaufen. Sie können jederzeit ins Basislager zurückkehren. Und wenn Sie bereit sind, kommen Sie wieder hierhin zurück. Es ist nicht so schwer, wie es scheint.

6.1 Die Treibhausgasbilanz

In Folge des beschleunigten Klimawandels ist die Einschränkung von anthropogenen Emissionen ein zentrales Ziel geworden. Unternehmen, Kommunen, Länder und Staaten bilanzieren heute ihre Treibhausgasemissionen (THG) und stellen Maßnahmenpakete auf, um diese schrittweise zu reduzieren. Die THG-Bilanz ist für unzählige Förderprogramme zum Startpunkt der Reise in die Nachhaltigkeit geworden. Nicht nur die L-Bank BW gewährleistet für die Erstellung einer THG-Bilanz einen Nachhaltigkeitsbonus bei der Vergabe von Krediten[1].

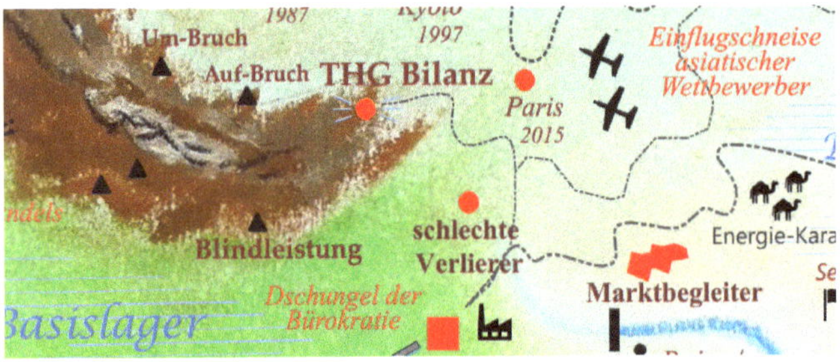

Bild 6.1 Die Treibhausgasbilanz: Ein Leuchtfeuer für Ihre Reise in die Nachhaltigkeit

Aus Sicht des Klimaschutzes ist dies ein effizientes und wirksames Werkzeug. Denn eine betriebliche Treibhausgasbilanz (THG-Bilanz) macht transparent, welche dicken schwarzen Wolken auch das eigene Unternehmen vor eine sonnige globale Zukunft schiebt und wo die größten Hebel für deren Auflösung liegen. Damit ist eine THG-Bilanz auch ein gutes Kommunikationsmittel, um Mitarbeitenden und Geschäftspartner:innen die nächsten gemeinsamen Schritte und deren Wirkung zu verdeutlichen und kann auf der Reise als Leuchtfeuer dienen (Bild 6.1).

> **!** Eine drastische Verringerung der Treibhausgase ist ein wichtiger Beitrag, um die Überhitzung unseres Planeten zu stoppen. Ein Unternehmen, das keine Treibhausgase emittiert, ist allerdings nicht zwingend klimaneutral. Denn viele weitere Folgen unserer Aktivitäten wie die Versiegelung der Böden, der Abrieb von Autoreifen, die großflächige Veränderung von Landschaften durch den Abbau von Rohstoffen und die Versauerung der Meere durch ihre Aufbereitung haben Auswirkungen auf das Klima.

1 *https://www.l-bank.de/allgemein/wirtschaftsfoerderung/artikelseiten/nachhaltigkeitsbonus.html*

Im Kontext einer zukunftsfähigen, nachhaltigen oder regenerativen Wirtschaft ist das Ziel der Treibhausgasneutralität ein wichtiger Meilenstein. Es kann aber andere Etappenziele wie die Frage nach einem zukunftsfähigen Geschäftsmodell, Regionalität und fairen Lieferketten, gelingender Mitarbeiterentwicklung, guter Führungskultur oder den Erhalt der Biodiversität nicht ersetzen.

6.1.1 Grundlagen der Treibhausgasbilanz

Der Treibhauseffekt ist Grundlage für die artenreiche Entwicklung des Lebens auf Erden. Die Anwesenheit von Kohlendioxid und anderen Gasen in der Atmosphäre trägt dazu bei, dass die von der Sonne eingestrahlte und von der Erde reflektierte Wärme nicht komplett abgestrahlt wird, sondern im Erdsystem erhalten bleibt und damit die Temperaturschwankungen in einem gemäßigten Bereich verbleiben. Gleichzeitig trägt die Anwesenheit anderer Gase dazu bei, dass harte elektromagnetische Frequenzen aus der Einstrahlung der Sonne herausgefiltert werden[2)].

Über die massiv angestiegenen anthropogenen Emissionen seit der industriellen Revolution verändert sich die Zusammensetzung der Erdatmosphäre. So stieg z. B. der CO_2-Gehalt der Atmosphäre von rund 280 ppm vor 1770 bis 1970 auf rund 330 ppm; in den letzten 50 Jahren entwickelte sich ein exponentieller Anstieg auf heute rund 420 ppm. Kohlendioxid trägt aufgrund seiner relativ hohen Konzentration und Langlebigkeit rund 60 % zum Klimawandel bei[3)]. Andere Klimagase wie Methan, Lachgas und verschiedene Chlorverbindungen reflektieren ebenfalls die langwellige Wärmestrahlung der Erde. Sie sind zwar in geringeren Konzentrationen in der Atmosphäre vorhanden – weisen aber teilweise erheblich längere Verweilzeiten auf. Bild 6.2 und Bild 6.3 veranschaulichen den Einfluss anthropogener Emissionen.

[2] Diese Ozonschicht war bis Mitte der 1980er-Jahre durch die massive Emission von Fluorkohlenwasserstoffen, die weltweit in Kühlgeräten eingesetzt wurden, ernsthaft beschädigt. In einer globalen Klimaschutzaktion wurden die schädlichen FCKWs verboten. Die Ozonlöcher haben sich seither deutlich reduziert.

[3] *https://www.umweltbundesamt.de/daten/klima/atmosphaerische-treibhausgas-konzentrationen#beitrag-langlebiger-treibhausgase-zum-treibhauseffekt*

Bild 6.2 Der natürliche Treibhauseffekt hat das Leben auf der Erde, so wie wir es kennen, erst ermöglicht

Bild 6.3 Durch Treibhausgasemissionen steigt das Speichervermögen der Erdatmosphäre für Wärme

Maßzahl CO_2-Äquivalent

Um die konkrete Höhe der verschiedensten Emissionen miteinander vergleichen zu können, wurde die Maßzahl der CO_2-Äquivalente (CO_{2e}) eingeführt. Die Berechnung des Treibhauspotenzials (global warming potential) der verschiedenen Gase ist seit 2013 durch die ISO 14067 auch international genormt.

Für den Unternehmenskontext bieten sich zwei verschiedene Bilanzräume an: eine Unternehmensbilanz, in der die jährlichen Emissionen eines Unternehmens mit seinen Standorten bilanziert wird, und spezifische Produktbilanzen, in denen der Lebenszyklus der Produkte bilanziert wird. Wir empfehlen als Einstieg eine Unternehmensbilanz (corporate carbon footprint). Später sollte dann in eine produktspezifische Betrachtung folgen – für die z. B. nach VDI 4801 ebenfalls verschiedene Bilanzräume angewandt werden können. Dieser product carbon footprint kann z. B. für den kompletten Lebenszyklus als cradle to grave oder in Hinblick auf ein zirkuläres Denken als cradle to cradle durchgeführt werden, vgl. Bild 6.4.

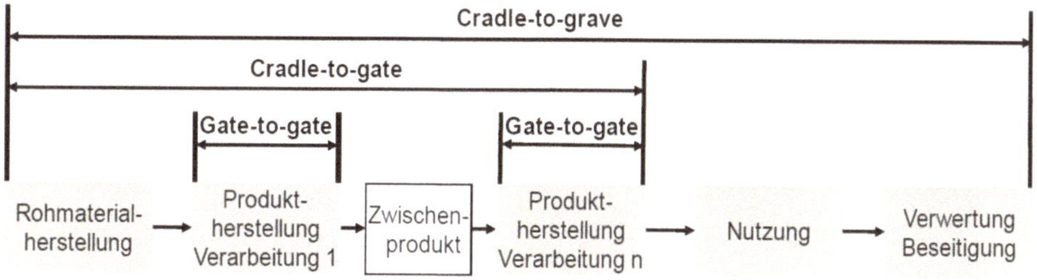

Bild 6.4 Bilanzräume nach VDI 4801

In den letzten Jahren hat bei der Bewertung der Nachhaltigkeit die Treibhausgasbilanz eine dominante Stellung eingenommen. Bei der Bewertung der Nachhaltigkeit von Produkten sollten aber auch andere Kriterien, wie z. B. der Wasserverbrauch bei der Herstellung und dem Gebrauch der Produkte, der Einfluss auf die Biodiversität etc., eine Rolle spielen. Hierzu wurde z. B. der product environmental footprint (PEF)[4)] entwickelt, der 2021 von der EU vorgestellt wurde. Der PEF ist eine multikriterielle Methode zur lebenszyklusbasierten Modellierung und Bewertung der Umweltauswirkungen von Produkten und Dienstleistungen durch auftretende Stoff- und Energieflüsse sowie der dazugehörigen Emissionen und Abfallströme[5)]. Der PEF kommt zwar noch eher selten zur Anwendung, er kommt aber dem Ziel einer umfassenderen Maßzahl für die Klimaauswirkungen von Produkten sehr nahe.

---

[4] *https://eplca.jrc.ec.europa.eu/EnvironmentalFootprint.html*

[5] *https://www.umweltbundesamt.de/sites/default/files/medien/1410/publikationen/2019-01-17_texte_76-2018_environmental-footprint_1.pdf*

Drei Bilanzkategorien: Scope 1 bis 3

In Ihrer unternehmerischen THG-Bilanz werden nach dem Greenhouse Gas Protocol[6], das sich weltweit für diese Bilanzen durchgesetzt hat, drei Scopes (Bilanzkategorien) unterschieden (Bild 6.5).

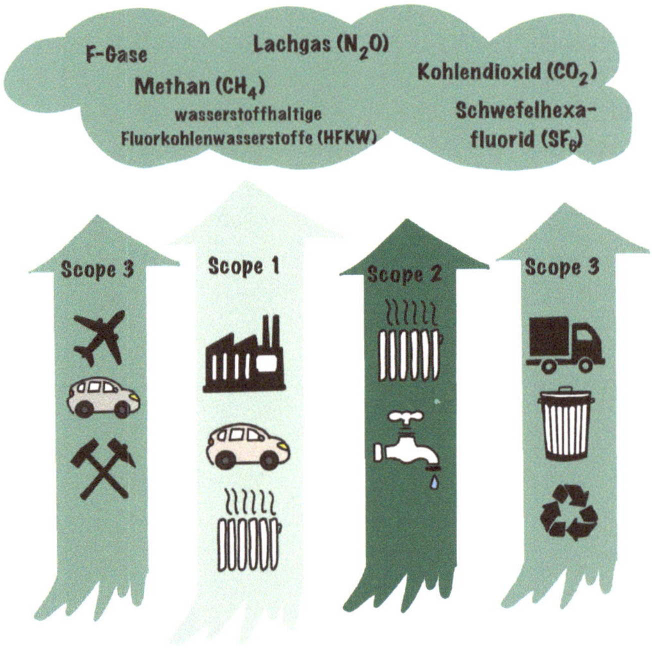

Bild 6.5
Die drei Scopes der THG-Unternehmensbilanz

Scope 1 bilanziert die direkten Emissionen, die in Ihrem Unternehmen entstehen; hierbei spielen das Verbrennen von Heizstoffen, das Entweichen von Gasen und Kühlmittel, aber auch die Emissionen des firmeneigenen Fuhrparks eine große Rolle. Die beiden anderen Scopes geben die indirekten Emissionen wieder:

- Scope 2 die Emissionen für die bezogenen Energieströme (Strom, Fernwärme) – sowie
- Scope 3 die Emissionen in der Lieferkette und in der Absatzkette.

Für die Bilanzierung bietet das GHG-Protokoll praktische Hilfestellungen: Es kategorisiert in weitere acht Gruppen von typischen Emissionen in dem der Produktion vorgelagerten „upstream"- und sieben Gruppen im nachgelagerten „downstream"-Bereich.

Scope 1 und Scope 2 sind für die Erstellung einer THG-Bilanz Pflicht. Hierzu tragen Sie in Ihren THG-Rechner die Aktivitätsdaten ein (z. B. die Summe des jährlich verbrauchten Heizöls in Liter, die Menge des verbrauchten Erdgases in kWh) und der THG-Rech-

6 *https://ghgprotocol.org/standards-guidance*

ner zeigt Ihnen eine Auswahlliste der möglichen Emissionsfaktoren an (in unserem Beispiel die Faktoren für Erdöl, Erdgas bzw. Biogas). Sie haben unter dem Jahr den Stromvertrag umgestellt auf Grünstrom? Dann erfassen Sie die jeweilig abgerechneten Strommengen und deren Emissionsfaktoren in zwei separaten Einträgen.

Auf den Stromrechnungen finden sich von den EVUs detaillierte Angaben zu dem bezogenen Strommix und dessen jeweiligen Emissionsfaktoren. Falls auf eine eigene PV-Anlage umgestellt wird, gehört der THG-Fußabdruck der Photovoltaik-Anlage (PV-Anlage) im Jahr der Anschaffung in die Bilanz, und zwar in den Scope 3. So sollte es auch mit anderen Anlagen und Betriebsgütern gehandhabt werden: Im Jahr der Anschaffung gehen die Fußabdrücke in die Bilanz, danach zählen nur noch deren direkten betrieblichen Emissionen.

Wenn die in Ihrem Bilanzrechner hinterlegten Daten nicht ausreichen, können Sie aus frei zugänglichen Datenbanken die entsprechenden Emissionsdaten herausfinden. Die Zugänge zu einigen wichtigen Datenbanken finden Sie in Kapitel 13.

Bei den meisten produzierenden Unternehmen sind rund 80 % der Treibhausgasemissionen im Scope 3 verborgen, und zwar sehr dominant in der Zulieferkette (Bild 6.6; Schmidt, Nill & Scholz, 2021). Hier dominieren energetisch aufwendig produzierte Rohstoffe, die Mobilität (Geschäftsreisen und Mitarbeitermobilität) und die Emissionen der hergestellten Produkte während ihrer Nutzungszeit.

Bei den meisten produzierenden Unternehmen liegen rund 80 % der Treibhausgasemissionen im Scope 3 verborgen!

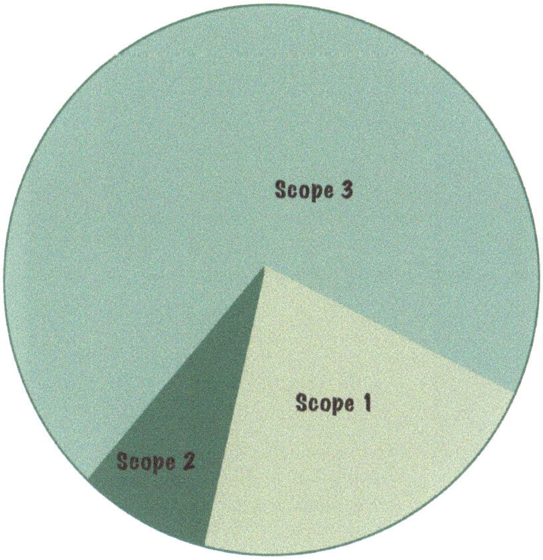

Bild 6.6
Typische qualitative Verteilung der Emissionskategorien in produzierenden Unternehmen

Bei Ihrer ersten betrieblichen THG-Bilanz, die den Scope 3 berücksichtigt, sollten Sie sich von entsprechend qualifizierten Dienstleistern begleiten lassen. Das Auffinden der relevantesten Emittenten kostet sonst unnötig viel Zeit und Nerven. Auch bei der Schulung der Mitarbeitenden kann eine externe Sicht sehr nützlich sein.

Praxisbeispiel zur Bilanzierung

Für die Firma LOTZ Hydraulik + Pneumatik GmbH in Emmendingen haben wir mit Dr. Jan Dormanns, einem Kollegen von den Klimapartnern Südbaden, im Frühjahr 2024 eine THG-Bilanz erstellt[7]. Die Firma LOTZ Hydraulik + Pneumatik GmbH ist ein mittelständisches Unternehmen mit 25 Mitarbeitenden, das sich auf den Handel mit Hydraulik- und Pneumatikartikeln und der Konzipierung, Konstruktion und Herstellung von maßgeschneiderten Hydraulikaggregaten spezialisiert hat.

Bild 6.7 zeigt als Beispiel das Sankey-Diagramm für Scope 1 und 2, das wir mit dem EcoCockpit der IHK für die Firma Lotz Hydraulik erstellt haben. Die betriebsbedingten Emissionen lassen sich dank der flächenproportionalen grafischen Darstellung gut miteinander vergleichen.

Bild 6.7 Beispielhafte Darstellung betrieblicher Emissionen (Darstellungsform des Ecocockpit der IHK Baden-Württemberg[8])

---

[7] Im Rahmen eines vom Zukunft.Raum.Schwarzwald geförderten Projekts zur betrieblichen Nachhaltigkeit wurde die Firma Lotz Hydraulik von den Klimapartnern Südbaden, Dr. Jan Dormanns, und der Energieagentur Südwest GmbH für vier Monate begleitet – von der THG-Bilanz, über die Erstellung eines THG-Managementplans bis zur Mitarbeitendenschulung.

[8] *https://tool.ecocockpit-bw.de*

Die Analyse des Scope 3 ist für die meisten produzierenden Unternehmen erst einmal schwierig. „Wollen Sie im Ernst unsere rund 100 000 Materialstammdaten auf ihre Herkunft, Transportwege und Zusammensetzung hin untersuchen?", fragte uns Herr Wiemeyer, Geschäftsführer der Lotz Hydraulik, bei der Vorbesprechung. Nein, wollten wir nicht. Wir sind schrittweise vorgegangen und haben die Kenntnisse über geeignete Prozesse nach und nach im Unternehmen implementiert:

1. Grobe Abschätzung im Sinne einer ABC-Analyse; große Mengen emissionsintensiver Materialien und Aktivitäten haben Vorfahrt.
2. Detailanalyse der A-Produkte. Auch hier leisten Werkzeuge wie das IHK Ecocockpit gute Dienste; bei Bedarf kann auch der Scope-3-Analysator[9] zur Fokussierung genutzt werden, der die monetären Einkaufswerte in den Blick nimmt.
3. Ableiten entsprechender Verbesserungsmaßnahmen
4. Die Einkaufs- und Distributionsprozesse sind so aufzubauen, dass die notwendigen Daten im laufenden Geschäft mit abgefragt und hinterlegt werden und längerfristig Ihre betriebliche THG-Bilanz jährlich einfacher erstellbar und gleichzeitig immer genauer werden wird.

Die Scope-3-Analyse der Firma LOTZ Hydraulik + Pneumatik GmbH offenbarte: Der Stahl, der unter anderem für Ventile, Steuerblöcke, Pumpen und Motoren benötigt wird, weist einen CO_{2e}-Fußabdruck von rund 480 000 kg auf und dominiert damit die Gesamtbilanz von 590 000 kg. Da der Großteil der verwendeten Komponenten Zukaufsteile sind und die Dimensionierungen von Normen, Sicherheitsstandards und technischen Notwendigkeiten abhängen, ist der Einfluss der Firma LOTZ Hydraulik + Pneumatik GmbH auf diese Kenngröße nur marginal. Zumindest kurzfristig besteht hier keine Handlungsmöglichkeit.

Dennoch wollte Herr Wiemeyer alle Chancen nutzen, auf die die Firma Einfluss nehmen kann. Diese waren: Die Umstellung des Stromvertrags auf Ökostrom, Maßnahmen zur Reduzierung des Erdgasverbrauchs für die Heizung und des allgemeinen Stromverbrauchs, die Stärkung des Umweltbewusstseins der Mitarbeitenden sowie die Planung zur Umstellung des Firmenfuhrparks (Pkws und Transporter) auf Elektrofahrzeuge und die Anschaffung einer Photovoltaikanlage.

6.1.2 Nutzen der THG-Bilanz: Maßnahmenpakete ableiten

Aus der genaueren Kenntnis Ihrer unternehmerischen THG-Bilanz lassen sich wichtige Meilensteine auf dem Weg zur Klimaneutralität ableiten. Dieser Schritt kann ein wichtiger Beitrag zur strategischen Ausrichtung Ihrer Geschäftsstrategie werden und

[9] Weitere Hinweise siehe Kapitel 12.

wird durch viele Banken mit erhöhten Förderquoten bei der Kreditvergabe belohnt. Schematisch kann dieser Transformationspfad durch Bild 6.8 dargestellt werden.

Viele Unternehmen haben schon begonnen, die Scope-1- und Scope-2-Emissionen zu reduzieren: Der Bezug von regenerativ erzeugtem Strom hat in vielen Unternehmen den Scope 2 deutlich reduziert. Die Umstellung auf elektrische Betriebsmittel, Flurfahrzeuge, die Einführung eines elektrischen Fuhrparks, Energiesparmaßnahmen, die innerbetriebliche Abwärmenutzung, die Einführung von FCKW-freien Kühl- und Reinigungsmitteln u. v. m. führen zu einer raschen Reduktion der Scope-1-Emissionen.

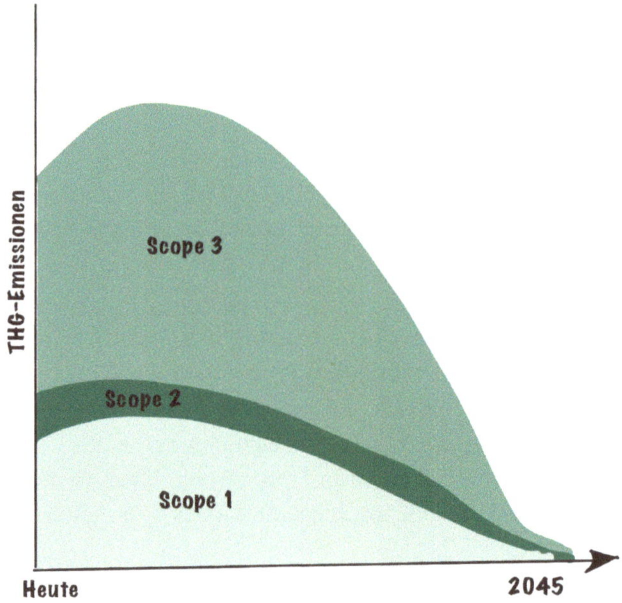

Bild 6.8
Reduktionspfade auf dem Weg zur Treibhausgasneutralität

Um den Scope 3 zu reduzieren, braucht es allerdings einen langen Atem und einen weitreichenden Blick. Zunächst gibt es hier einige „low hanging fruits“:

- Mitfahrgemeinschaften der Mitarbeitenden motivieren, per App unterstützen
- ÖPNV-Tickets für die Mitarbeitenden spendieren
- Job-Räder anbieten, Stadtradeln propagieren
- Fahrertraining organisieren für die Fahrer von Firmenfahrzeugen
- Werbeveranstaltungen an mit ÖPNV gut erreichbaren Orten anbieten
- Catering auf ökologisch sinnvolle Angebote umstellen
- Kantine, Reinigungsmittel etc. auf ökologische Kriterien hin umstellen
- Optimierung der Losgrößen und der Lagerbestände durch Steuerung mittels ERP-System

- Arbeitskleidung, Hilfsstoffe, Instandhaltungsmittel ... aus ökologischer Herstellung beziehen
- Geschäftsreisen reduzieren, die Bahn statt des Flugzeugs nutzen

Bei der Firma Lotz Hydraulik führten wir zwei Workshops mit Mitarbeitenden durch. Hier fanden sich weitere Ideen, die mit relativ wenig Aufwand schnell umgesetzt werden konnten, z. B.:

- Alle Arbeitsplätze außerhalb der Arbeitszeit stromfrei schalten
- Temperierung der Büros besser regeln
- Zuschüsse zu ÖPNV, Deutschlandticket und Job-Rad
- Fahrgemeinschaften organisieren
- Guten, geschützten Fahrradständer aufbauen
- Die konsequente Digitalisierung angehen: eine digitale Auftragsmappe einführen
- Tablets im Service-Bereich einführen
- Hallentore verbessern, um Wärmeverluste zu vermeiden

Der Chef, Herr Wiemeyer, legte noch ein Bonbon obendrauf: Mitarbeitende, die mit dem e-Auto oder e-Bike zur Arbeit kommen, können nach dem Aufbau der entsprechenden Ladestrominfrastruktur kostenfrei Strom „tanken". Auch eine gute Idee, um die Mitarbeiterbindung zu erhöhen.

Welche Reduktionspotenziale sehen Sie in Ihrem Unternehmen?

Für langfristige, signifikante THG-Reduktionen sind noch Antworten auf weitere Fragen nötig, z. B.:

- Können Ihre Produkte auch mit nachwachsenden Stoffen konstruiert und erstellt werden?
- Lassen sich die Nutzungsdauern Ihrer Produkte über Reparatur- und Kreislaufkonzepte erweitern?
- Gibt es neue technologische Ansätze für eine klimaneutralere Erstellung Ihrer Produkte/Dienstleistungen?
- Verändert sich Ihr Markt in eine neue Richtung?
- Findet in Ihren Märkten eine „Dematerialisierung" statt (d. h. die Entkopplung des Ressourcenverbrauchs von den erbrachten Gütern bzw. Dienstleistungen; wie vom Papier zum digitalen Format, von fossilen Energieträgern zu Strom, vom materiellen Prototyp zur Simulation ...)?

Diese Fragen sind oft schwierig zu beantworten – selten mit einem einfachen Ja oder Nein. Nehmen Sie sich hierzu Zeit. Nutzen Sie für die Diskussion vor allem auch kreative Menschen aus branchennahen Foren, bundesweiten Fachzirkeln und assoziative Suchen im Internet. Prüfen Sie Ihr Ambitionsniveau, z. B. über einen Sparringspartner der Science-Based-Target-Initiative[10].

Schauen Sie von oben auf Ihre Organisation und werfen Sie einen Blick in die Zukunft (Bild 6.9). Ihre durch den Aufenthalt im Basislager gewonnene freie Zeit für das Nachdenken über langfristig wichtige Dinge ist genau hier gut aufgehoben.

Bild 6.9
Wagen Sie den langfristigen Blick

Wenn es wirklich keine wirtschaftlich vertretbare Alternative mehr gibt, dann sollten Sie über Kompensationsmaßnahmen nachdenken. Wie schon in Abschnitt 5.1 für das Vorgehen bei Energieeffizienzmaßnahmen eingeführt, gilt auch für die Festlegung von Maßnahmen zur Reduktion von Treibhausgasen die Rangfolge aus Bild 6.10.

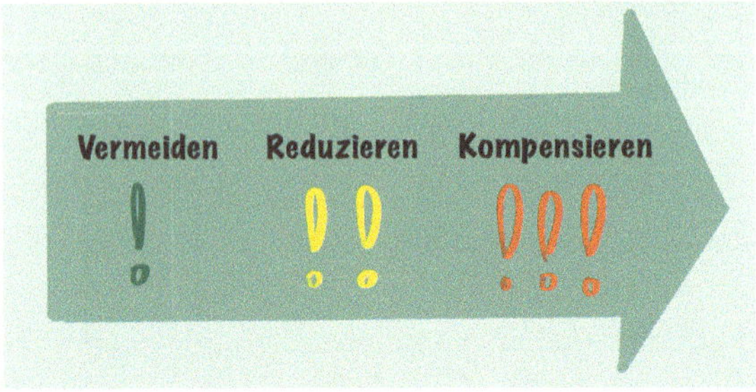

Bild 6.10
Kompensationsmaßnahmen sollten nur als letzte Option genutzt werden

---
[10] *https://sciencebasedtargets.org*

6.1.3 CO_2-Zertifikate und Kompensationsmaßnahmen

Aus bilanzieller Sicht und auch in Hinblick auf die künftige CO_{2e}-Bepreisung sollten unvermeidbare betriebliche Emissionen über Kompensationsmaßnahmen ausgeglichen werden. Es gibt viele Möglichkeiten, Kohlenstoff aus der Atmosphäre zu entfernen und zu speichern. Alle werden längerfristig nach einem derzeit (Frühjahr 2025) in Abstimmung befindlichen EU-Rahmen[11)] zertifiziert werden können:

- *Naturbasierte Lösungen* wie die Wiederherstellung von Wäldern, Böden, Mooren und nachhaltigen landwirtschaftlichen Praktiken
- *Technologie* wie Bioenergie mit Kohlenstoffabscheidung und -speicherung oder direkte Luftabscheidung und -speicherung
- Der Einsatz *langlebiger Produkte* und Materialien, wie z. B. Holzkonstruktionen

Nicht alle Ansätze sind gleichermaßen ökologisch oder ganzheitlich nachhaltig und vor dem berühmten Greenwashing muss unbedingt gewarnt werden.

Überzeugend sind Ansätze, die regional und unmittelbar wirksam werden, z. B. heimische Wälder aus den Wirtschaftskreisläufen herauszunehmen *(https://bauminvest.de)* und damit die Biodiversität über langfristiges Wachstum zu stärken, organische Materialien in Biogas umzuwandeln oder Grünschnitt und organische Materialien zu Pflanzenkohle zu pyrolysieren und damit gleichzeitig Abwärme, ggf. auch Strom, und Boden- und Materialverbesserungen zu erhalten. Bei einer Exkursion zu den Industriewerken Basel konnten wir schon im Juni 2022 eine hochautomatisierte Pyrolyseanlage besichtigen, deren Abwärme für die Quartiersheizung genutzt wird und deren Pflanzenkohle zur Boden- und Produktverbesserung eingesetzt wird[12)]. Nach Aussage von Dominik Born, Projektleiter bei der Konzeption und Einführung der Anlage, gab es im ersten Jahr nach Inbetriebnahme einiges zu lernen. Weiterhin braucht es eine kompetente Betreuung der Anlage, um auch bei wechselnden Eigenschaften der Ein satzprodukte eine gute Qualität der Pflanzenkohle zu gewährleisten. Damit kann eine hohe Reinheit der Pflanzenkohle garantiert und über ein European Biochar Certificate[13)] nachgewiesen werden. Die Pflanzenkohle ist in der Region sehr begehrt. Über ein kleines regionales Vertriebsnetz kann sie in unterschiedlichen Abgabemengen und Qualitäten erworben werden.

Hochtechnologische Ansätze sollten allerdings aufgrund ihrer Komplexität, ihrer technischen Anfälligkeit, ihres enormen Energieaufwands, der enormen Zeitspannen ihres Planungshorizonts bis zur tatsächlichen Einlagerung des CO_2 und hinsichtlich der fraglichen Stabilität der Lagerstätten kritisch betrachtet werden.

[11] Zum aktuellen Status siehe *https://climate.ec.europa.eu*

[12] *www.iwb.ch/pflanzenkohle*

[13] Zum Beispiel über *https://www.carbonfuture.earth*

Kompensationsmöglichkeiten und CO_2-Zertifikate

Moritz Tretter[14)]

Nach aktueller Recherche (Stand Januar 2025) reichen die Preise für ein CO_2-Zertifikat (1 Tonne CO_2-Kompensation) von wenigen Euro bis hin zu hohen dreistelligen Beträgen. Ein Auszug aus diversen öffentlich und online zugänglichen Handelsplattformen ruft folgende Preise auf:

- Bauminvest – Aufforstung und Schutz von Waldgebieten in Costa Rica und Kolumbien, Preise zwischen 55 €/t (unter 1000 Zertifikate) bis 49 €/t (über 3000 Zertifikate)
- Compensators – kauft CO_2-Zertifikate aus dem europäischen Emissionshandel (EU-EHS) auf und entfernt diese durch Weiterverkauf der Zertifikate aus dem System; Preise tagesabhängig aktuell 105 €/t
- impact-solutions.io – verschiedene Projekte: Aufforstung in Kolumbien, Biotopkomplex in Bielefeld, Solarprojekt in Namibia & Indien, Plastikreinigung von Gewässern in Thailand; Preise projektabhängig von 12,54 €/t (Solarprojekt Indien) bis 1000 € (Plastiksammlung in Thailand)
- AfB social green IT – Wiederverwendung aussortierter IT; Preis 45 €/t

Der aktuelle Preis von CO_2-Zertifikaten des europäischen Emissionshandels liegt derzeit zwischen 80 und 100 €/t.

Es gibt verschiedene Standards und Initiativen für freiwillige CO_2-Zertifikate, die die Qualität und Glaubwürdigkeit von Klimaschutzprojekten sicherstellen sollen. Einige der bekanntesten Standards und Initiativen sind:

- Verified Carbon Standard (VCS): Dies ist einer der am weitesten verbreiteten Standards für freiwillige CO_2-Zertifikate. Er legt strenge Anforderungen an die Messung, Überwachung und Überprüfung von Klimaschutzprojekten fest. Gemeinnützige Organisation „Verra“
- Gold-Standard: Dieser Standard legt nicht nur strenge Kriterien für den Klimaschutz fest, sondern berücksichtigt auch soziale und ökologische Auswirkungen von Projekten. Er konzentriert sich auf nachhaltige Entwicklung. Gemeinnützige Organisation Gold Standard Foundation (Schweizer Stiftung)
- Climate Action Reserve: Dieser Standard ist in den USA weit verbreitet und setzt sich für die Reduzierung von Treibhausgasemissionen ein. Er legt strenge Anforderungen an Projekte zur CO_2-Reduzierung fest. NGO aus Amerika
- Plan Vivo: Dieser Standard konzentriert sich auf Klimaschutzprojekte in Entwicklungsländern und zielt darauf ab, die Lebensbedingungen der Gemeinschaften vor Ort zu verbessern. Gemeinnützige Organisation „Plain Vivo Foundation“

---

14 Moritz Tretter, Regionale Kompetenzstelle Ressourceneffizienz Mittlerer Oberrhein, c/o Umwelt- und Energieagentur Kreis Karlsruhe GmbH; schriftliche Mitteilung, Januar 2024

- Social Carbon: Dieser Standard legt Wert auf die soziale Dimension von Klimaschutzprojekten und fördert die Beteiligung der Gemeinschaften vor Ort. Gemeinnützige Organisation „Social Carbon Foundation"
- Clean Development Mechanism (CDM): Dieser Mechanismus wurde im Rahmen des Kyoto-Protokolls eingeführt und ermöglicht es Industrieländern, Emissionsreduktionen in Entwicklungsländern als Zertifikate zu erwerben. Verwaltet durch UNFCCC (Klimarahmenkonvention), Teil des Kyoto-Protokolls

Bei der Auffindung geeigneter Zertifikate – z. B. auch für die *Testierung gebrauchter Maschinen, Anlagen und Komponenten*, kann die Firma Global Climate *https://global-climate.de* empfohlen werden.

Die Firma Permatech Industrie-Service GmbH[15] in Grenzach-Whylen demontiert verfahrenstechnische Anlagen der chemischen und pharmazeutischen Industrie. In manchen Fällen kann mit den auftraggebenden Firmen vereinbart werden, dass die Firma Permatech die zu entsorgenden Anlagen, Maschinen und Aggregate nach fachkundiger Dekontamination auf eigene Rechnung an Dritte veräußert. Im Rahmen des aufkommenden CO_{2e}-Zertifikatshandels hat die Firma Permatech sich vom Fraunhofer Institut für Chemische Technologie ICT einen Rechner erstellen lassen, über den sich die durch die Rückführung in den Wirtschaftskreislauf eingesparten CO_{2e}-Emissionen berechnen lassen. Damit könnte sich eine Firma, die Maschinen abgibt, eine Gutschrift anrechnen lassen. Dieses Vorgehen wird heute noch nicht von den THG-Standards anerkannt.

Bedeutung der CO_{2e}-Bepreisung und des Zertifikatshandels

Die Einnahmen aus dem europäischen und dem nationalen Emissionshandelssystem haben in Deutschland im Jahr 2024 18,5 Milliarden Euro eingespielt[16]! Es werden über 85 % der Emissionen in Deutschland vom Emissionshandel erfasst.

Die Einnahmen aus der CO_{2e}-Bepreisung (18,5 Mrd.) fließen für Deutschland vollständig in den Klima- und Transformationsfond (KTF)[17]. Dieser ist das zentrale Instrument des Bunds zur Erreichung der energie- und klimapolitischen Ziele Deutschlands. Aus dem Fonds können beispielsweise Maßnahmen in den Bereichen Energieeffizienz, erneuerbare Energien, Energiespeicher- und Netztechnologien, energetische Gebäudesanierung, nationaler und internationaler Klimaschutz sowie Entwicklung der Elektromobilität finanziert werden.

---

15 *https://www.permatech.de/home.html*

16 *https://www.umweltbundesamt.de/presse/pressemitteilungen/einnahmen-aus-dem-emissionshandel-erneut-auf*

17 *https://www.bundesregierung.de/breg-de/aktuelles/der-klima-und-transformationsfonds-2024-2250738*

„Entscheidend ist, dass die Einnahmen aus der CO_2-Bepreisung vollständig für eine aktive sozial- und wirtschaftspolitische Flankierung der klimaneutralen Transformation eingesetzt werden."

UBA-Präsident Dirk Messner in einer Pressemitteilung vom Januar 2023[18]

Philosophischer Exkurs

Beim Thema Nachhaltigkeit wird oft vergessen, dass unsere menschliche Existenz über viele Hunderttausend Jahre von einem Wechselspiel menschlicher Lebensräume mit natürlichen Lebensräumen abhing. Das spiegelt sich auch in unserer Landkarte wider (Bild 6.11). Noch heute finden sich indigene Traditionen, in denen dieses Wechselspiel kultiviert und gelebt wird. Einen Erfahrungsschatz, von dem wir lernen könnten und den wir in unsere moderne Welt integrieren könnten. Leitfrage: Wie würde unsere eigene „artgerechte Haltung" wohl idealerweise aussehen?

Erst mit der Sesshaftigkeit vor rund 12 000 Jahren haben wir begonnen, Grund und Boden als unseren Besitz zu betrachten – über dessen Erträge wir aufgrund unseres Besitzstands heute frei verfügen dürfen. Mit diesem Denken ist eine Verdinglichung unserer Welt einhergegangen, die sich als kulturelle Prägung unausgesprochen in unserem Bewusstsein eingenistet hat und unser Handeln prägt. Verfügbarkeit und Berechenbarkeit, auch ein übersteigerter Planbarkeits- und Sicherheitsanspruch, sind aktuelle Ausprägungen dieser Bewusstseinshaltung. Sie führt zunehmend zu Lebens- und Arbeitsformen, die auch für uns Menschen in vielen Fällen nicht mehr „artgerecht" sein dürften.

An vielen Orten entstehen neue Wirtschaftsgemeinschaften, die diese Haltung kritisch hinterfragen und eine neue, maßvollere Wirtschaft erproben. Zu nennen sind hier z. B. Bürgergenossenschaften[19], solidarische Landwirtschaft, die Gemeinwohlökonomie, die Permakultur-Bewegung und viele mehr … Es besteht die Chance, dass längerfristig ein gemeinsames Erinnern und Erlernen möglich wird, in dem die Kooperation mit lebendigen Ressourcen im Mittelpunkt steht. Dies könnte ein wichtiger Schritt sein, um unsere Lebens- und Arbeitsräume zu reichen Lebenswelten erblühen zu lassen.

In den europäischen Berichtstandards wird versucht, der Natur über geeignete Indikatoren und Daten wieder eine Stimme[20] zu geben. Da es in unserer Kultur verlernt wurde, in einen direkteren Kontakt mit der lebendigen Natur zu treten, ist dieser wissenschaftliche Ansatz ein Schritt in die richtige Richtung.

---

18 *https://www.dehst.de*

19 *https://www.wir-leben-genossenschaft.de/de/energiegenossenschaften-45.htm*

20 *http://data.europa.eu/eli/reg_del/2023/2772/corrigendum/2024-08-09/oj* – dort: „AR 7 – Die Natur kann als stiller Interessenträger betrachtet werden. In diesem Fall können Umweltdaten und Daten zur Erhaltung der Arten in die Wesentlichkeitsanalyse einfließen.

Bild 6.11 Tiefe Verständnisse von Nachhaltigkeit und lebendiger Kooperation

6.2 Gebäude und Infrastruktur

Gewerbedächer – häufig als Flachdächer ausgeführt – eignen sich in besonderem Maße für die kombinierte Nutzung: Sie bieten Platz, PV-Projekte kosteneffizient umzusetzen, und der produzierte Strom kann direkt als Eigenstrom genutzt werden. Das entlastet die Stromnetze sowie die Stromrechnung für Ihr Unternehmen. Die Kombination von PV und Gründächern erhöht die Effizienz der PV-Anlagen. Die Leistung von PV-Anlagen steigt bei kühlerer Umgebung. Damit kann bei PV-Anlagen auf Gründächern durch den Temperatureffekt von einer durchschnittlichen Leistungssteigerung von 4 bis 6 % gegenüber herkömmlichen (Schwarz-)Dächern ausgegangen werden[21)].

Gebäudegrün hat lärm- und wärmedämmende Eigenschaften. So kann das Gebäudeklima verbessert und der Energiebedarf für Klimatisierung und Heizung vermindert werden. Damit lassen sich gesetzliche Anforderungen zum Arbeitsklima an Arbeitsplätzen und Lärmschutz mit minimiertem Aufwand und Energieeinsatz erfüllen. Die Dachhaut wird geschützt vor hohen Temperaturschwankungen, UV-Strahlung und Wetterextremen wie Hagel und Sturmereignissen und weist eine vergleichsweise höhere Lebensdauer auf. Durch die verminderte Abflussrate von Gründächern lassen sich Abwassergebühren sparen, die Kanalisation wird entlastet.

Gründächer können zudem die Arbeitsplatzqualität verbessern und als Aufenthalts- oder Ausstellungsraum genutzt werden. Dachbegrünung wird umfassend vom Bundesverband Gebäude Grün e. V. untersucht und propagiert[22)]. Dort finden Sie zahlreiche konkrete Hinweise auf technische Randbedingungen, ökonomische und ökologische Vorteile, Förderprogramme und Städte mit eigenen Förderprogrammen zur Dachbegrünung.

---

21 *https://kommunaltopinform.de/gruendach-und-photovoltaik-auf-gewerbedaechern*

22 *https://www.gebaeudegruen.info* – weitere Umsetzungsbeispiele unter *https://bipv-bw.de*

6.2.1 Systematisch vorgehen

Bei der Sanierung von Gebäuden ist es wichtig, Schritt für Schritt vorzugehen. Auch hier gilt die Regel aus Abschnitt 3.1: *Vermeiden und Einsparen geht vor Umstellen auf regenerative Energieträger!* Lassen Sie vor jeglicher Einzelmaßnahme Ihre Gebäude von einer qualifizierten Fachkraft untersuchen, am besten im Rahmen eines Sanierungsfahrplans[23]. Hierfür stellt der Bund über die BAFA die Förderung für ein Energieaudit nach DIN EN 16 247 zur Verfügung.

In einem Sanierungsfahrplan werden mögliche Maßnahmen verschiedener Handlungsfelder auf ihre energetische und bauphysikalische Wirksamkeit hin untersucht und dann hinsichtlich ihrer zu erwartenden Kosten und summarischen Kosteneinsparungen priorisiert (Tabelle 6.1). In der Regel werden auch geringinvestive Maßnahmen betrachtet und den hochinvestiven Maßnahmen vorangestellt. Die energiebezogene Amortisationsrechnung muss mithilfe einer variablen Kapitalwertmethode erfolgen.

Tabelle 6.1 Exemplarische Maßnahmenpakete innerhalb eines Sanierungsfahrplans mit ihren zeitlichen Meilensteinen (MS)

MS	Handlungsfeld	Maßnahme	Einsparpot.	ROI
M1	Wärmeschutz Dach	Dämmung mit 30 cm Mineralwolle	20 % von IST	15a
M2	Wärmeschutz Fassade	Dämmung mit 16 cm Polystyrol	15 % von IST	15a
M2	Wärmeschutz Fenster	Austausch gegen 3-fach-Verglasung	30 % von IST	13a
M2	Heizung	Austausch Ölheizung gegen Wärmepumpe	20 % von IST	8a
M3	Lüftung	Einbau einer Wärmerückgewinnung	10 % von IST	6a
M3	Kühlung	Einbau einer solarthermischen Kälteanlage	25 % von IST	7a
M4	Klimatisierung	Einbau Erdwärmetauscher	25 % von IST	8a
...	...	...	...	...

[23] Beispiel für Nichtwohngebäude unter *https://um.baden-wuerttemberg.de* vom Ministerium für Umwelt, Klima und Energiewirtschaft BW

Vorgehen bei der Gebäudesanierung

Mathias Muschal, EnerGe Effizienzberatung Muschal, Freiburg

Beim Sanierungsfahrplan wird in der Praxis die Gebäudehülle verbessert, bevor Heizungssysteme erneuert werden. So können beispielsweise wenige große oder viele kleine Luft-Leckagen relevante Energieverluste nach sich ziehen. Das können alte Eingangstüren oder alte Fenster sein. Oder auch Schwachpunkte an Bauteil-Schnittstellen, wie dem Dachanschluss, dem Aufzugschacht oder einer stillgelegten Lüftungsanlage.

Eine Bekämpfung großer Leckagen ist in vielen Fällen verhältnismäßig günstig. Allerdings lassen sich die Effekte nur sehr grob schätzen. Ein Blower-Door-Test kann hier wesentliche Erkenntnisse liefern. Neben der Einsparung ist nach dem „Löcher-Stopfen" ein deutlicher Komfortgewinn zu verzeichnen.

Die Optimierung oder auch Neuinstallation von Lüftungsanlagen ist im Anschluss möglich und erhöht die zu verzeichnenden Energieeinsparungen deutlich.

Je nach Gebäudegeometrie ist der Einfluss von Dach und Fassaden mit Fenstern sehr unterschiedlich. Gemeinsam ist diesen drei Bauteilen, dass mit den größten Investitionskosten gerechnet werden muss. Ein Fensteraustausch hat in den meisten Fällen den größten Effekt und die Instandsetzungszyklen sind hier am kürzesten. Idealerweise wird diese Maßnahme gemeinsam mit einer Fassadendämmung durchgeführt. Bei knappen Investitionsmitteln kann hier auch abschnittsweise vorgegangen werden.

Sobald die Sanierung abgeschlossen ist, verbraucht das Gebäude sofort wesentlich weniger Wärmeenergie und ist bestens auf einen neuen Wärmeerzeuger vorbereitet. Eine Wärmepumpe kann dann ohne Weiteres wirtschaftlich betrieben werden!

Anders als bei Öl- und Gasheizungen, bei denen Planer und Installateur kaum Fehler machen konnten, lohnt sich beim Einsatz von Wärmepumpen der Blick auf die Details. Eine sorgfältige Planung und ein erfahrenes Installationsunternehmen zahlen sich langfristig aus. So sollte auf eine raumweise Heizlastberechnung mit anschließendem Vergleich der Heizleistungen der jeweiligen Heizkörper bei moderaten Vorlauftemperaturen von idealerweise <55 °C nicht verzichtet werden. Dabei werden die ungünstigsten Heizkörper identifiziert und diese können für relativ wenig Geld gegen größere ersetzt werden. Die notwendige Gesamtleistung fällt ebenfalls an und ist für eine sinnvolle Auslegung der Wärmepumpenleistung wichtig. Der ohnehin obligatorische hydraulische Abgleich ist beim Wärmepumpeneinsatz absolut unverzichtbar.

Generell sollte beim Wärmepumpeneinsatz auch dem Thema Warmwasserbereitung eine erhöhte Aufmerksamkeit geschenkt werden. Wie hoch ist der Bedarf ungefähr, wo wird wie viel Warmwasser wirklich benötigt? Wenn nicht regelmäßig geduscht wird, ist es meistens sinnvoll, die Warmwasserbereitung zu dezentralisieren. Sprich, das warme Wasser wird direkt in Zapfstellennähe durch Elektro-Boiler oder -Durchlauferhitzer erwärmt. Damit wird dann auch auf die Zirkulation verzichtet, was im Wärmepumpenbetrieb optimal ist.

6.2.2 Die Gebäudehülle als Energielieferant

Viele Firmeneigner betrachten ihre Photovoltaik (PV)-Anlage heute als Teil ihrer Produktionsanlagen, die nicht nur günstigen Strom für den Eigenverbrauch, sondern zusätzlichen Umsatz generieren können. Falls Sie prüfen möchten, ob Ihre Gebäude für PV-Anlagen geeignet sind und welche Leistungen Sie erwarten können, empfehlen wir entsprechende web-basierte Werkzeuge[24]. Im Solaratlas von Baden-Württemberg sind beispielsweise die gebäudescharfen PV-Potenziale hinterlegt, die durch Überflugdaten ermittelt wurden (Bild 6.12).

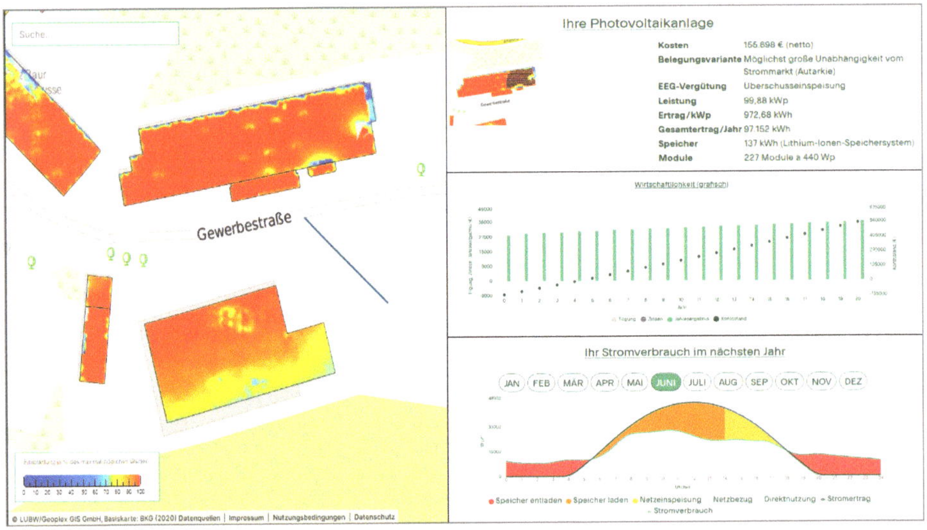

Bild 6.12 Der kostenfreie Solaratlas des Landes BW – eine leistungsstarke Potenzialermittlung

Über den integrierten Wirtschaftlichkeitsrechner können Sie Ihr Nutzungsprofil eingeben: typische Verbrauchszeiten, vorgesehene zukünftige Nutzung der E-Mobilität, erwünschte Größe Ihres Batteriespeichers[25] etc. Hierauf wird Ihnen mit realistischen Preisszenarien die (statische) Amortisation einer vom Rechner vorgeschlagenen Konfiguration der PV-Anlage konkretisiert. Es lohnt sich, verschiedene Dachbelegungen im Rechner auszuprobieren.

---

[24] Für ganz Deutschland z. B. *https://www.ibc-solar.de/rechner-und-kalkulatoren/solarrechner-eigenheim/#/residential/project-location*; in Baden-Württemberg: *https://www.energieatlas-bw.de/sonne/dachflachen/solarpotenzial-auf-dachflachen*; eine Übersicht für ganz Deutschland finden Sie in *https://publica.fraunhofer.de/entities/publication/0ad4b488-9eaa-4c74-a83f-cf1b785ad1f7*

[25] Achtung: Den Batteriespeicher nicht überdimensionieren – er muss ja derzeit nach rund zehn Jahren noch ausgetauscht werden, weil die Anzahl der Ladezyklen technisch begrenzt ist.

Nutzen Sie auf Flachdächern durch geeignete Aufständerung der PV-Module eine Ost-West-Ausrichtung aus, vgl. Bild 6.13. Hierdurch lässt sich eine weit höhere Belegung der Dachflächen und über den Tagesverlauf auch eine höhere Energieernte erreichen. Außerdem kommt die Leistungskurve des gewonnenen Stroms ihrem betrieblichen Lastgang viel näher, als wenn Sie eine Anlage mit reiner Südausrichtung installieren.

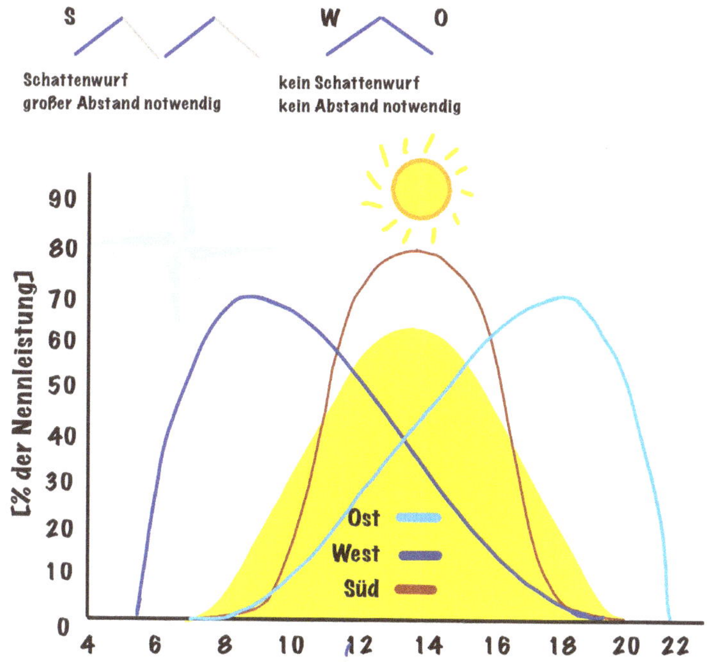

Bild 6.13 Eine Ost-West-Ausrichtung der PV-Module spart Platz und erlaubt eine höhere Ernte – die zudem dem betrieblichen Lastgang viel näher kommt.

Die Lebensdauer von Photovoltaik-Anlagen wird oft mit 20 Jahren angesetzt. Das dürfte durch die gesetzliche Einspeisevergütung begründet sein, die über einen Zeitraum von 20 Jahren festgelegt wurde. Die heute eingesetzten PV-Module weisen jedoch in der Regel eine wesentlich höhere Lebensdauer auf. 30 bis 35 Jahre werden oft erreicht. Die Leistung der Module lässt mit der Zeit etwas nach. Bei kristallinen Modulen kann in der Regel mit 80 % der Leistung nach 20 Jahren Betrieb gerechnet werden[26]. Das kritischste Bauteil einer PV-Anlage dürfte der Wechselrichter sein. Dieser sollte nach 15 bis 20 Jahren erneuert werden[27].

---

26 *https://www.solarenergie.de/solarmodule/wirkungsgrad-von-solarzellen/leistungsverlust-solarmodule*

27 *https://www.solarenergie.de/photovoltaikanlage/aufbau-photovoltaikanlage/pv-wechselrichter*

Ein weiteres typisches Problem auf älteren Dächern von Produktionsgebäuden: Die Traglastreserven, gerade der weit verbreiteten Shed-Dächer, reichen nicht für die Installation einer PV-Anlage.

Hierzu hat die Firma Planeco GmbH[28] ein Praxisbeispiel publiziert:

> *„Auf dem Dach der Produktions- und Lagerhallen auf dem SIG-Areal am Rheinfall in Neuhausen kam der Wunsch nach einer nachhaltigen Energielösung auf. Nach der Prüfung der Statik des Gebäudes stand aber fest, dass die Traglastreserven nicht für eine PV-Anlage ausreichen würden. Also konzipierten wir zusammen mit der Megasol Energie AG[29], mit der reasco.immo[30] als Architektur & Bauleitung im Gesamtprojekt und dem Ingenieur Manuel Stamm[31] eine Lösung: Mit einer speziell entworfenen Stahlkonstruktion, die am Boden vormontiert wurde, fanden wir einen Weg, die Traglast effizient zu verteilen. Ein mobiler Baukran setzte die Bauteile präzise auf den Oberlichtern des Dachs ab, ohne dessen Struktur zu beeinträchtigen. Durch diese Stahlkonstruktion konnten wir die Traglast optimieren sowie die Stabilität langfristig sicherstellen. Außerdem konnten Flächen mit PV-Anlagen belegt werden, welche sonst nicht dafür hätten verwendet werden können.“*
> *(Bild 6.14 und Bild 6.15)*

Bild 6.14 Die neue PV-Anlage auf dem SIG-Areal bei Schaffhausen – über ehemalige Shed-Dächer konstruiert (Bild mit freundlicher Genehmigung der Planeco GmbH und der SIG Gemeinnützige Stiftung)

---

28 *https://www.planeco.ch*

29 *https://megasol.ch*

30 *https://reasco.immo*

31 *https://www.stamm-ing.ch*

Bild 6.15
Die Stahlkonstruktion, die ein Aufbringen der PV-Module über eine Verbesserung der Statik erlaubt (© Reasco Immobilien AG, Bau und Projektleitung)

Mit zunehmendem PV-Ausbau auf den Fabrikhallen stellt sich in manchen Unternehmen die Frage, was mit dem Überschussstrom geschieht. Je nach Betreibermodell muss der Überschussstrom am Wochenende meist zu sehr niedrigen Preisen abgegeben werden. Wenn Sie über größere PV-Anlagen verfügen, empfehlen wir Ihnen den Abschluss eines power purchase agreement[32] (PPA). Die Vertragsgestaltung braucht Expertise, die Sie extern einholen sollten.

Wenn Sie ein neues Gebäude bauen wollen, Ihnen gesetzlich aber damit auch noch eine weitere PV-Anlage aufgezwungen wird[33], kann das Energie-Contracting[34] eine gute Alternative sein, da dies zur Erfüllung der PV-Pflicht anerkannt wird.

In den Produktionshallen selbst finden sich allerdings immer noch Heizungsanlagen, die heiße Luft erzeugen (Bild 6.16). Luft, die sich in den hohen Hallen unter der Decke sammelt, niemanden bei der Arbeit wärmt und enorme Mengen Primärenergie benötigen.

[32] Siehe hierzu z. B. *https://www.photovoltaik-bw.de/themen/power-purchase-agreements*

[33] In Baden-Württemberg ist dies seit dem 01. 01. 2022 vorgeschrieben für Neubauten und Parkplätze mit mehr als 35 Stellplätzen – siehe hierzu *https://um.baden-wuerttemberg.de/de/klima-energie/energiewende/erneuerbare-energien/sonnenenergie/photovoltaik/photovoltaikpflicht*

[34] *https://www.kea-bw.de/contracting*

Bild 6.16
Heiße Luft am falschen Ort – auch in Produktionshallen oft reine Verschwendung

Moderne Dunkelstrahler bieten hierzu eine Alternative: Über Infrarotstrahler werden die Arbeitsplätze direkt mit Wärmestrahlung beheizt, ohne die Luft unnötig zu erwärmen. Die noch energieeffizienteren Deckenstrahlplatten arbeiten im Gegensatz von Dunkelstrahlern nicht mit einer dezentralen Verbrennung oder Erwärmung, sondern sie nutzen ein firmenweites Warmwassernetz. Dadurch sparen Sie über die Betriebszeit deutlich Energie und ebnen mit niedrigen Vorlauftemperaturen den Einstieg ins Wärmepumpen-Zeitalter. In Kombination mit Wärmepumpen lassen sich Deckenstrahlplatten[35] auch im Sommer zur Kühlung der Produktionshallen nutzen.

6.2.3 Geothermie – die Umgebungswärme des Ortes nutzen

Elektro Kaiser in Häusern hat bereits 2006 Bohrungen am eigenen Standort durchführen lassen. Es wurden acht Sonden mit einer Bohrtiefe von je 130m Tiefe eingebracht. Das war ein anspruchsvolles Unterfangen: Der Boden weist 100 % Granit in allen Härtegraden auf (Bild 6.17). Kein einfaches Gelände – dennoch waren die Bohrungen ein Erfolg, auch wenn die Bohrköpfe danach ersetzt werden mussten. Die acht Erdsonden liefern seither Bodenwärme über das gesamte Jahr im Temperaturbereich zwischen 5 bis 10 °C; damit werden drei Wärmepumpen mit je 70 W Heizleistung gespeist, die eine Nutzfläche von rund 1100 m^2 versorgen.

Herr Kaiser, der Geschäftsführer, ist mit seiner Investition von rund 200 000 € äußerst zufrieden und wundert sich, dass diese Technologie bis heute nicht genügend Beachtung findet.

---

[35] Siehe z. B. *https://www.kaelberer-heizsysteme.de/deckenstrahlplatten/*, *https://www.pyd.de* oder *https://www.kampmann.de/hvac/produkte/kuehldeckensysteme*

Bild 6.17 Die Bohrproben zeigen Granit in allen Härtegraden

6.2.4 Den Wärme- und Kältebedarf koppeln

In der Praxis werden der Wärme- und Kältebedarf aufgrund der historisch bedingten Trennung der Gewerke immer noch entkoppelt voneinander geplant und bereitgestellt. Dies führt zu unnötig hohen Energieaufwänden. Mithilfe von Wärmepumpen, die eine warme und eine kalte Seite aufweisen, lassen sich diese beiden Bedarfe kombinieren (Bild 6.18).

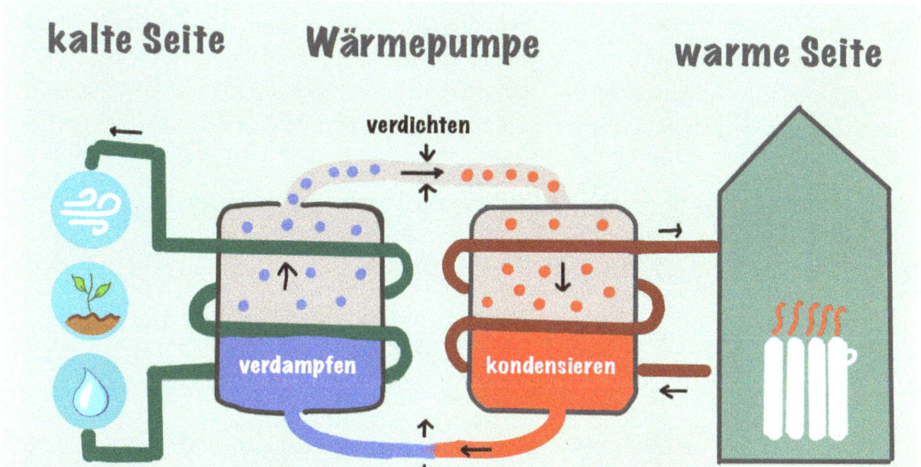

Bild 6.18 Grundprinzip einer Wärmepumpe

Im Idealfall werden Wärme und Kälte gleichzeitig von den betrieblichen Prozessen benötigt. Dann lassen sich die Energiekosten deutlich reduzieren. Gerade für produzierende Unternehmen werden immer mehr Hochtemperatur-Wärmepumpen angeboten, die auf der warmen Seite Temperaturen von 160 °C bis 180 °C aufweisen; der Trend zeichnet sich ab, dass künftig auch 200 °C erreicht werden können[36].

---

36 Siehe hierzu beispielsweise *https://spheat.de/thermbooster* oder auch *https://www.piller.de/de/industriewaermepumpe*

Soll die Wärmepumpe auch Kühlfunktionen wahrnehmen, wie das in den immer heißeren Sommern notwendig werden wird, lässt sich in vielen Wärmepumpen auch ein Umkehrbetrieb nachrüsten.

Treten die Bedarfe zeitlich versetzt auf, braucht es zusätzliche thermische (Wärme- oder Kälte-) Speicher – deren Leistungsspektrum derzeit drastisch verbessert wird. Um beispielsweise saisonale Heiz- und Kühlbedarfe abzudecken, kommen immer öfter auch Erd- und Eisspeicher zum Einsatz, mit denen energieeffiziente Gebäude zu PLUS-Energie-Häusern werden können[37].

Zur Kälteerzeugung kommen zunehmend Adsorptions- und Absorptions-Kältemaschinen zum Einsatz, mit denen die betriebliche Abwärme weiterverwendet werden kann[38].

6.2.5 Thermische Energiespeicher

Für den Betrieb von Wärmepumpen spielen thermische Energiespeicher eine wichtige Rolle, insbesondere dann, wenn nicht über die Geothermie ein nahezu unerschöpfliches Wärmereservoir zur Verfügung steht. Eine Übersicht über die verfügbaren, aber auch in Entwicklung befindlichen thermischen Speicher wurde an der Forschungsstelle für Energiewirtschaft in München erstellt[39] (Bild 6.19).

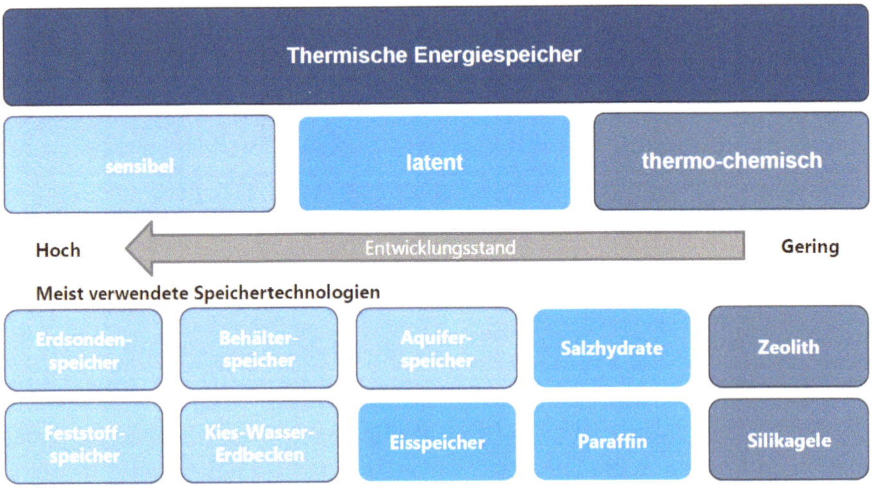

Bild 6.19 Entwicklungsstände verschiedener Typen thermischer Energiespeicher (Kleinertz, 2019)

[37] *https://www.kampa-objektbau.de/plusenergie-konzept-des-k8*

[38] *https://www.baelz.de*, *https://fahrenheit.cool/tutorials* und weitere ...

[39] *https://www.ffe.de*

Die Wärmespeicher mit Phasenwechsel gewinnen deutlich an Marktreife. Hinsichtlich der Kosten in € pro kWh kann Bild 6.20 die Euphorie etwas dämpfen, wobei sich dies durch eine größere Marktverbreitung in den nächsten Jahren ändern kann.

Speichertechnologie	Spezifische Speicherkapazität in kWh/m^3	Temperaturniveau in °C	Kosten[4] in €/kWh	Speicherdauer		Einsatzbereich	
				Kurz	Lang	Stat.	Mob.
Erdsondenspeicher [3]			4		x	x	
Feststoffspeicher [3]			18	x	x	x	
Behälterspeicher [3]			5	x	x	x	
Kies-Wasser-Erdbecken[3]			4		x	x	
Aquiferspeicher[3]			1		x	x	
Wasser/Eis[1]				x	x	x	
Salzhydrate[1]			150	x	x	x	x
Paraffin[1]				x	x	x	x

Bild 6.20 Relevante Speichertechnologien und Charakteristika (Kleinertz, 2019) (gelb = sensibel, orange = latent, rot = thermochemisch)

In vielen Gebäuden finden sich große Heizwasser-Pufferspeicher, in denen thermische Energie verfügbar gehalten wird. In den wärmeren Monaten könnte der Energieeintrag über solarthermische Anlagen für die Erwärmung des Brauchwassers dadurch ausreichend sein, die allerdings wenig verbreitet sind. Auch bei guter Isolation ist die Wärmekapazität des Wassers beschränkt; nach wenigen Tagen geringer Sonneneinstrahlung muss der Wärmespeicher durch eine andere Wärmequelle beheizt werden. Einen Ausweg bieten hier neue Speicher, die den Phasenwechsel nutzen.

Vor allem in größeren Gebäuden kommen zunehmend Eisspeicher zum Einsatz. 10 m^3 Wasser setzen bei der Vereisung die Energie von 100 l Heizöl frei. So hat der Fertighaushersteller KAMPA[40)] seine Firmenzentrale mit einem Eisspeicher mit 12,5 m Durchmesser ausgerüstet. Im Sommer wird das Wasser im Speicher über Wärmepumpen bei der Klimatisierung der Innenräume beheizt und im Winter wird diese Wärme bis unter den Kristallisationspunkt entzogen, wobei das umgebende Erdreich das Wasser kontinuierlich wieder erwärmt (Bild 6.21).

---

[40] *https://www.viessmann.de/de/referenzen/firmenzentrale-kampa-k8-in-waldhausen.html*

Bild 6.21 Eis-Energiespeicher im Einsatz bei der Firma Kampa, Hersteller Viessmann

Neben Wasser lassen sich nach Bild 6.20 auch Paraffine und Salzhydrate zur latenten Wärmespeicherung nutzen. Die Firma Cowa thermal solutions[41] aus der Schweiz bietet kompakte, modulare thermische Speicher an, die den Phasenübergang von rezyklierbaren Salzhydraten (pcm = phase change material) zur erhöhten Wärmespeicherung nutzen.

In Bild 6.22 wird die um den Faktor drei bis vier erhöhte Wärmekapazität der eingesetzten Elektrolyte gegenüber Wasser grafisch dargestellt. Diese Module versprechen für Industriebetriebe eine platzsparende, langlebige und ausbaufähige Alternative zu den althergebrachten Wassertanks. Bild 6.23 zeigt ein typisches Modul, das bei gleichem Zapfvolumen ein etwa sechsmal geringeres Volumen als herkömmliche Wasserspeicher aufweist.

[41] *https://www.cowa-ts.com*

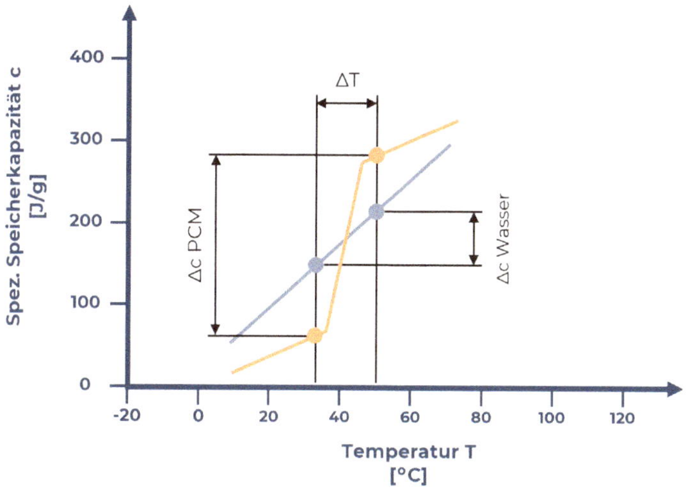

Bild 6.22
Wärmekapazität von Elektrolyten bei Phasenwechsel im Vergleich zu Wasser[42]

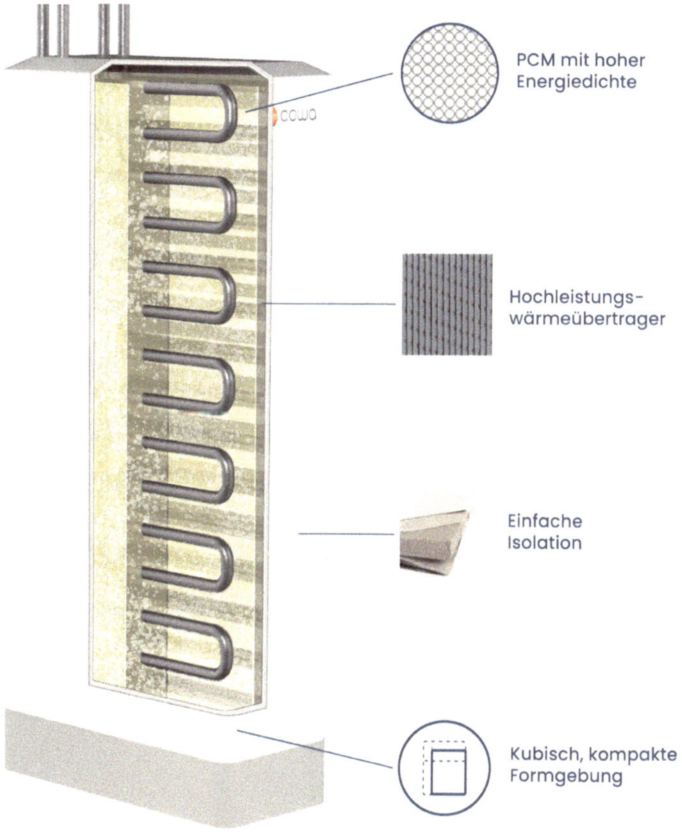

Bild 6.23
Typische Bauform eines Elektrolyt-Wärmespeichers (Firmenprospekt Cowa, 2024)

[42] Cowa Thermal Solutions AG, Technopark Luzern Platz 4, 6039 Root D4, Switzerland

6.2.6 Elektrische Energiespeicher

Für eine umfassende Energiewende auf Basis der regenerativen Energien Sonne und Wind spielen Energiespeicher eine Schlüsselrolle. Sie sind für die künftige Sektorenkopplung unersetzlich. Die meisten der aktuell genutzten Batteriespeicher arbeiten auf Basis der Lithium-Ionen-Technologie. Dabei ist ein Trend zu Batterien mit Lithium-Eisenphosphat erkennbar, da diese Zellen stabiler sind und eine höhere Lebensdauer und Sicherheit aufweisen als Lithium-Ionen-Batterien auf Basis von NCA (Nickel Cobalt Aluminium) oder NMC (Nickel Mangan Cobalt). Sie weisen jedoch eine geringere Leistungsdichte auf (Preis, 2024).

Um Lithium-Ionen-Batterien lange und effizient zu betreiben, sollten Sie auch bezüglich Ihrer Batterie unnötige Stressfaktoren vermeiden (Preis, 2024):

- Laden Sie die Batterien im mittleren Temperaturbereich – in den Grenzbereichen altern die Batterien deutlich schneller.
- Betreiben Sie die Batterien im mittleren Ladezustand.
- Vermeiden Sie das Ausnutzen der maximalen Entladungstiefe. Mit Erhöhung der Zyklustiefe wächst der Alterungseffekt!
- Vermeiden Sie ein permanentes Speichern maximaler Ladung (Bild 6.24).

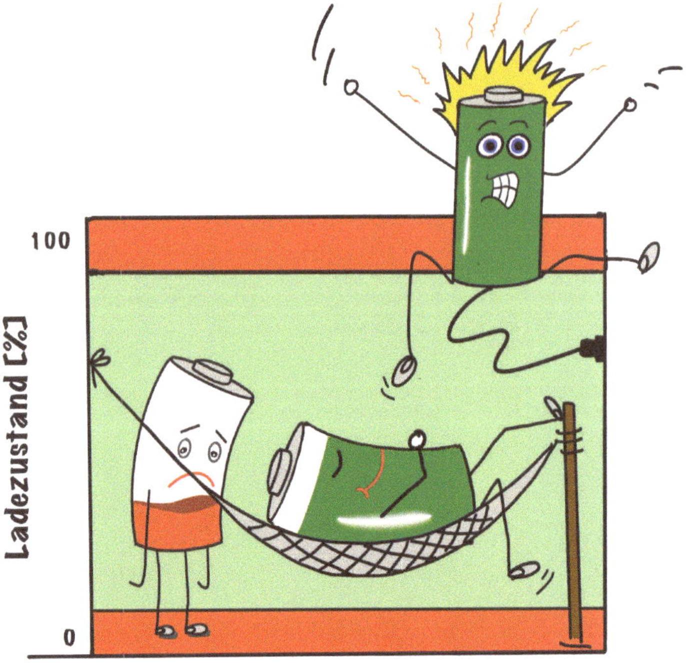

Bild 6.24 Mit dem Nutzerverhalten beeinflussen Sie die Batterielebensdauer

Cadmium und Blei sind gesundheitsschädlich und giftig, heute noch gängig, sollten aber nicht mehr neu beschafft und unbedingt sachgerecht entsorgt werden. Batterien benötigen für die eigene Herstellung 40- bis 500-mal mehr Energie als sie zur Verfügung stellen. Damit ist die Energie aus Batterien 200-mal teurer als Strom aus der Steckdose.[43]

Das Umweltbundesamt empfiehlt für einen nachhaltigen Umgang mit Batterien und Akkus[44]:

- Verringern Sie den Batterieverbrauch durch den Einsatz von Netzgeräten.
- Nutzen Sie Akkus statt Batterien.
- Achten Sie beim Kauf von Geräten auf die Austauschmöglichkeit von Akkus.
- Achten Sie auf die richtige Entsorgung! Kleben Sie die Pole ab, damit es nicht zu Bränden durch Erwärmung kommt.

Warnung von Karle Recycling[45], Stuttgart

- Gebrauchte Lithium-Batterien und Akkus können eine Brandgefahr darstellen, wenn noch eine verbleibende Ladung vorhanden ist.
- Durch Wärme, Überladung oder mechanische Beschädigungen können an der Oberfläche der Batteriezellen hohe Temperaturen von mehr als 800 °C entstehen.
- Sobald Batterien und Akkus aus Geräten entfernt werden, sollten die Strompole abgeklebt werden, um gefährliche Situationen zu vermeiden.
- Jedes Lager von Altbatterien sollte mit Rauchmeldern ausgerüstet werden.
- Es sollte nicht versucht werden, einen Brand mit üblichen Handlöschgeräten zu bekämpfen. Nutzen Sie Fachleute, um Ihr Personal entsprechend zu schulen![46]

Für den stationären Gewerbespeicher mit 30 bis 100 kWh Kapazität bieten sich zunehmend auch Second-use-Fahrzeugbatterien an. In den meisten Fällen werden diese zur Spitzenlastkappung eingesetzt.

Ab 2026 soll ein digitaler Produktpass für Traktionsbatterien, Batterien für leichte Verkehrsmittel und Industriebatterien mit einer Kapazität von mehr als zwei Kilowattstunden mit Informationen zu Kapazität, Leistung, Haltbarkeit, chemischer Zusammensetzung und mit der Notwendigkeit zur getrennten Entsorgung verpflichtend werden (Neligan, Schleicher, Engels & Kroke, 2023). Dies dürfte längerfristig dank einer

---

[43] Sie bezahlten 0,35 € für 1 kWh ökologischen Strom aus der Steckdose, aber rund 75 € für 1 kWh Strom aus einer AA-Batterie – und die AAA-Batterie ist noch teurer.

[44] *https://www.umweltbundesamt.de/umwelttipps-fuer-den-alltag/elektrogeraete/batterien-akkus*

[45] *https://www.karlerecycling.de*

[46] „Sicherheitshinweise zum Löschen von Lithium-Ionen-Akkus“ *https://www.dguv.de/fb-fhb/sachgebiete/brandschutz/index.jsp*

erhöhten Transparenz zu einer besseren Beurteilbarkeit über die Einsatzfähigkeit für die Wiederverwendung der Akkumulatoren führen.

Ab 2027 greift zudem die neue Batterieverordnung der EU, die weitreichende Folgen für die einfache Austauschbarkeit von Batterien und vieler Lebenszyklusaspekte hat[47),48)]

6.2.7 Wartung und Instandhaltung

In vielen Betrieben werden die Produktionsanlagen sehr akribisch gepflegt. Ein Überschreiten des Abnutzungsvorrats führt direkt zu Qualitätseinbußen im Produkt. Bei der Infrastruktur sieht es oft anders aus. Die unsichtbaren Helfer für frische Luft, Wärme und Kälte fristen oft ein Nischendasein und warten auf einen Tausch ihrer Verbrauchskomponenten und das Nachspannen der Antriebsriemen (Bild 6.25).

Bild 6.25 Die Arbeit gegen verdreckte Filtertaschen macht Ihren Lüftungsanlagen große Mühe und kostet viel Geld

Prüfen Sie in Ihrem Unternehmen regelmäßig die Infrastruktur?

Das Bundeswirtschaftsministerium hat für die energetische Inspektion der Lüftungs- und Kälteanlagen zwei Quick-Checks erstellt, welche die typischen blinden Flecken

---

47 *https://eur-lex.europa.eu/legal-content/DE/TXT/PDF/?uri=CELEX:32023R1542*

48 *https://www.batteriegesetz.de/themen/die-neue-batterieverordnung-batt2-2023*

beleuchten [49),50)] – wobei hier das Augenmerk auf die Energieeffizienz Ihrer Anlagen gelegt wird. Legen Sie für **jede** aktive Infrastrukturanlage einen Inspektions- und Wartungsplan an. Dieser sollte mindestens folgende Punkte enthalten:

- Häufigkeit der Vor-Ort-Inspektion (wöchentlich, monatlich?)
- Verantwortlicher Mitarbeitender
- Foto und Bezeichnung der zu inspizierenden Komponenten
- Aufnahme von evtl. vorhandenen Störmeldungen
- Beschreibung des Soll-Zustands und der maximalen Abweichung

Erstellen Sie eine Checkliste der notwendigen Wartungsmaßnahme. Hier könnte z. B. für eine Lüftungsanlage dann genauer beschrieben sein, was wo genau gemacht werden muss:

- Filterreinigung bzw. Filterwechsel: wo – was – wie?
- Überprüfung und Reinigung der Lüftungskanäle: Staub und Ablagerungen entfernen, um Luftstromblockaden und Verunreinigungen zu vermeiden
- Kontrolle und Instandsetzung von Ventilatoren: Sicherstellen einer effizienten Arbeitsweise ohne ungewöhnliche Geräusche oder Vibrationen
- Überprüfen des Kondensatablaufs
- Überprüfung der Steuerungs- und Regelungstechnik: Gewährleistung einer korrekten Funktion von Sensoren und Regelsystemen zur optimalen Steuerung der Lüftungsanlage. Hier z. B. testweise Sensoren mit Störung beaufschlagen, um eine korrekte Funktion der Anlage zu testen.
- Inspektion und Wartung der Abluftsysteme: Überprüfung von Abluftventilen und -klappen auf korrekte Funktion

Auf Grundlage dieser Inspektions- und Wartungspläne kann nach und nach ein pragmatisches Service-Handbuch Ihrer Firma entstehen.

Wenn Sie es schaffen, Ihren Betrieb derart systematisch zu inspizieren und zu warten, dann bewegen Sie sich in Richtung der vorausschauenden Instandhaltung. Deren Ziel ist es, Qualitäts- und Kosteneinbußen zu vermeiden, indem das Optimum gefunden wird zwischen zu häufiger und damit zu teurer Inspektion sowie einem zu seltenen Komponententausch. Hieraus entstand auch die Badewannenkurve, die auf den Punkt bringt, worum es hier geht, vgl. Bild 6.26.

---

[49] *https://www.energiewechsel.de/KAENEF/Quickcheck/Raumluft/Navigation/quickcheck-raumluft-module.html*

[50] *https://www.energiewechsel.de/KAENEF/Quickcheck/Kaelteerzeugung/Navigation/quickcheck-kaelteerzeugung-module.html*

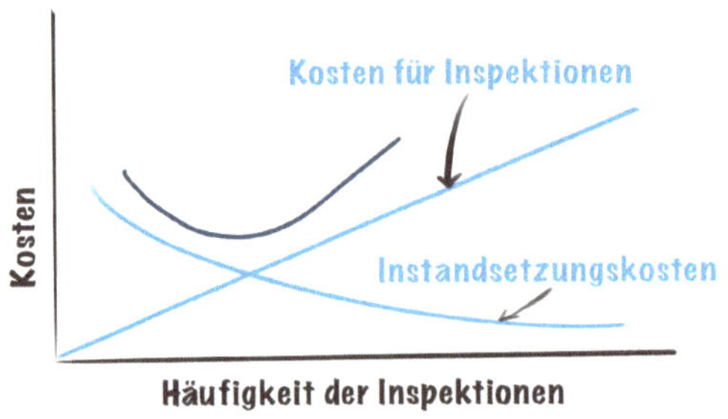

Bild 6.26
Für Ihre Infrastruktur können jeweils kostenoptimale Inspektionszyklen gefunden werden

6.3 Betriebliche Material- und Energieströme

Die betrieblichen Materialströme werden in der Praxis vor allem aus logistischer Perspektive (welche Wege geht das Material, welche Prozesszeiten sind damit verbunden) betrachtet. Im Lean Management wird die Effizienz der Materialwege unter dem zeitlichen Aspekt betrachtet. Nach dem Motto „Zeit ist Geld“ wird der Wegebedarf minimiert. Mit der zunehmenden Sensibilität für die Kosten, die durch Verschnitt, Ausschuss, innerbetriebliche Rückführung und Nachbearbeitung entstehen, gewinnen auch andere Analysen an Verbreitung.[51)]

Mithilfe einiger weniger Vereinbarungen zur Kennzeichnung von Materialströmen, Energieströmen und „Abfall“-strömen können Prozesse visualisiert werden und die Größenordnungen der Aufwände und Verluste anschaulich dargestellt werden. Bild 6.27 zeigt ein Materialflussdiagramm. Das Bild stammt von einem Kollegen aus dem Team der baden-württembergischen Effizienzmoderatoren und veranschaulicht den Backprozess.

Es lohnt sich, Arbeitsprozesse Schritt für Schritt mengenproportional darzustellen. Diese auch als Sankey-Diagramm bekannten Darstellungen erleichtern es, einen visuellen Eindruck für die Größenordnungen der eingesetzten Ressourcen zu bekommen. Sankey-Diagramme stellen reine Material- oder Energieströme dar, sie berücksichtigen keine Puffer. In diese Darstellung können auch Rückführungen (wie z. B. erlaubte Anteile von Altbrot, Restteig etc.) eingearbeitet werden.

---

[51] Vgl. dazu unsere Marktumfrage mit der IHK Südlicher Oberrhein und Energieagentur Regio Freiburg *https://www.ihk.de*

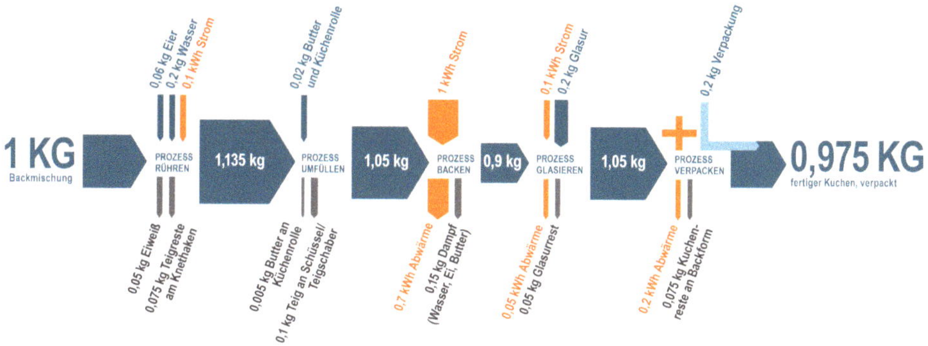

Bild 6.27 Flussdiagramm für einen einfachen Backprozess[52]

Es gibt für jeden Anwendungsfall eine geeignete Analysemethode (Bild 6.28). Grafische Darstellungen helfen, die wesentlichen Punkte visuell deutlich zu machen. Mit zunehmender Analyse steigt die Aussagekraft, aber auch der Aufwand.

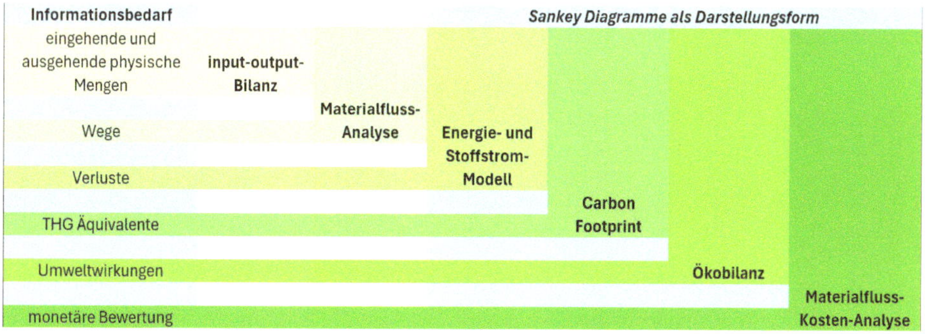

Bild 6.28 Methoden zur Evaluation von Energie- und Materialflüssen (Haubach, 2024)

6.3.1 MFCA – die tatsächlichen Materialkosten und THG-Emissionen transparent machen

In der klassischen Kostenrechnung werden Abfälle i. d. R. mit den verbundenen Entsorgungskosten erfasst. Bei näherer Betrachtung fällt jedoch auf, dass damit viele andere Kostenarten, die mit fehlerhaften Teilen, mit Ausschuss und Verschnitt gekoppelt sind, nicht transparent erfasst werden. Neben den Material- und Logistikkosten sollten auch die bis zum Zeitpunkt der Entsorgung investierten Maschinenkosten, Personalkosten, Energiekosten, eventuell auch die Investitions- und Gemeinkosten zugeschlagen werden.

---

[52] Erstellt von Manfred Müller, KEFF+-Moderator Schwarzwald-Baar-Heuberg und Martina Pistorius, UTBW/KEFF+-Projekt

Die reinen Abfallentsorgungskosten liegen zumeist bei rund 10 % der tatsächlichen Wertschöpfungskosten.

Mithilfe der in der DIN EN ISO 14051 genormten Methode der Materialfluss-Kosten-Rechnung (material flow cost analysis) lassen sich diese Kalkulationen an jedem Prozessschritt (Mengenstelle) Ihres Prozesses genau bestimmen und auf dieser Grundlage die wichtigsten Verbesserungsmaßnahme identifizieren.

Mit der vom UTBW in Baden-Württemberg kostenfrei zur Verfügung gestellten Software[53] lassen sich die Material- und Energieströme als Sankey-Diagramme auch grafisch darstellen (Bild 6.29). Hier sind den jeweiligen Bearbeitungspunkten Kosten für Maschinenzeiten, Energieverbräuche und Personalstunden zugeordnet worden, sodass die tatsächlichen Kosten der Abfälle und Kreislaufführungen im Prozess transparent werden.

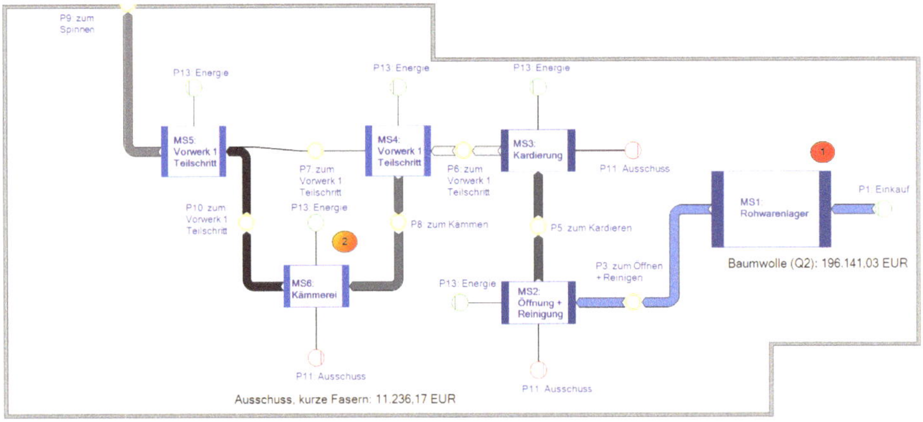

Bild 6.29 Mithilfe des MFCA-Tools lassen sich die tatsächlichen Ausschusskosten berechnen

Über eine Zuordnung (Allokation) von CO_{2e}-Werten der jeweiligen Materialien und Energien lassen sich zudem die entstehenden Emissionen genau lokalisieren und entsprechend grafisch darstellen. Die mit den Abfällen verbundenen Wertschöpfungsverluste werden berechnet und können tabellarisch dargestellt werden.

Bei dieser Analyse der Materialflüsse wird eine häufige Fehleinschätzung deutlich: Interne Materialrückführungen sind nicht kostenneutral – sie erzeugen Zusatzkosten!

---

[53] *https://www.ifu.com/de/umberto/bwmfca*

Auch wenn durch interne Rückführungen von Ausschuss und Überschuss das Material wiederverwendet wird: Es hat bereits Produktionsschritte durchlaufen und hat von daher Maschinen- und Personalkosten angesammelt. Durch einen zweiten Durchlauf des Materials werden die Herstellkosten des Produkts zwangsläufig höher!

6.3.2 Die kaskadierte Nutzung von Materialien anstreben

In vielen Betrieben werden Abfälle und Ausschuss thermisch verwertet. Dies geschieht oft ohne zu prüfen, ob die Materialien für andere Verwendung gute Dienste leisten könnten. In manchen handwerklichen Betrieben kann man jedoch auch bestaunen, wie ein sorgsamer Umgang mit wertvollem Material aussieht.

Unter Kaskadennutzung wird laut Umweltbundesamt eine Strategie verstanden, um „Rohstoffe oder daraus hergestellte Produkte in zeitlich aufeinanderfolgenden Schritten so lange, so häufig und so effizient wie möglich stofflich zu nutzen und erst am Ende des Produktlebenszyklus energetisch zu verwerten“ (Umweltbundesamt, 2012).

Beispiel einer kleinen Schreinerei im Südschwarzwald[54)]

Gesägte Bretter werden gelagert – pro cm Brettstärke wird ein Jahr Lagerzeit angesetzt. Aus den längsten, geradesten und besten Bohlen werden Fußböden und Decken gefertigt. Bei den Reststücken wird das Holz auf seine Maserung hin untersucht und um den Herz-Riss herum werden materialsparend die zu verwendenden Werkstücke gewonnen (Bild 6.30). Die hieraus gewonnenen Einzelstücke werden gelagert, sortiert und weiterverwendet z. B. einen Leimbinder für ein Möbelstück (Bild 6.31). Aus den wiederum anfallenden Reststücken werden z. B. Sägeschindeln für den Dachstuhl gewonnen (Bild 6.32). Aus den bei der Bearbeitung der Dachschindeln anfallenden Sägespänen werden noch Briketts gepresst, die einen hohen Brennwert aufweisen (Bild 6.33). Diese eignen sich für eine Stückholzfeuerung oder für eine stoffliche Weiterverwendung in Pyrolyseanlagen.

Für den individuellen Möbelbau können mit dem beschriebenen Vorgehen gemischte Maserungen unterschiedlicher Hölzer eingesetzt werden (Bild 6.34).

---

[54] Schreinerei Martin Dörflinger, Auhof, Steinen

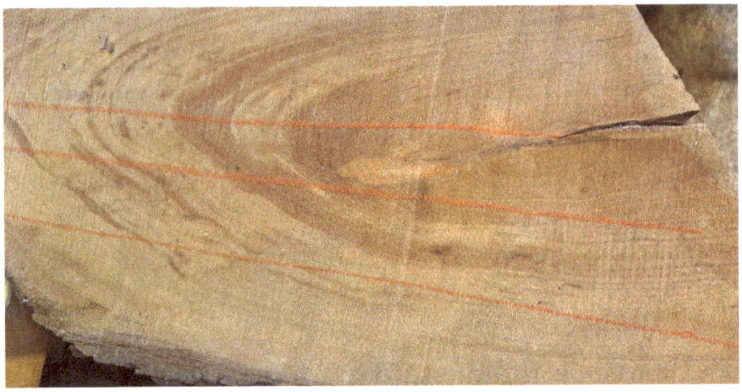

Bild 6.30 Aus Resthölzern lassen sich wertvolle Einzelstücke schneiden, wenn die Maserung fachkundig berücksichtigt wird

Bild 6.31 Leimbinder aus Reststücken

Bild 6.32
Sägeschindeln aus Resthölzern der Leimbinder

Bild 6.33
Holzbriketts, gepresst aus Sägespänen und Altpapier

Bild 6.34 Individuelle Möbel für „junges Wohnen"

Welche Materialien werden in Ihrem Unternehmen entsorgt, die ein Potenzial zur Weiterverwendung haben? Die „thermische Verwertung"/Verbrennung sollte immer nur das allerletzte Mittel der Wahl sein!

6.3.3 Innerbetriebliche Stoffkreisläufe etablieren

Nicht immer sind innerbetriebliche Stoffkreisläufe vermeidbar, in einigen Fällen werden sie sogar dringend benötigt! Die Firma H2O aus Steinen, Südbaden, setzt innerbetriebliche Stoffkreisläufe auch für problematische Stoffströme um. Das Unternehmen hat sich darauf spezialisiert, industrielle Abwässer mittels Vakuumdestillation so gut aufzubereiten, dass das recycelte Wasser im Produktionskreislauf wiederverwendet werden kann. Der folgende Text wurde von der Firma H2O für dieses Buch zur Verfügung gestellt.

Funktionsprinzip Vakuumdestillation

Die Reinigung mittels Vakuumdestillation basiert auf dem Prinzip der Stofftrennung nach Siedepunktunterschieden. Die Funktion ist einfach: Das Industrieabwasser wird unter Druck bei einer Temperatur von nur rund 80 Grad, statt wie bei atmosphärischem Druck mit einer Temperatur von 100 Grad verdampft. Alle Substanzen, die einen höheren Siedepunkt als Wasser haben, verbleiben im Verdampfungsrückstand. Dazu gehören Schwermetalle, Salze, aber auch Öle, Fette oder Tenside. Weil der Wasseranteil verdampft wird, reduziert sich das Volumen des Rückstands aus der Destillation auf 0,5 bis 5 % des ursprünglichen Abwasservolumens. Der aufsteigende Dampf, auch Brüden genannt, ist nahezu frei von Verunreinigungen. Nach der Kondensation kann er als sauberes Prozesswasser in die Verarbeitung zurückgeführt werden.

Durch die hohe Einsparung der Entsorgungskosten für das nun wiederverwendete Abwasser, die geringen Betriebskosten und den Wegfall des Frischwasserzukaufs amortisiert sich die Investition in ein solches System meist in weniger als zwei Jahren (Bild 6.35).

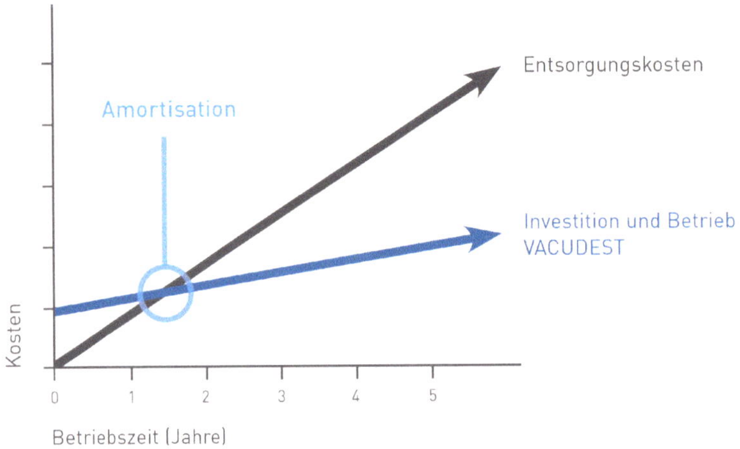

Bild 6.35 Kurze Amortisationszeiten betriebsinterner Stoffaufbereitung am Beispiel VACUDEST (© Firma H2O, Steinen)

Praxisbeispiel bei einem Produktionsstandort der Firma Sony

Diese Vorteile machte sich auch das Unternehmen Sony DADC zu Nutze. Das Unternehmen produziert optische Datenträger, wie etwa CDs, DVDs oder BlueRays. Bei der Vergrößerung seiner Produktion in Österreich stellte Sony an die Abwasseraufbereitung die Anforderung, dass das Destillat mit einem Leitwertgrenzwert von <20 µS/cm im Kreislauf genutzt werden kann. Die Firma H2O konnte hierzu ihr Vakuumdestillationssystem VACUDEST M 1.500 mit Leitwertüberwachung einbringen. Das aufbereitete Wasser wird heute zu 100 % im Prozess wiederverwendet. Mit dieser Lösung wurde der Standort der Firma Sony abwasserfrei. Das Unternehmen ersetzte damit seine alte chemisch-physikalische Aufbereitung (Bild 6.36).

Bild 6.36
Kreislaufführung des Destillats an einem Standort der Firma Sony (© Firma H2O, Steinen)

Neben dem aktiven Umweltschutz durch die Einsparung von Frischwasserressourcen waren für die Firma Sony vor allem die folgenden Punkte wichtig für eine Investitionsentscheidung:

- Nachhaltige Kreislaufführung vereinfacht die Behördengenehmigung und trägt damit zu den Unternehmenszielen bei.
- Sämtliche gefährlichen Bestandteile können mittels Vakuumdestillation abgetrennt und extern entsorgt werden. So ist ein Übergehen der gefährlichen Bestandteile in das Kommunalabwasser ausgeschlossen. Das aufbereitete Wasser aus der VACUDEST wird vor der weiteren Verwendung in einem Ionentauscher weiter behandelt und in der Galvanik mit einem Zielleitwert <1 µS/cm eingesetzt. Die Produktion ist damit abwasserfrei.

- Kompaktes System, das überall Platz findet
- Das kompakte VACUDEST-Vakuumdestillationssystem war ein großer Pluspunkt für Sony, denn im Werk Thalgau sind die Platzverhältnisse sehr eingeschränkt.
- Vollautomatisch und zuverlässig

Entscheidend ist für Sony, dass die Anlage automatisch und ohne großen Betreuungsaufwand rund um die Uhr verfügbar ist. Hier hat die VACUDEST einen Vorteil gegenüber der physikalisch-chemischen Fällung. Der Bedienaufwand der Anlage beläuft sich auf wenige Wartungsstunden pro Woche, was eine optimale Systemverfügbarkeit garantiert. Einen großen Anteil für den geringen Betreuungsaufwand und die hohe Systemverfügbarkeit des VACUDEST-Systems hat auch die Activepowerclean-Technologie. Herkömmliche Wärmetauscher verdrecken schnell – das bedeutet weniger Leistung bei hohem Energieverbrauch. Ein Activepowerclean-Wärmetauscher bleibt dank zirkulierender Keramikkugeln sauber (Bild 6.37). Für optimale Systemverfügbarkeit und höhere Energieeffizienz.

Bild 6.37 Ein Activepowerclean-Wärmetauscher bleibt dank zirkulierender Keramikkugeln sauber (© Firma H2O, Steinen)

Welche Stoffe könnten in Ihrem Unternehmen innerbetrieblich im Kreis gefahren werden? Nutzen Sie Wasser, Luft, Hilfs- und Betriebsstoffe, die entsorgt statt aufbereitet werden?

6.3.4 Die Taktung der Produktion verbessern

Klassische Ansätze der Produktionssteuerung gehen i. d. R. von großen Stückzahlen und hohen Losgrößen aus. Viele KMU sehen sich aber mit zunehmend kleinen, sehr spezifischen Aufträgen konfrontiert – bei denen die LEAN-Ansätze zwar wertvolle Hinweise auf die prinzipielle Verbesserung der Abläufe geben, aber zur eigentlichen Produktionsoptimierung nur begrenzt hilfreich sind. Denn hierzu sollte auch die Taktung der Gesamtprozesse – nicht nur die Produktion – betrachtet werden.

Taktung der Produktion anhand der Engpasssteuerung

Die Methode der Engpasssteuerung (Bild 6.38) geht davon aus, dass der kapital- und ressourcenintensivste oder auch der technisch anspruchsvollste Produktionsschritt den Takt der Produktion und der daran angegliederten Arbeitsbereiche vorgibt. In der Regel führt das dazu, dass andere vor- oder nachgelagerte Prozesse mit geringerem Durchsatz arbeiten können und die Mitarbeitenden Zeit haben, sich um andere Aufgaben oder um Prozessverbesserungen zu kümmern.

Bild 6.38
Der optimale Durchsatz orientiert sich am Engpass

In der Praxis ist dies mit einer Umgewöhnung verbunden. Es geht nicht mehr darum, dass alle Mitarbeitenden jederzeit zu 100 Prozent im Kernprozess tätig sind, sondern dass vom Engpass ausgehend nur so viel Produktionsfortschritt angestrebt wird, dass am Engpass (bottle neck) kein Stau entsteht, aber der Puffer (buffer) auch nicht leerläuft. Wie bei einer Gruppenwanderung gibt der anspruchsvollste Teilnehmende den Takt vor. Vorgelagerte Prozesse richten sich in der Zuarbeit nach seinen Kapazitäten, nachgelagerte Prozesse lösen – wie im Supermarktprinzip – die Bedarfe aus (Bild 6.39).

Wo der Engpass langfristig liegt und wie groß er ist, entscheidet die Unternehmensleitung, weil diese die langfristige Ressourcenvergabe für die einzelnen Produktionsschritte bestimmt.

Bild 6.39
Der Puffer steuert die Priorisierung neuer Aufträge

Prüfung der Produktion anhand von Prinzipien der Engpasssteuerung

- Vereinfachen Sie die Produktionsabläufe und vermeiden Sie Rückwärtsschleifen.
- Nutzen Sie kleine Losgrößen – orientieren Sie sich am one-piece-flow.
- Gleichen Sie die Produktionsaufträge in ihrem Umfang aneinander an, gemessen z. B. in Fertigungsstunden.
- Stimmen Sie die Arbeitsinhalte pro Arbeitsstation so ab, dass eine übergeordnete gleichmäßige „Taktung" entstehen kann.
- Nutzen Sie visuelle Transparenz im Materialfluss und in der Produktionslinie.

Binden Sie bei der konkreten Gestaltung der Arbeitsplätze Ihre Mitarbeitenden ein. Eine Methode, die das spielerisch ermöglicht, ist unter dem englischen Begriff „cardboard engineering" bekannt. „cardboard engineering" ist eine kostengünstige und effektive Methode zur Planung und Optimierung von Produktionslayouts, besonders geeignet für kleine produzierende Unternehmen. Sie nutzt physische Modelle für die Werkzeuge und Einrichtungsgegenstände, meistens aus Karton oder anderen leichten Materialien, um einen Produktionsbereich – z. B. eine Fertigungsinsel – maßstabsgetreu nachzubilden. Dieser Ansatz ermöglicht es, verschiedene Layouts und Prozessabläufe durchzuspielen, bevor tatsächliche physische Änderungen vorgenommen werden. Wir empfehlen, diese Methode mit zwei oder drei Teams im Wettbewerb durchzuführen, um über eine sportliche Komponente den Ehrgeiz zu wecken.

Taktung der Produktion anhand von Kennzahlen

Etablieren Sie folgende Kennzahlen, verfolgen Sie diese und bleiben Sie dabei für alle transparent:

- Durchsatzrate: Diese Kennzahl gibt an, wie viele Einheiten eines Produkts pro Zeiteinheit durch den Produktionsprozess fließen. Sie ist wichtig, um die Produktionskapazität und -geschwindigkeit zu messen.
- Ausschussrate: Diese Kennzahl gibt an, wie viele fehlerhafte Produkte während des Produktionsprozesses entstehen.

- Durchlaufzeit von bestimmten Teilen: Die Durchlaufzeit ist die Zeit, die benötigt wird, um ein Produkt vom Beginn des Produktionsprozesses bis zur Fertigstellung zu durchlaufen. Sie beeinflusst die Lieferzeiten und die Kapazitätsplanung.
- Arbeitsproduktivität: Die Arbeitsproduktivität misst die Menge an produzierten Einheiten pro Arbeitsstunde oder Arbeitskraft. Sie kann dazu beitragen, Engpässe oder ineffiziente Arbeitsprozesse zu identifizieren.
- Anlageneffektivität (engl. Overall Equipment Efficiency, kurz OEE): Die OEE ist eine umfassende Kennzahl, die die Effizienz von Produktionsanlagen misst. Sie berücksichtigt Faktoren wie Verfügbarkeit, Leistung und Qualität und gibt an, wie effizient eine Maschine oder Anlage genutzt wird.
- Stillstandzeit: Die Stillstandzeit misst die Zeit, in der Produktionsanlagen aufgrund von Wartung, Reparaturen oder anderen Gründen nicht produktiv sind. Eine niedrige Stillstandzeit ist ein Indikator für eine effiziente Anlagennutzung.
- Rüstzeit: Diese Kennzahl misst die Zeit, die benötigt wird, um eine Produktionsanlage von der Herstellung eines Produkts auf ein anderes umzurüsten. Eine kurze Umrüstzeit ermöglicht eine flexible Produktion.

Vergleichen Sie regelmäßig Soll und Ist. Bei Abweichungen können Sie so rechtzeitig Korrekturmaßnahmen entwickeln und entsprechend gegensteuern.

6.3.5 Produzieren nach dem Stand der Sonne

Die Alu-Gießerei Fa. MEGU in Schopfheim, Südbaden, zeigt seit 2013, wie das Ausrichten der Betriebsabläufe nach dem Stand der Sonne massiv Energie einsparen kann. Bild 6.40 zeigt den Verbrauch eines Tages.

> *„Um die Sonnenergie nutzen zu können, wurde ein Schmelzofen mit 60 kW Leistung, neuester Halbleitertechnik (mit Thyristoren) und mehrschichtiger Ofenraumisolierung mit modernsten, hochwertigen Feuerleichtbausteinen beschafft. Der Betrieb des Schmelzofens kann weitgehend durch Eigenstromnutzung aus der PV-Anlage erfolgen.*
> *Um die Sonnenenergie beim Schmelzvorgang optimal auszunutzen, wird der Schmelzprozess aufgrund des Sonnenstands zwei bis drei Stunden später durchgeführt, sodass bereits am Nachmittag die Schmelze für den nächsten Tag vorbereitet und über Nacht mit wenig Energie warmgehalten werden kann."*

(Schmidt, Haubach, Preiß & Vogt, 2023)

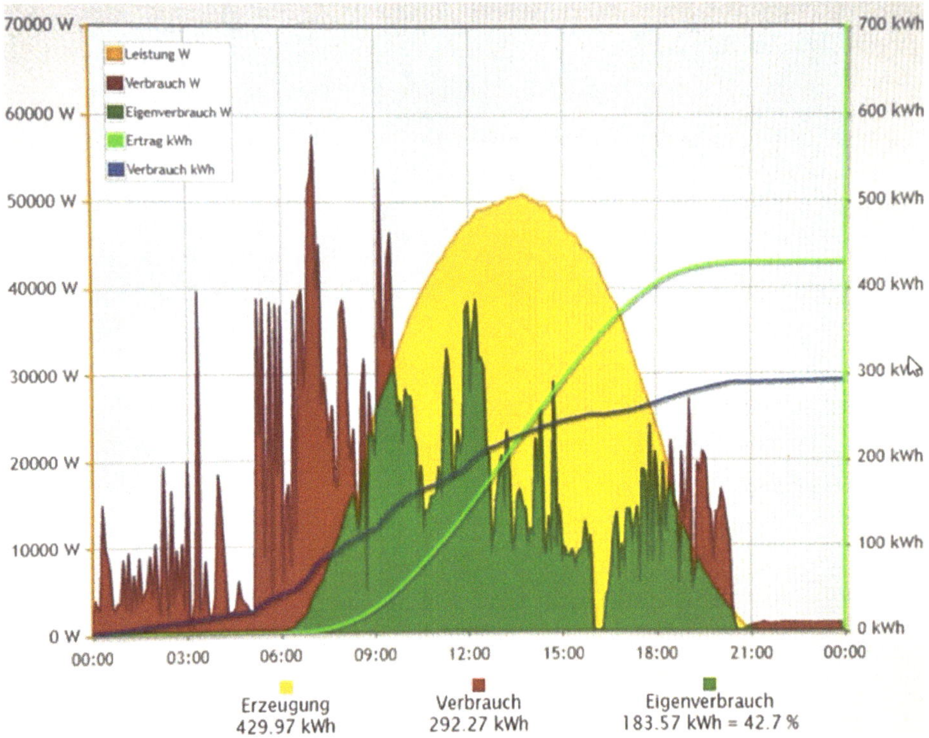

Bild 6.40 Energiebedarf eines Tages bei der MEGU Schopfheim: Der Eigenverbrauch lag an diesem Tag bei 62 %

> *„Mit dem elektrisch betriebenen Schmelzofen ist MEGU in der Lage, 350 kg Aluminium bei 740 °C in 2,5 Stunden bei einem Verbrauch von 150 kWh zu schmelzen. Der ebenfalls vorhandene Heizölschmelzofen würde die gleiche Menge zwar in kürzerer Zeit schmelzen, jedoch mit einem Aufwand von 730 kWh. Bei der MEGU können durch die Umsetzung der Maßnahmen jährlich 50 MWh Strom und 377 MWh Heizöl eingespart werden. Dies entspricht einer Reduzierung der Treibhausgasemissionen um 146 t CO_{2e}.“*

(Schmidt, Haubach, Preiß & Vogt, 2023)

Ähnlich zu der in Abschnitt 5.1.3 dargestellten Signalampel nutzt die Firma MEGU eine Anzeigetafel, auf der in der Mitte der aktuelle Stand der PV-Stromproduktion veranschaulicht wird (Bild 6.41). Im Vergleich sind der aktuelle Stromverbrauch und der aktuelle Strombezug dargestellt.

Bild 6.41 Hallenanzeige: aktueller Stromverbrauch, erzeugter PV-Strom und zugekaufter Strom in der Produktionshalle der Firma MEGU Schopfheim (mit freundlicher Genehmigung der MEGU GmbH)

Eine Video-Botschaft der Firma MEGU[55] schließt mit den Worten ab: „Unsere Maschinenteile – mit Sonne gegossen".

Dieser Ansatz lässt sich auch auf andere Gewerke übertragen: Bäckereien könnten beispielsweise erst bei Tageslicht backen. Diese „Sonnenbrötchen" kämen gut an, die Kunden hätten Verständnis, dass es früh morgens nicht das volle Angebot gibt. Es fänden sich auch wieder Lehrlinge, weil diese dann nicht mehr um 2:00 Uhr in der Früh aufstehen müssten (Bild 6.42).

Bild 6.42
Die Umstellung auf Sonnenbrötchen könnte das Bäckerhandwerk noch attraktiver machen

[55] *https://youtu.be/BFBWk0Dy_1g*

Sonnenblumen richten sich nach dem Stand der Sonne aus (Bild 6.43). Auch diese Lösung kann technisch für PV-Anlagen realisiert werden. Die Module werden über elektromechanische Systeme dem Stand der Sonne nachgeführt, sodass über viele Stunden die Sonneneinstrahlung senkrecht auf die PV-Module erfolgt. Der Ertrag kann bis zu 30 % erhöht werden. Gewarnt wird allerdings vor den erhöhten Wartungskosten, da mechanisch bewegte Komponenten gerne auf Zuwendung bestehen.

Bild 6.43
Sonnenblumen richten sich nach dem Stand der Sonne – ein Vorbild auch für technische Systeme

6.3.6 Von Lastganganalyse, Blindleistung und der Pflege gewachsener Strukturen

Lastganganalyse

Führen Sie einen Workshop mit Ihrem Team durch, in dem Sie die Notwendigkeit der Maschinen und ihrer tatsächlichen Betriebszeiten kritisch diskutieren. Stellen Sie hierbei folgende Fragen:

- Werden alle Maschinen und Aggregate des Betriebs wirklich benötigt oder können einige davon komplett abgeschafft werden? Beispiel: Ihr Kompressor nimmt 4 kW als Leistung auf. Falls er 4h pro Arbeitstag läuft, dann verbraucht er 16 kWh × 200 = 3200 kWh Strom im Jahr; dies entspricht in etwa dem Jahresstrombedarf einer dreiköpfigen Familie!
- Werden alle Maschinen und Aggregate in Pausenzeiten und an den Wochenenden wirklich abgeschaltet?
- Werden die Hilfsprozesse – wie beispielsweise die Sperrluft zum Schutz der Spindeln in Werkzeugmaschinen – auch in kürzeren Stillstandzeiten ausgeschaltet? Über Zeitschaltventile lässt sich z. B. die Sperrluft abschalten und damit erheblich Energie sparen!
- Wird die in Ihrer Firma eingestellte Leistung der raumlufttechnischen Anlagen wirklich benötigt? Überlegen Sie konkret: 1 m^3 Luft wiegt ein Kilogramm → wie viel Tonnen Masse werden in Ihrem Betrieb stündlich umgewälzt und konditioniert?

Die Lastganganalyse erlaubt es Ihnen zu erkennen, wie hoch die Grundlast Ihres Betriebs ist. In der Regel bekommen Sie die Daten innerhalb von 15 Minuten von Ihrem Netzbetreiber (EVU) zugestellt. Mit frei verfügbaren Werkzeugen können Sie dann selbst den Lastgang analysieren. Anhand der Jahresdauerlinie, in Bild 6.44 in Rot eingezeichnet, können Sie auf einen Blick erkennen, ob Sie in Ihrem Betrieb eine versteckte Grundlast betreiben, die Sie viel Geld kostet. In der folgenden Lastganganalyse einer industriellen Bäckerei wird deutlich, dass während der rund 1500 Stunden Produktionsstillstand an den Wochenenden die Grundlast auf eine vernachlässigbare Leistung abfällt. Hier bestehen also keine weiteren Optimierungspotenziale, alle Lastträger werden vorbildlich abgestellt.

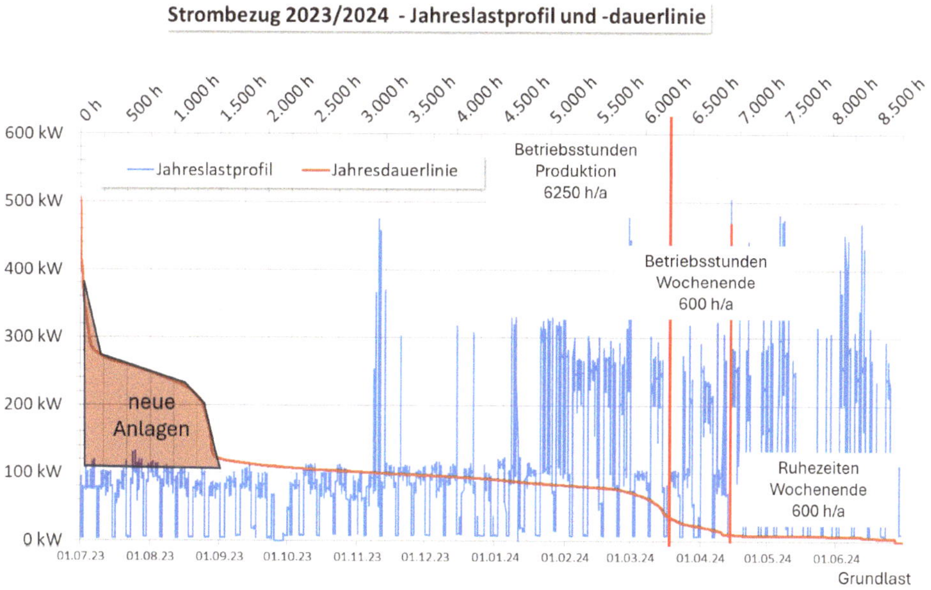

Bild 6.44 Lastganganalyse einer industriellen Bäckerei

Elektrische Leistung

Dann sollten Sie einen Blick auf die Auslegungsdaten der Maschinen und Anlagen werfen: Von Zeit zu Zeit sollte überprüft werden, ob die elektrischen Motoren weiterhin in ihren Auslegungspunkten betrieben werden. Der Wirkungsgrad hocheffizienter Elektromotoren wurde in den letzten Jahren deutlich gesteigert, auch Überlasten werden für einige Zeit von den Maschinen gut verkraftet.

Wenn Sie in Ihrer Stromrechnung jedoch für die elektrische Blindleistung zur Kasse gebeten werden – zu erkennen an dem Posten „kVAr" – Kilo Volt Ampère réactiv – dann wird es Zeit, auch Ihre Netzstruktur einmal vom Fachpersonal überprüfen zu lassen. Lassen Sie z. B. prüfen, ob Ihr betriebliches Stromnetz seine Symmetrie noch einhält (Bild 6.45):

„Drehstrommotoren benötigen auf jeder Phase die gleiche Spannung (Spannungssymmetrie). Werden im Netz eines Betriebes viele einphasige Verbraucher auf die gleiche Phase gelegt, so führt dies zu einer Asymmetrie. 3,5 % Spannungsasymmetrie führen zu ca. 20 % erhöhten Motorverlusten. Eine gleichmäßige Verteilung einphasiger Verbraucher hilft, die Symmetrie im Drehstromnetz zu gewährleisten."

(Blesl & Kessler, 2013)

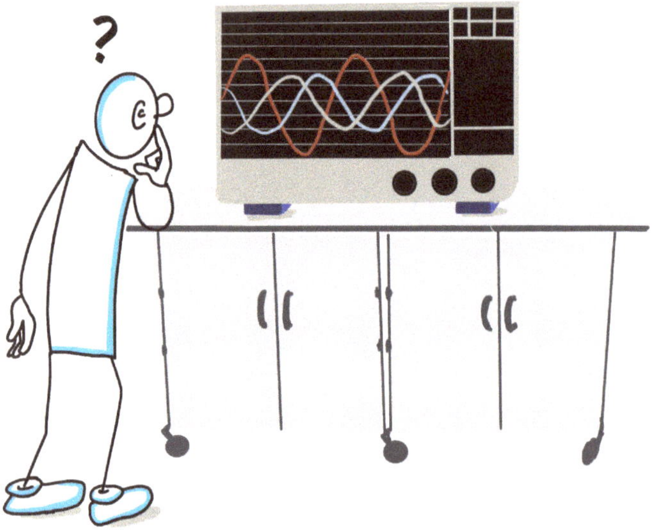

Bild 6.45 Gibt es Asymmetrien in Ihrem Stromnetz?

Neben der Asymmetrie können auch Oberschwingungen zu erheblichen Leistungsverlusten, in manchen Fällen auch zur Überhitzung von elektrischen Anlagen führen. Diese Oberschwingungen auf dem elektrischen Netz werden durch den Zubau moderner Komponenten mit nicht linearer Last – wie Frequenzumrichter, Schaltnetzteile, Unterbrechungsfreie Stromversorgungen oder Wechselrichter von PV-Anlagen – erzeugt. Durch den Einbau von Tiefpassfiltern können Oberschwingungen vermieden werden. Dabei wird die Energie in Wärme umgewandelt und damit verschwendet. Diese Oberschwingungen lassen sich jedoch nutzen, um über Kapazitäten oder Induktivitäten das Netz zu glätten. Damit lassen sich gleichzeitig die eigenen Anlagen schützen und die Energieverbräuche deutlich reduzieren. Kommerzielle Anbieter[56), 57)] bieten hierfür Erklärvideos auf ihren Internetseiten. Eine Übersicht über diese Thematik liefert eine Studie der ZVEI (Dietrich, 2023).

---

[56] *https://www.esaver.eu*

[57] *https://www.frako.com*

Checkliste zum Betrieb elektrischer Antriebe und ihrer Systemkomponenten (in Anlehnung an Blesl & Kessler, 2013)

- Überdimensionierung vermeiden
  - Anlagen vor Ort begutachten und klären, ob die Motoren überdimensioniert sind
  - Betriebszeiten der Motoren prüfen und an die Prozessbetriebszeiten anpassen
- Hocheffiziente Motoren einsetzen
  - Alter des Motors überprüfen und eine Neuinvestition aufgrund der Energieeinsparung berechnen. Moderne Motoren haben einen besseren Wirkungsgrad und sind somit effizienter.
  - Bei Neuinvestition sollte mindestens in *Effizienzklasse IE4 oder besser* investiert werden. Die Mehrkosten rechnen sich bald durch die Energieeinsparungen.
- Effiziente Getriebe einsetzen
  - Je nach Getriebeart können Energieverluste von bis zu 50 % auftreten. Je nach Getriebetyp lässt sich der Wirkungsgrad deutlich steigern. Geregelte Direktantriebe sind vorteilhafter als Untersetzungsgetriebe.
- Frequenzumrichter und Drehzahlregelung prüfen
  - Bei dynamischen Anwendungen Frequenzumrichter verwenden. Dies lohnt sich besonders bei häufigen Anfahrvorgängen und bei Teillastbetrieb – aber auch bei der Infrastruktur, wie z. B. in Lüftungsanlagen und Ventilatoren.
  - Weitere Vorteile sind der geringere Verschleiß an mechanischen Bauteilen und ein niedrigerer Geräuschpegel im Betrieb.

Neben der sachgerechten Pflege der elektrischen Infrastruktur bieten sich in der betrieblichen Praxis viele weitere Effizienzpotenziale, z. B, in der Pflege, Instandhaltung oder Funktionserweiterung der Druckluftleitungen und Kompressoren.

Druckluft und Kompressoren

Druckluft stellt eine sehr teure Art der Energieübertragung dar. Auch bei den modernsten Kompressoren wird nur knapp 10 % der elektrischen Energie in mechanisch nutzbare Expansionsarbeit der Druckluft gewandelt. Weitaus mehr als die Hälfte der Energie geht über die Abwärme verloren, siehe Abschnitt 5.1.2. Auch nach der Kompression geht viel Energie verloren: Hier schlagen Leckagen in Kupplungen und den Leitungen empfindlich zu Buche.

Ein 1 mm kleines Loh in einer Druckluftleitung mit 7 Bar provoziert eine Leckage von rund 100 l Druckluft pro Minute – bei einer Verlustleistung von knapp 1 kW. Macht bei 2000 Betriebsstunden des Kompressors pro Jahr etwa 100 € unnötige Ausgaben[58] (Bild 6.46).

[58] Bei einem Strompreis von 5 Cent.

Bild 6.46
Druckluftnetze brauchen Pflege, sonst verschwenden sie viel Geld

Versierter Umgang mit Kompressoren

- Das Druckniveau der Kompressoranlage unbedingt auf das minimal mögliche Druckniveau zur Versorgung der Werkzeugmaschinen reduzieren. Das gelingt am besten durch schrittweises Ausprobieren. Ziel sollten 6 bis 7 Bar sein!
- Die Abwärme des Kompressors zur Raum- oder Brauchwassererwärmung oder innerbetriebliche Trocknungsprozesse nutzen
- Die Filter regelmäßig prüfen/erneuern
- Leckagen in den Kupplungen und Leitungen regelmäßig suchen (Ultraschallmessgeräte nutzen!)
- Fügen Sie Absperreinrichtungen in die Abschnitte des Druckluftnetzes ein, die zu bestimmten Zeiten nicht genutzt werden. Diese können z. B. über Zeitschaltuhren gesteuert werden!
- Verriegeln Sie den Druckbehälter über das Wochenende.
- Gewachsene Strukturen der Druckleitungen überprüfen: Verengungen vermeiden, Abzweigungen vermeiden, wirre Spiralschläuche und Stichleitungen vermeiden
- Bei der Anschaffung neuer Maschinen kritisch prüfen, ob nicht ein Wechsel auf Maschinen mit elektrischen oder Serbo-pneumatischen Komponenten ansteht. Hierbei unterstützen Auswahlhilfen wie z. B. *https://press.festo.com*.

Kühlkreisläufe

Konventionelle Kühlschmierstoffe (KSS) sollten idealerweise durch Minimalmengenschmierung (MMS) ersetzt werden. Die Vorteile der Minimalmengenschmierung sind:

- Einsparung von Platz im Vergleich zu Maschinen mit KSS
- Weniger Werkzeugverschleiß durch gezieltere Schmierung
- Einsparung von Schmierstoffen
- Einsparung von Energie
- Reduktion der Entsorgungskosten für Späne
- Reduktion der Abfallmenge (Filter, Lappen ...)
- Sauberkeit in der Produktion
- Geringeres Gesundheitsrisiko für Mitarbeitende
- Geringerer Wartungsaufwand

Trotz all dieser Vorteile sind noch immer 97 % aller zerspanenden Unternehmen mit konventionellen KSS unterwegs und das, obwohl die Düsen für MMS relativ einfach nachzurüsten sind. Das dürfte auch an den hohen Investitionen liegen, die zur Beschaffung entsprechender Maschinen und Werkzeuge notwendig sind. Es gibt jedoch zwischenzeitlich auch bei den Anbietern von Kühlmitteln leistungsstarke Innovationen, die sich langfristig auszahlen!

So können statt der öl- und lösungsmittelbasierten Emulsionen auch Mischungen eingesetzt werden, die den hohen Anforderungen an Schmierstoffe in offenen und geschlossenen Kühlkreisläufen gerecht werden. Diese sind

- wasserlöslich
- nicht brennbar
- biologisch abbaubar
- hautverträglich
- dermatologisch sowie toxikologisch geprüft
- geruchsneutral
- emulgatorfrei
- kein Gefahrgut
- und weisen einen niedrigen CO_{2e}-Fußabdruck auf

Zudem haben sie sehr gute Kühleigenschaften.

Die geeignete Wahl des Kühlmittels hat positiven Einfluss auf die thermische und mechanische Beanspruchung Ihrer Werkstücke.

Falls Sie Ihre Kühlschmierstoffe umstellen wollen, ist dennoch Vorsicht geboten: Die in Ihren Werkzeugmaschinen verbauten Dichtungen können auf Esterbasierte Kühlmittel ungünstig reagieren (z. B. durch Versprödung). Kontakt zum Maschinenhersteller oder zu einem unabhängigen Prüfinstitut wie dem Fraunhofer IPA ist daher sehr zu empfehlen[59]. Auch hier gilt: Eine gute Instandhaltung ist Gold wert! Überwachen Sie die Konzentration in Ihren Kühlmitteln engmaschig.

In Bezug auf die Kühlwasserkreisläufe der Werkzeugmaschinen schlummert nach einer Studie des INEC Pforzheim und der Innotech aus dem Jahr 2021 (Dörr, INEC) ein gewaltiges Effizienzpotenzial.

Stand heute wird das Kühlwasser von Werkzeugmaschinen, insbesondere das Kühlwasser von Spritzguss- und Druckgussmaschinen, über den Zusatz von Bioziden von Algen freigehalten. Dennoch kommt es i. d. R. zu Ablagerungen in den Werkzeugen, die dann längere Temperierzyklen, erhöhte Druckverluste, erhöhte Energieaufwände etc. nach sich ziehen. Ein Übersichtsartikel – der schon 2010 erschien – kann helfen, die Problematik genauer zu verstehen (Gries, 2010).

Weitere Maßnahmen, die Ihre Kühlkreisläufe rentabler halten können:

- Strömungsprofile beachten – laminare Strömungen reduzieren in den Verteilern die Wärmeverluste deutlich.
- Vermeidung von „Toträumen", in welchen sich Algen bilden können
- Auf einen regelmäßigen Wasserdurchfluss achten
- Wasseraufbereitung zur Kalk- und Korrosionsverhinderung und möglichst zur Reduzierung von Verkeimungen

Effizienzsteigerung für Druckguss- und Spritzgussmaschinen

Die gleichmäßige und rasche Abkühlung der Werkstücke bei der Produktion von Kunststoffteilen mit komplexen Geometrien ist ein wichtiges Optimierungsproblem. Hierzu hat ein Berater aus Baden-Württemberg[60] – der auch im Expertenatlas BW *https://www.expertenatlas-bw.de* gelistet ist und geförderte Initialberatungen im Nachgang zu einem kostenfreien KEFF+-Effizienzcheck anbietet – in diversen Projekten typische Werkzeuge unter dem energetischen Gesichtspunkt genau unter die Lupe genommen. Er nutzt neue Fertigungsverfahren wie den 3D-Druck, um die Firmen in eine neue Liga der Effizienz zu führen.

[59] Fraunhofer Institut für Produktionstechnik und Automatisierung, *www.ipa.fraunhofer.de*

[60] Christoph Dörr, *http://www.innoteque.de*

Beispiel: Einführung der konturnahen Kühlung bei Spritzgusswerkzeugen

In herkömmlichen Werkzeugeinsätzen werden die Kühlkanäle üblicherweise gebohrt oder gefräst. Dies führt zu rechtwinklig angeordneten Kanälen und dementsprechend zu relativ hohen Druckverlusten während des Kühlvorgangs. Die Kühlung der Werkzeugeinsätze erfolgt ungleichmäßig und das Werkstück wird im Abkühlvorgang ungleichmäßig verformt – siehe Bild 6.47.

Demgegenüber bieten additive Fertigungsverfahren die Möglichkeit, neue Geometrien der Kühlkanäle zu designen. Der Effekt: Die deutlich gleichmäßigere Abkühlung des Werkzeugeinsatzes vermindert das Verziehen der Werkstücke und die Abkühlung erfolgt um fast 30 % schneller, vgl. Bild 6.48.

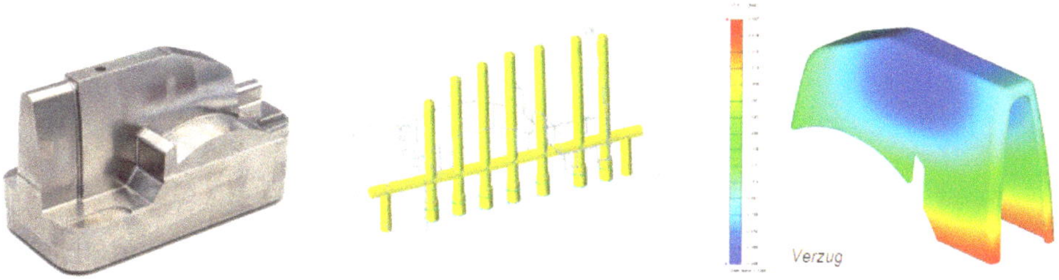

Bild 6.47 Konventionell eingebrachte Kühlkanäle führen zu Verformungen des Werkstücks (TRUMPF, 2025)

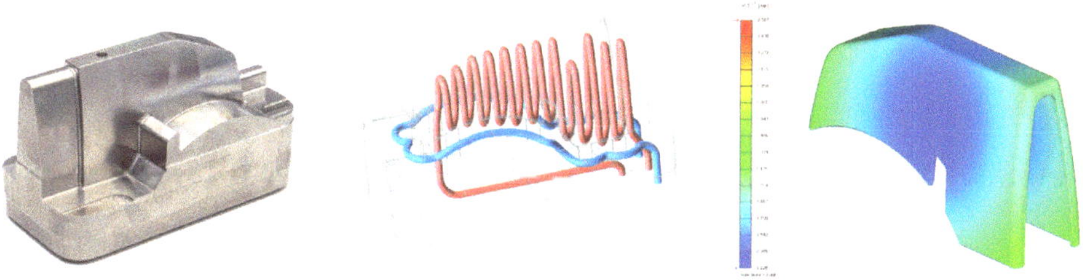

Bild 6.48 Konturnahe Kühlung – ermöglicht durch additive Fertigung – verbessert die Maßhaltigkeit der Werkstücke (TRUMPF, 2025)

Für die konturnahe Kühlung sind in der Regel sehr kleine Kanaldurchmesser notwendig. Diese können nur dann realisiert werden, wenn sichergestellt ist, dass sie aufgrund ihrer Größe nicht schnell durch Kalk oder Rost verstopft werden. Zusätzlich muss auch darauf geachtet werden, dass sich im Kühlwasser keine Algen etc. bilden.

Die Hauptprobleme, welche durch Wasser in der Produktion verursacht werden, sind:

- Korrosion, Lochfraß und Ablagerungen
- Ausfallzeiten durch Qualitätssicherung

- Gefährliche Verkeimungen
- Gesundheitliche Risiken für Mitarbeitende
- Erhöhte Reparaturaufwendungen von Formen
- Produktivitätsverlust durch Kalk in den Kühlleitungen

Folgende Maßnahmen können korrigierend einwirken (Dörr, 2021):

- Beschichten der Form zur Korrosionsverhinderung
- Filterung
- Einsatz von Chemie
- Einsatz von Bioziden

Sowie innovativere Maßnahmen zur Ursachenverhinderung:

- Vermeidung von „Toträumen", in welchen sich Algen bilden können
- Auf regelmäßigen Wasserdurchfluss achten
- Wasseraufbereitung zur Kalk- und Korrosionsverhinderung und möglichst zur Reduzierung von Verkeimungen

6.3.7 Lagerhaltung

In vielen Betrieben ist die Lagerhaltung ein Problemkind. Es sind Sätze zu hören wie „Wenn der x nicht da ist, haben wir keine Chance, die Teile zu finden." oder „Wir machen zwar Inventur – aber wir trennen uns nur schwer von alten Materialien, die schon 20 Jahre im Lager liegen."

Prüfung der Lagerhaltung

- Erfassen Sie Ihre Rohmaterialien über ein digital lesbares Kennzeichnungssystem?
- Erfassen Sie die Lagerplätze über ein digital lesbares Kennzeichnungssystem?
- Lassen sich beide Informationen über ein günstiges Programm zuordnen?
- Wie ändern sich damit die Arbeitsabläufe und Wege?
- Sind die Abstände Ihrer Lagerregale minimiert? Moderne Schmalgangstapler helfen, Platz zu sparen!
- Haben Sie Lichtsignale an den Lagerplätzen angebracht, die Ihren Mitarbeitenden den Ablageort anzeigen?
- Haben Sie eine papierlose Logistik eingeführt?
- Sind Ihre Rohstoffe und Produkte vor Witterungseinflüssen gut geschützt untergebracht?

- Kennen Sie die Einsatzwahrscheinlichkeiten Ihrer Materialien – sodass Sie Lagerhüter identifizieren und entsorgen können?
- Nutzen Sie standardisierte Teile in Ihren Produkten, sodass Sie keine Sondervarianten vorhalten müssen?
- Werden die Vorschriften der Arbeitssicherheit auch im Lager eingehalten?

Technologiesprünge wagen

In vielen Produktionsbetrieben werden altbewährte Technologien eingesetzt, in die viel Zeit zur fachgerechten Instandhaltung und Energieoptimierung investiert wird – ohne zu sehen, dass grundsätzlich neue Technogien einen Effizienzschub leisten könnten. Der Einsatz der Druckluft als universell brauchbarer Energieträger für Maschinen und Hilfsprozesse bis hin zur raschen Bauteilreinigung ist ein Beispiel hierfür. Die meisten dieser Anwendungen können um ein Vielfaches günstiger und präziser über Hocheffizienz-Elektromotoren erbracht werden. Schauen Sie über den Tellerrand und wagen Sie auch Technologiesprünge (Bild 6.49).

Bild 6.49 Technologiesprünge wagen

Weitere Beispiele: Hallenheizungen, die mit viel Energieeinsatz (i. d. R. Gas oder Öl) die Luft erwärmen. Statt diese Heizungen nun auf Strom umzustellen, sollten Sie einen neuen Weg gehen: Nutzen Sie die Strahlungswärme von Dunkel- oder Deckenstrahlern, mit denen der Arbeitsplatz gezielt gewärmt wird, ohne dass sich die warme Luft unter der Hallendecke sammelt. Moderne Hersteller bieten hier Kombi-Systeme an, die über Strom oder Biogas betrieben werden können und auch die LED-Leuchten für die gleichzeitige Beleuchtung der Arbeitsplätze mitbringen.

Beispiel additive Fertigung

Auch neue Fertigungsverfahren wie die additive Fertigung bieten völlig neue konstruktive Freiheiten (siehe auch das Praxisbeispiel in Abschnitt 6.3.6). In einem Web-Seminar erklärt Prof. Dr. Volker Schulz von der DHBW Mannheim dies wie folgt:

> *„Additive Fertigung, auch als 3D-Druck bezeichnet, ist ein neues Herstellungsverfahren, welches erst vor ca. 30 Jahren erfunden wurde. Seitdem hat es aber eine rasante Entwicklung erlebt und wird heute in fast allen Industriezweigen eingesetzt.*
>
> *Was unterscheidet den 3D-Druck von klassischen Fertigungsverfahren? Bei der Herstellung von Bauteilen durch Bohren, Drehen oder Fräsen wird von einem Halbzeug Material abgetragen, bis die gewünschte Form vorliegt. In der additiven Fertigung geht man den umgekehrten Weg. Das Bauteil wird Schicht für Schicht aufgebaut. Dabei kommen verschiedene Techniken zum Einsatz, die an unterschiedliche Materialien angepasst sind. Am bekanntesten sind sogenannte Schmelzschichtverfahren, bei denen ein Kunststofffilament erwärmt und durch eine Düse schichtweise aufgetragen wird. Eine immer größere Verbreitung findet aber auch das sogenannte selektive Lasersintern, bei dem sich Metall- und Kunststoffteile herstellen lassen, die aus einem Pulver mittels Laser versintert werden.*
>
> *Beim Rapid Prototyping, also der schnellen Herstellung von Musterteilen, ist die additive Fertigung heute nicht mehr wegzudenken. Aus einer CAD-Geometrie lässt sich damit innerhalb weniger Stunden ein Prototyp fertigen, der auf Funktionalität, Ergonomie usw. getestet werden kann. Der Entwicklungsprozess sowie die Optimierung von Bauteilen werden damit erheblich effizienter.*
>
> *Auch beim Leichtbau kann der 3D-Druck seine Vorteile voll ausspielen. Formen, die mit spezieller Software auf ein möglichst geringes Gewicht optimiert sind und dabei aber eine hohe Festigkeit aufweisen, lassen sich in der Regel nur additiv herstellen. Bestes Beispiel sind Bauteile, welche nicht aus Vollmaterial bestehen, sondern im Inneren lediglich eine Stützstruktur besitzen. Gerade im Flugzeugbau lässt sich dadurch deutlich an Gewicht sparen.*
>
> *Die Herstellung von individuellen Bauteilen – bei kleinen Stückzahlen – macht die additive Fertigung für die Fertigung von Ersatzteilen attraktiv. Günstige Ersatzteile, die vor Ort gedruckt werden, können die Lebensdauer von Maschinen signifikant verlängern und damit zur Ressourceneffizienz beitragen.*
>
> *Mittels additiver Fertigung muss nicht unbedingt das endgültige Werkstück gefertigt werden. Oft ist es die Einbindung in die Vorproduktion oder die Herstellung von Vorformen, bei denen der 3D-Druck zum Einsatz kommt. Typisch ist bereits die additive Fertigung von Formen, die für den Sandguss verwendet werden. Schicht für Schicht werden im sogenannten Binder-Jetting-Verfahren Gussformen aus Sand und Bindemittel hergestellt. Mittels additiver Fertigung entstehen extrem komplexe Strukturen für das Gießen von metallischen Bauteilen.“*

Auch dieser Ansatz beruht auf einer guten Einbindung der firmeninternen Prozesse mit externen Spezialisten und Plattformen, z. B. zur Erstellung der Konstruktionsdaten und ggf. zur Fertigung der entsprechenden Teile. In der Medizintechnik wird dieser Prozess mittlerweile länderübergreifend praktiziert, um individuelle Inlays in kürzester Zeit liefern zu können.

6.4 Überbetriebliche Kreisläufe

6.4.1 Regionale Mobilität

Beim Scope 3 der Treibhausgasanalyse hat das Thema „Mobilität" einen großen Einfluss auf die Emissionen (Bild 6.50). Die An- und Abreise zum Arbeitsplatz kostet viele Mitarbeitende Geld, Zeit und Nerven. Es gibt also viele Gründe, auf diesen Bereich gemeinsam mit den Mitarbeitenden hinzuschauen und Verbesserungen auszuprobieren. Erst im Alltag wird sich zeigen, wie tauglich die Ideen wirklich sind. Lösungen sollten wetterbedingt saisonal flexibel sein, müssen aber auch für die Bedürfnisse der Mitarbeitenden passend sein. Es ist ein Unterschied, ob eine Teilzeitkraft pünktlich Nachhause kommen muss oder eine Vollzeitkraft ohne kinder- und pflegebedingte Aufgaben den Pendelweg als Ausgleich nutzen kann.

Bild 6.50
Das betriebliche Mobilitätsmanagement hat viele organisationale Aspekte (Mittelstandsinitiative, 2018)

Erste Ideen zur Mitarbeitermobilität bieten viele kostenfreien Broschüren und Seminare z. B. die Mittelstandsinitiative (Mittelstandsinitiative, 2018). Hier wird erläutert, wie die betriebliche Mobilität zu einem Teil der Unternehmenskultur werden kann. Gemeinsam können ökologische, ökonomische und soziale Anliegen verbessert und damit auch die Mitarbeiterbindung erhöht werden.

Erarbeiten Sie gemeinsam mit Ihrem Team die Möglichkeiten die das Thema Mobilität in Ihrem Unternehmen bietet. Nachstehend ein paar Anregungen:

- Reduzierung des Fahrzeugpools
- Teilnahme an Carsharing zur Abdeckung von Spitzenlastbedarf
- Einführen einer Mitfahrer-App
- Fahrgemeinschaftsbörse
- Jährliche Einmalzahlungen an Mitarbeitende bei nachhaltigem Mobilitätsverhalten
- Überbetriebliche Fahrzeugpools
- Flexible Homeoffice-Lösungen
- Übertragbare ÖPNV-Tickets für Dienstfahrten
- Optimierung der Dienstreisen
- Kooperation mit Eco-Taxiunternehmen
- Durchführung von Fahrsicherheits- und Spritspartraining
- Carsharing der Firma in Kooperation mit der örtlichen Kommune
- Fuhrpark in den Schließzeiten kostengünstig zur Verfügung stellen
- Attraktive, sichere Abstellplätze für die Fahrräder oder Pedelecs der Mitarbeitenden
- Radservicestation mit Werkzeug zum Reparieren eines Rads
- Bereitstellung von Duschen/Umkleiden
- Plattform, um Fahrgemeinschaften unter den Mitarbeitenden zu bilden
- Bessere Parkplätze für Mitarbeitende, die in Fahrgemeinschaften anreisen
- ...

6.4.2 Von Verpackungen, Ausschuss und Abfall

Bei Verpackungsmaterialien wird der Widerspruch zwischen der Wertigkeit des Materials und der ihm entgegengebrachten Wertschätzung offensichtlich: In der Regel wird es vom „Käufer" – also auch von dem Unternehmen, das Waren empfängt – als lästiger Abfallstoff bewertet, den es nach Eingang des schadensfreien Kaufteils nur noch möglichst kostengünstig zu entsorgen gilt.

Abfälle sorgfältig behandeln

Prüfen Sie, ob in Ihrem Betrieb die Abfälle sorgfältig behandelt werden:

- Haben Sie in den Produktionshallen gut beschriftete und visuell gekennzeichnete Container und Abfalltonnen, die nahe an den Orten stehen, an denen regelmäßig Abfall und Ausschuss entsteht?
- Gibt es genügend Abfallgefäße für eine sortenreine Trennung der Abfälle?
- Sind die Abfallcontainer gut sichtbar beschriftet, sodass alle Mitarbeitenden erkennen können, welche Abfälle wo hineingehören?
- Sind die Abfallcontainer so aufgestellt, dass diese für alle Mitarbeitenden gut zugänglich sind? Braucht es Trittleitern, damit die Container gut befüllt werden können?
- Gibt es für die Abfallcontainer definierte Stellplätze, sodass niemand Zeit verliert mit unnötiger Suche? Markieren Sie am Boden die vorgesehenen Stellplätze.
- Haben Sie an den Abfallcontainern Pressen stehen, die voluminöse Materialien verdichten? Die Häufigkeit der Abholungen spart Zeit und Kosten.
- Gibt es einen Verantwortlichen für das Thema Abfall? Die Verbände und Kammern bieten zu dem Thema auch Schulungen an.
- Nutzen Sie beim innerbetrieblichen Transport Schutzverpackungen? Sind diese wirklich notwendig? Und sind diese noch zeitgemäß? Haben Sie genau analysiert, wie hoch der Material- und Zeitaufwand für diese Verpackungen ist?
- Müssen die von Ihnen genutzten Verpackungen über ein Duales System entsorgt werden? Prüfen Sie die Systembeteiligungspflicht[61].

Die EU-Verpackungsverordnung, die im Rahmen des Green Deals Mitte 2024 vom europäischen Parlament verabschiedet wurde, soll eine weitere Kehrtwende bringen. Weniger Verpackung, mehr Mehrweg, weniger schädliche Stoffe[62]. Bis 2030 sollen alle Kunststoffverpackungen in Europa recyclingfähig oder wiederverwendbar sein. Die packaging waste regulation wird ab spätestens 2030 den Kostendruck verschieben, deshalb sollten Sie sich mit diesem Thema umgehend beschäftigen:

- Die Schutzfunktion der Verpackung (mechanischer Schutz, thermischer Schutz, Schutz vor Oxidation, Schutz vor Feuchtigkeit oder Austrocknen …) sollte in einem guten Verhältnis zur Anfälligkeit und Wertigkeit des Produkts gewählt werden. Dabei ist zu bedenken, dass eine unzureichende Verpackung die Haltbarkeit der Produkte drastisch verkürzen kann und damit den Ressourcenverbrauch erhöht.
- Die Verpackungsgröße sollte sich möglichst nah am Volumen des Produkts orientieren. Hiermit wächst in der Regel der Transportschutz, da es zu weniger unkontrollierten Produktbewegungen während des Transports kommt.

---

61 *https://www.verpackungsregister.org*

62 *https://www.europarl.europa.eu/news/de/press-room/20240419IPR20589/neue-eu-vorschriften-weniger-verpackungen-mehr-wiederverwendung-und-recycling*

- Die Rest-Entleerbarkeit hat einen wichtigen Einfluss auf die ökologische Gesamtbilanz einer Verpackung.
- Gegebenenfalls kann bei Standardverpackungen eine individuelle Anpassung an die Größe der tatsächlich verpackten Produkte vorgenommen werden, wodurch auch Lager, Porto- und Frachtkosten (und die Anzahl der Fahrten!) eingespart werden können.
- Als Füllmaterial können wiederverwendbare bzw. biologisch abbaubare und unschädlich zu entsorgende Stoffe genutzt werden wie Altpapier oder Maisstärke.
- Papier, Pappe und Karton sind international gut wiederverwendbar und recycelbar – ein Grund mehr, diese einfachen und bewährten Materialien zu nutzen.
- Das Ablösen von verklebten Papieretiketten von Kunststoffverpackungen ist oft ein Problem für das stoffliche Recycling. Lassen Sie sich fachkundig beraten – es gibt auch vegane, biologisch abbaubare Klebstoffe, die eine hervorragende Produktlebensdauerbilanz aufweisen.
- Auch für die Stretch-Folie zur Sicherung der Paletten gibt es Produkte mit einem hundertprozentigen Einsatz von nachwachsenden Rohstoffen, z. B. auf der Basis von Polylacticen (PLA). Großer Vorteil bei einer solchen 1:1-Umstellung: Ihre bestehenden Anlagen und Verfahren können weitergenutzt werden.
- Noch nachhaltiger ist der Einsatz von Schmelzklebstoffen zur Palettensicherung, über den der Verbrauch von Stretch-Folie um bis zu 90 % reduziert werden kann.
- Für Einwegpaletten oder auch für IBC-Container, gibt es Lösungen aus Karton.
- Mehrwegverpackungen stärken die Kundenbindung und das positive Image. Bei der Gesamtbilanz sind aber die zu erwartenden Transportwege zu berücksichtigen. Generell gilt: je regionaler, desto vorteilhafter.
- Bei entsprechendem Verpackungsdesign kann die Verpackung im Handel auch zur Produktpräsentation genutzt werden.
- Wenn sich Verpackungen nicht vermeiden lassen – dann sollten Sie unbedingt auf eine sortenreine Abgabe des Verpackungsmülls achten. Bei Ausschuss und Abfall Ihrer Werkstoffe kann sich dies auch amortisieren: Je reiner Sie z. B. Ihre metallischen Abfälle abgeben, Metallspäne verpressen oder brikettieren[63]) , desto höhere Preise können Sie verlangen und desto geringer werden die anfallenden Transportkosten.

---

63 *https://www.nc-fertigung.de/warum-ist-brikettieren-wirtschaftlich-oft-sinnvoll*

Um für eine konkrete Aufgabenstellung mit verschiedenen Verpackungsalternativen zu einem optimalen Ergebnis zu kommen, bietet die Effizienz-Agentur NRW seit 2023 eine App an, mit deren Hilfe Sie systematisch jeweils zwei Verpackungsalternativen auf Basis von bis zu 50 Indikatoren miteinander vergleichen können[64]. Diese sind fünf Schwerpunktbereichen (Produktschutz, Zirkularität, Umwelt, Anlagenauslastung und Kommunikation) zugeordnet und ermöglichen damit eine ganzheitliche Bewertung hinsichtlich der Einordnung der Nachhaltigkeit von Verpackungen. Die Verpackungsmatrix hilft, Transparenz zu schaffen, belastbare Datenquellen zu identifizieren und eine nachvollziehbare Dokumentation aufzubauen.

Über die aktuell in Europa gültigen Vorschriften zum Umgang mit Verpackungen informiert umfassend eine Übersicht der DIHK, die gemeinsam mit den Außenhandelskammern erarbeitet wurde[65].

Bild 6.51 Typische Verpackungsmaschine für thermoplastische Folien: groß und energiehungrig

Die alte Verpackungsmaschine der Firma Ultradex in Bad Säckingen[66] hat eine Leistungsaufnahme von 50 kW – bei einer Anwärmzeit von drei Stunden vor dem eigentlichen Verpackungsvorgang (Bild 6.51). In Zukunft wird das Unternehmen seine Whiteboards mit vorgefalzten Kartons schützen und laut dem Geschäftsführer Clemens Friedrich damit auch 80 m^2 Flächenbelegung in der Produktion sparen.

---

64 *https://www.ressourceneffizienz.de/leistung/ressourceneffizienz-beratung/verpackungsmatrix*

65 *https://www.dihk.de/resource/blob/33922/298df8c0d57d4a40c90eda074d90d93b/klima-dihk-broschuere-verpackungen-in-europa-data.pdf*

66 *https://www.ultradex.com/de*

Wenn Sie Ihre eigenen Verpackungen anwendungsspezifisch entwickeln möchten, empfehlen wir eine Studie des Umweltbundesamts (Schüler, 2019). Hier werden Handlungsfelder für Unternehmen zur Gestaltung einer recyclinggerechten Verpackung ihrer Produkte genannt:

- Substitution von PET-Folien durch Folien aus PE oder PP. Letztgenannte lassen sich schon heute mit hoher Güte als Sekundärmaterialien aus entsorgten Kunststoffen herstellen.
- Verringerter Einsatz von Kunststoffsorten, die keine Sortierfraktion darstellen (u. a. PVC, PA, PC vermeiden)
- Vermeidung von Packmittelkombinationen aus Papier/Kunststoff (z. B. offenes Fenster, statt Sichtfenster aus Kunststoff)
- Vereinfachte händische Trennbarkeit bei Packmittelkombinationen aus Papier/Kunststoff (z. B. keine Verklebung)
- Einsatz materialgleicher Etiketten und Verschlüsse
- Verzicht auf Etiketten durch direkte Bedruckung des Packmittels
- Substitution nicht recyclingfähiger Kleinteile durch größere Teile
- Bevorzugen von leicht und vollständig entleerbaren Verpackungen (damit keine Produktreste am Recyclingmaterial vorhanden sind)

Wenn Sie für ein Produkt die Verpackung umfassend optimieren wollen – also neben den THG- Emissionen auch weitere Kriterien der Nachhaltigkeit wie Auswirkungen auf die Biodiversität etc. mit einbeziehen möchten –, dann sollten Sie eine Lebenszyklusanalyse für alternative Verpackungskonzepte beauftragen. Diese Untersuchung ist zwar erst mal kostspielig, wird aber helfen, deutlich Kosten zu sparen: Die Retourquoten sinken, die Lebensdauer/Haltbarkeit der verpackten Produkte kann gesteigert werden, die Kosten lassen sich ggf. über Mehrwegesysteme reduzieren u. v. m. Der Inhaber eines großen südbadischen Recyclingunternehmens sagte sinngemäß:

> *„Früher haben wir Abfälle getrennt und daraus sortenreine Wertstoffe erzeugt. Heute sind wir in der Lage, über 200 verschiedene Qualitäten sortenreiner Rezyklate anzubieten. Wir sind also kein Recycling-Unternehmen! Wir sind ein Kunststoffhersteller, der als Ausgangsstoff Wertstoffe aus Dualen Systemen und Recyclinghöfen einsetzt!“*

Die größten Probleme für ein qualitativ hochwertiges und umfassendes Recycling von Kunststoffen sieht er darin, dass es oft an einer guten transparenten Zusammenarbeit zwischen den Herstellern von Kunststoffverpackungen und den jeweiligen Recyclingunternehmen fehle. Ein „design for recycling“ ist oft nicht gegeben. Gerade bei den Lebensmittelverpackungen werden verschweißte Verbundstoffe entwickelt, die sich nicht wirtschaftlich rentabel trennen und wiedergewinnen lassen.

6.4.3 Pflege und Aufbereitung alter Maschinen

Als besonderes Thema im Umgang mit ausgesondertem Material können alte, lange abgeschriebene Maschinen gelten. Viele Werkzeugmaschinen werden inzwischen von ihren Herstellern zurückgekauft und wiederaufbereitet („refurbished"). Das ist ein großer Beitrag zu einer stofflichen Kreislaufführung und Verbesserung der THG-Bilanzen. Es wird sich zeigen, ob sich dies in Zukunft auch über entsprechende Zertifikate wird nachweisen lassen (siehe Abschnitt 6.1.3).

Ein Beispiel für eine ressourcensparende Pflege des Maschinenparks: In der Tiengener Stadtmühle[67] finden sich Mühlen, die in den 1930er-Jahren gebaut wurden und seither von ihren Müllern immer wieder mit viel Liebe gepflegt und instandgesetzt wurden (Bild 6.52). Noch heute werden die Mühlen, Siebe und Schüttelwerke in den vier Etagen der Mühle über Lederriemen betrieben, die den Vorteil bieten, dass sie jederzeit selbst nachgespannt und repariert werden können (Bild 6.53). So werden die Schüttelsiebe von Bambusstangen getragen, deren Lebensdauer nach Aussage des Müllermeisters bis heute diejenige von synthetischen Produkten übersteigt (Bild 6.54).

Das Wissen über den sinnvollen Einsatz von Naturmaterialien scheint uns in vielen Bereichen verloren gegangen zu sein. Nehmen Sie bei allen Effizienzstrategien auch immer wieder die Tradition in den Blick und nutzen oder kopieren Sie altbewährte Techniken.

Bild 6.52 Historische Mühlen der Stadtmühle Tiengen: Eine motivierende Anregung zur Ressourcenschonung

[67] Bilder und Informationen mit freundlicher Genehmigung von Hr. Hilpert, Eigner der Stadtmühle Tiengen

Bild 6.53 Lederriemen als effiziente Kraftübertragung – die vom Müller selbst instand gehalten werden

Bild 6.54 Naturmaterialien – hier Bambusstangen – weisen oft erstaunlich langlebige Eigenschaften auf

6.4.4 Sekundärmaterialien und regionale Stoffströme

Bei der Verwendung von Sekundärmaterialien spielen auch die Wege, die von den Rohstoffen und Produkten zurückgelegt werden, eine zentrale Rolle. Auf unserer Landkarte befinden wir uns nun in einer Terra Incognita und es müssen neue Geschäftsmodelle der Kreislaufwirtschaft und regenerativen Wirtschaft entwickelt werden (Bild 6.55).

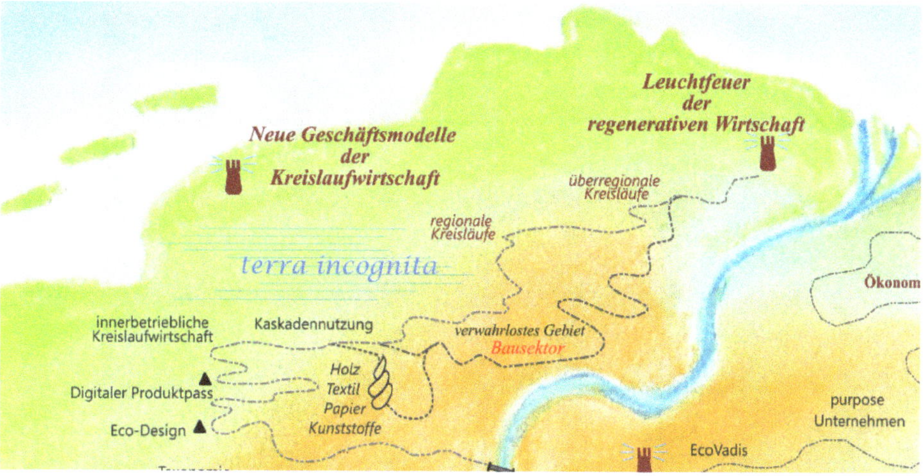

Bild 6.55 Neue Leuchtfeuer der Kreislaufwirtschaft führen zum Teil über unbekannte und verwahrloste Gebiete

Ein Beispiel: Ein Aufbereitungsbetrieb im südbadischen Rheinfelden bereitet seit rund 20 Jahren u. a. Gelbe Säcke des Wertstoffsystems Der Grüne Punkt[68] auf. Neben anderen Wertstoffen werden Granulate aus PE-HD, PP und PS gewonnen, die erneut z. B. im Spritzgussverfahren verwendet werden können. Diese Granulate werden dann bei einem Spritzgießer im nahegelegenen Albbruck weiterverarbeitet und kommen bei der Firma Frank Bürsten[69] in Schönau als Kunststoffgriffe der Schuhbürsten zum Einsatz. Alle drei Firmen befinden sich in der gleichen Region und liegen räumlich nah beieinander (Bild 6.56)!

Bild 6.56
Kunststoff aus dem Gelben Sack gewinnen und regional verarbeiten

---

[68] *https://www.gruener-punkt.de/de* … hier auch Informationen, ob Sie Ihre Verpackungen lizenzieren lassen sollten

[69] *https://www.frank-brushes.de*

Die Firma Alexander Bürkle aus Freiburg testete für den Aufbau einer Mehrwegverpackung, die im Kern einen Mehrwegbeutel aus 100 % rezyklierten PET-Flaschen enthielt, verschiedene Materialien, holte Kundenfeedback ein und initiierte Umbaumaßnahmen in der Logistik. Mit der parallelen Einführung eines neuen AutoStore-Lagers war es dann möglich, auftragsbezogen zu kommissionieren. Kleinteile werden pro Auftrag sortiert, ohne Wickelfolie gebündelt, verpackt und geliefert. Die Mehrwegbeutel ersetzen die Plastiktüten, in die bisher jeder Artikel einzeln verpackt wurde. In die Mehrwegbeutel kommen nun alle Artikel einer Bestellung (Bild 6.57). Allein dadurch werden etwa 22 Tonnen CO_{2e} pro Jahr eingespart (Bürkle, 2024). Die Firma erhielt für dieses Projekt den Klimaschutzpreis der Stadt Freiburg.

Bild 6.57
Mehrwegbeutel aus 100 % rezyklierten PET-Flaschen der Freiburger Firma Alexander Bürkle GmbH & Co. KG

Eine zusätzliche Motivation, Einwegkunststoffe künftig in den Produkten zu vermeiden, ist auch das neue Einwegkunststoff-Fondsgesetz[70)]. Für die rund 5000 Inverkehrbringer von Einwegverpackungen in Deutschland werden Gebühren eingeführt, mit denen die Kosten für die Städtereinigung künftig subventioniert werden sollen[71)].

Für die Umsetzung von Kreisläufen bieten sich auch Kooperationen an. In Südbaden haben sich beispielsweise einige Schreinereien zum Netzwerk restemoebel[72)] zusam-

[70] *https://www.gesetze-im-internet.de/ewkfondsg/BJNR07C0B0023.html*

[71] *https://www.haendlerbund.de/de/ratgeber/recht/einwegkunststofffondsgesetz*

[72] *https://restemoebel.net*

mengeschlossen. Seit Sommer 2019 bieten Schreinereien aus dem Raum Lörrach Möbel in Kleinserien an, die ausschließlich aus Resthölzern (und anderen Restmaterialien) hergestellt werden. Die Initiative sieht sich als Partner von Schreinereien, Bodenlegerbetrieben und Handelsunternehmen. Sie bieten eine Zusammenarbeit an: als Rohstofflieferant, der Restmaterialien für das Netzwerk sammelt. Oder als Produzent, der die anfallenden Restmaterialien zu Halbfertigteilen oder Möbelkomponenten verarbeitet. Das Netzwerk baut seinen Wirkbereich Schritt für Schritt aus: Stahlklammern werden dort aus gebrauchtem Stahlpackband gefertigt, Wäschesäcke aus Stoffresten hergestellt, die beim professionellen Abändern von Vorhängen anfallen.

Im Bausektor – mit seinem gewaltigen Anteil an anthropogenen CO_{2e}-Emissionen ein Sorgenkind im Klimaschutz – gewinnt der Recyclingbeton an Marktanteil. Thomas Kohler, Geschäftsführer der Firma Kohler Beton aus Engen-Welschingen, erläutert:

> *„Wir investieren in eine neuartige Waschanlage für Erdaushub, Gleisschotter und Abbruchmaterialien, um hochwertigen Recycling-Beton herzustellen. Dadurch werden kostbare Ressourcen wie Sand und Kies geschont. Bei Sand und Kies handelt es sich um einen begrenzten und nicht nachwachsenden Rohstoff, daher ist es naheliegend, diesen Rohstoff wieder zurückzugewinnen.*
> *Bei herkömmlichen Recycling-Beton-Verfahren kann dem Beton nur ca. 25 bis 40 % zerkleinertes Abbruchmaterial hinzugefügt werden. Bei dem neuen Verfahren wird das Material getrennt und nass ausgewaschen, was dazu führt, dass 100 % rezyklierte Gesteinskörnungen für die Betonherstellung verwendet werden können (Bild 6.58).*
> *Die gesamte Anlage wird über einen geschlossenen Wasserkreislauf mit Wasser versorgt und anfallendes Waschwasser wird aufbereitet und wiederverwendet.*
> *Die Fläche unter der Anlage wird aus wasserundurchlässigem Beton, aus eigener Produktion, absolut dicht hergestellt. Somit ist gewährleistet, dass kein Wasser aus der Anlage in die Umgebung gelangt. Durch die neue Wasch- und Betonmischanlage wird sich der Strombedarf allerdings mehr als verdoppeln, daher planen wir eine große Freiflächen-Photovoltaikanlage im Megawattbereich, die auf einem ehemaligen Abbaugebiet installiert werden soll.“*

Laut Geschäftsführer Thomas Kohler verursacht dieser neue Recycling-Beton keine Mehrkosten gegenüber dem herkömmlichen Beton. Mit steigenden Rohstoffpreisen bei Sand und Kies wird der Recyclingbeton langfristig zu einer Kostenersparnis führen.

Bild 6.58 Die neue R-Beton-Anlage der Fa. Kohler (Bild mit freundlicher Genehmigung von Thomas Kohler)

Das Waschen von Boden respektive Erdaushub, Recyclingmaterialien und Gleisschotter für die Herstellung von Recycling-Beton wird in Deutschland noch so gut wie nicht praktiziert. Diese innovative Aufbereitungsanlage stellt somit ein neues Geschäftsfeld in der Steine- und Erden-Industrie und ein Alleinstellungsmerkmal für das Kieswerk Kohler dar. Dabei werden Stoffkreisläufe geschlossen, Upcycling betrieben und natürliche Rohstoffvorkommen sowie Abbauflächen geschont. Recycling-Beton ist ein Produkt, das in der benachbarten Schweiz seit vielen Jahrzenten akzeptiert ist und laut einer Studie der RWTH Aachen im Bereich Hochbau ca. 80 – 90 % der benötigten Betonmengen ersetzen kann.

Ein weiteres Beispiel liefert die Firma Büscher[73]. Sie erhielt 2021 die allgemeine bauaufsichtliche Zulassung (abZ) für tragende und nichttragende Innenwandelemente aus Recyclingbeton mit 100 % Natursteinersatz. In ihrer Produktion werden die Rohstoffe Kies und Sand komplett durch gemischtes Abbruchmaterial ersetzt.

Hier noch einige weitere Ansätze zur Rückgewinnung regionaler Stoffströme, die Impulse für neue Geschäftsideen liefern können:

- In verschiedenen Pilotprojekten wird die Rückgewinnung von Wert- und Nährstoffen aus kommunalen Abwässern erprobt. Es zeigt sich, dass neben Biogas und Strom auch Phosphor, Stickstoff und organische Kohlenstoffe (Formiate) wirtschaftlich gewonnen werden können[74]. Die Abwasserreinigungsanlage befindet sich auf dem besten Weg, eine kreislauforientierte Bio-Raffinerie zu werden.

- Das positive Potenzial der Pflanzenkohle hat sich in den letzten Jahren immer deutlicher gezeigt[75]. Sei es als Nahrungsergänzung für Tiere, als Wasser- und Nährstoffpuffer für Acker- und Grünflächen, als CO_2-Speicher und Strukturver-

[73] *https://www.zurueckfuerdiezukunft.de*

[74] *https://www.umwelttechnik-bw.de/de/rokka*

[75] *https://german-biochar.org*

stärkung von Baumaterialien bis hin zum Asphalt. Es gibt sehr viele neue Anwendungen, in denen der Einsatz eines modern gewonnenen CO_2-Speichers aus Grünschnitt und Altholz sinnvoll zum Einsatz kommt (Bates & Draper, 2021). Ein Gebiet, das Gedankenanstöße gibt[76] und für die CO_{2e}-Kompensation auch international anerkannte Standards entwickelt hat[77]. Es stehen viele modulare Anlagen Verfügung[78], die aber weiterhin eine engmaschige Betreuung durch das Betriebspersonal brauchen.

6.4.5 De-Fossilisierung: Neue Ansätze, nicht nur in der Kunststoffwirtschaft

Mit der Suche nach technischen Alternativen zu den fossilen Rohstoffen werden vermehrt nachwachsende Rohstoffe in den Blick genommen. Unter dem Titel „Bioökonomie" entsteht ein neuer Wirtschaftsbereich, dem auch im Rahmen der Klimaschutzmaßnahmen des Landes Baden-Württemberg eine besondere Förderung zukommt. In der Landesagentur für Umwelttechnik und Ressourceneffizienz Baden-Württemberg, der UTBW[79] in Stuttgart, wurde 2024 eine eigene Abteilung zur Förderung und Vernetzung neuer Ansätze installiert. Im Kontext der Kunststoffherstellung zeichnen sich insbesondere zwei Pfade zur Substitution von fossilen Rohstoffen ab:

- Der Einsatz nachwachsender Rohstoffe wie z. B. Stärke (Mais), Zucker, Holz, Pflanzenöl, Naturkautschuk[80]
- Der Einsatz synthetischer, auf elektrolytischer Basis erzeugter Zwischenprodukte (wie Ameisensäure)

Auch auf unserer Landkarte befinden wir uns zwischen den zwei Pfaden (Bild 6.59).

Den ersten Pfad beschreitet seit Jahren schon die Firma Tecnaro[81], ein Lieferant für Biokunststoffgranulate. Tecnaro hat gezeigt, dass vielfältige Alltagsprodukte (Möbel, Haushaltswaren[82], Spielwaren, aber auch technische Komponenten, 3D-Druck-Materialien und Verpackungen) zuverlässig und kostengünstig auf Basis von nachwachsenden Rohstoffen erzeugt werden können und damit einen deutlich geringeren CO_2-Fußabdruck hinterlassen, nach Gebrauch biologisch abbaubar oder kompostierbar und recyclebar sind.

---

[76] Siehe hierzu auch die umfangreichen Grundlagenarbeiten von Hans-Peter Schmidt, *https://www.ithaka-institut.org/de*

[77] *https://www.carbon-standards.com/de/home*

[78] *https://www.biomacon.com* oder *https://www.sp-sc.de/vario-xs-vollautomat*

[79] *https://www.umwelttechnik-bw.de/de*

[80] *https://biooekonomierat-bayern.de*

[81] *https://www.tecnaro.de*

[82] *https://www.magu-geschirr.com*

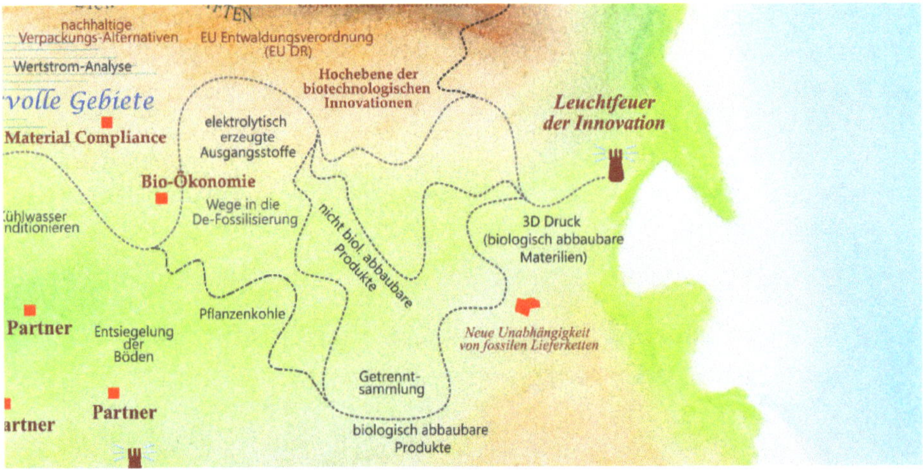

Bild 6.59 Viele Wege führen durch das Gebiet der De-Fossilisierung in neue Unabhängigkeiten

Einige Start-ups haben biotechnologische Verfahren entwickelt, um CO_2 aus Rauchgasen zur Herstellung elektrolytisch erzeugter Ameisensäure zu nutzen, die dann wiederum Proteine für Biokunststoffe liefert.[83] Einen Überblick über diesen neuen Industriezweig, die stoffliche Nutzung von CO_2 zur Gewinnung von Ameisensäure, Butanol, Hexanol, organischen und anorganischen Carbonaten und vielen weiteren Stoffen, seine etwaigen Umweltfolgen und seine verfügbaren sektorspezifischen Mengen – hat das Umweltbundesamt erstellt[84].

Neue Ansätze der Kreislaufwirtschaft sind für den umsichtigen Gebrauch von Kunststoffen wichtig. Hier geht das Geschäftsmodell der Firma cirplus[85] neue Wege. Sie bieten eine globale Plattform zum Handel mit Sekundärplastik und Kunststoffabfällen an. Ziel ist es, einen Marktplatz zu schaffen, auf dem Entsorger, Recycler, Kunststoffverarbeiter und weitere Akteure entlang der gesamten Wertschöpfungskette zusammengeführt werden können. Neben erhöhter Transparenz und der Zusammenführung der Akteure bietet die Plattform die Möglichkeit, mit Kunststoffabfällen zu handeln, und fördert so den Einsatz und das Recycling von Kunststoffrezyklaten (SCI4climate.NRW, 2021).

Aber auch im klassischen Handwerk gibt es Ansätze zur De-Fossilisierung. Der Bürstenhersteller aus Schönau im Wiesental[86] hat sich Lackiertrommeln bauen lassen, in denen Öle und Wachse gleichmäßig und rückstandsfrei über Sekundärkörper auf die Bürstenkörper verteilt werden (Bild 6.60) und so die Oberflächen seiner hochwerti-

---

[83] Siehe z. B. *https://nrwinnovativ.de*

[84] *https://www.umweltbundesamt.de/publikationen/umweltauswirkungen-der-stofflichen-nutzung-von-co2*

[85] *https://www.cirplus.com/de*

[86] *https://www.frank-brushes.de*

gen Bürstenkörper mit lösungsfreien Lacken oder Lacken auf der Basis nachwachsender Rohstoffe geschützt werden.

Bild 6.60 Lackiertrommeln zur gleichmäßigen Beschichtung der Holzkörper bei der Firma Frank Bürsten, Schönau im Schwarzwald

6.4.6 Die Digitalisierung betrieblich nutzen

Häufig werden Kellerräume, Dachgeschosse oder alte Lager als Stauräume genutzt – mit langen Regalen oder großen Kisten mit alten Aktenordnern, bei denen die Aufbewahrungszeit von zehn Jahren deutlich überschritten ist. Solche Papieransammlungen können jedoch häufig vermieden werden (Bild 6.61).

Bild 6.61
Viel Papier kann im betrieblichen Alltag vermieden werden

Datenmanagement überprüfen

Wenn nachfolgende Aussagen auf Ihr Unternehmen zutreffen, dann sollten Sie dringend Ihr Datenmanagement überprüfen:

- Wir leben seit vielen Jahren mit viel Papier in unserer Firma. Fast alle Angebote, Aufträge, Rechnungen, Korrespondenzen, Belege ... kommen über Papier ins Haus, werden im Sekretariat eingescannt, abgelegt und später auch gerne wieder ausgedruckt.
- Wir kaufen regelmäßig einen neuen Papier-Schredder, weil dieses Gerät bei uns halt jeden Tag gebraucht wird.
- Wir scheuen die Zusammenarbeit mit ausländischen, europäischen Firmen, weil die Korrespondenz über Englisch oder über Französisch laufen müsste.
- Wenn der Chef oder die Chefin längere Zeit nicht im Haus ist, dann haben wir ein Problem - weil wir wichtige Unterlagen nicht finden oder keine Ahnung haben, in welchem Stand die jeweiligen Auftragsverhandlungen sind.
- Von Regelterminen oder auch von Mitarbeitendengesprächen gibt es keine Protokolle - das dauert doch viel zu lange und die liest ja eh keiner.
- ChatGPT? Das ist doch nur eine Spielerei für junge Leute.

In der Digitalisierung solcher Vorgänge liegt ein großes Potenzial. Gut konzipiert, eingerichtet und verwaltet, kann sie eine Menge Zeit und Nerven und auch materielle Ressourcen sparen. Das aber dürfte gerade der Haken bei diesem Thema sein. Wenn Sie dieses Thema alleine angehen wollen, ist die Gefahr groß, dass Sie angesichts der Vielfalt und Komplexität des Themas in Sackgassen rennen. Die digitalen Medien sind in eine globale Landschaft eingebettet – auch hier können Sie keine Insel bauen!

Schon heute gehören Programmupdates, Server-Probleme, Backups, Datenkonflikte, Inkompatibilitäten, Virenschutz, die Pflege der Homepage und der Angebotsdatenbank u. v. m. zum Alltag. Es werden über die Künstliche Intelligenz neuer Programme wie ChatGPT und vieler weiterer Dienstleistungen in den nächsten Jahren ganz neue Lösungen und Kundenerwartungen hinzukommen, mit denen Sie sich schon heute beschäftigen sollten.

Wer sich erinnert, welche Vorteile das Internet oder später freie Wissensdatenbanken wie Wikipedia für die alltägliche Arbeit gebracht haben, kann sich gut vorstellen, was für ein Quantensprung uns mit der Einführung der KI bevorsteht. Verpassen Sie den Einstieg in diese Themen nicht! Auch hier braucht es ein langes Ausprobieren und Begutachten, um mit den neuen Technologien souverän umgehen zu können.

Verschaffen Sie sich Luft für diese wichtigen, langfristigen Themen der Digitalisierung, indem Sie auch hierfür möglichst viel Standardgeschäft delegieren. Finden Sie einen qualifizierten regionalen Dienstleister, der Ihre Sprache spricht und Ihr Geschäft versteht. Einen Dienstleister, der in der Lage ist, ein tragfähiges Konzept zu erstellen, das Ihr Unternehmen für die Zukunft gut aufstellt. Investieren Sie auch hier in die Weiterbildung. Ihre eigene Weiterbildung, aber auch die Ihrer Mitarbeitenden, die den Umgang mit neuen digitalen Werkzeugen erlernen müssen, um es zur Meisterschaft zu bringen.

Leitfragen für Ihren Rucksack

- Setzen Sie sich Ziele und Meilensteine für Ihre lange Reise in nachhaltige Wirtschaftswelten. Eine Treibhausgasbilanz bietet einen guten Überblick über den Status quo und hilft, langfristige Maßnahmenpakete zu definieren.
- Beginnen Sie Ihre Maßnahmen vor Ort mit wachem Blick für die örtlichen Gegebenheiten. Nachbarschaftliche Kooperation erleichtert die Anpassungen an den Klimawandel. Die örtlichen regenerativen Ressourcen (Sonne, Wasser, Holz ...) bieten dank verbesserter Technologien kräftige Unterstützung.
- Gehen Sie von innen nach außen vor. Verbesserungen an Ihren Gebäuden und der Infrastruktur erlauben es Ihnen, die variablen Kosten zu senken. Gehen Sie auf die Suche nach Blindleistungen, die sich über viele Jahre in der Infrastruktur und den Prozessen eingenistet haben.
- Bleiben Sie nicht bei Themen des Energiesparens stehen. Die Materialeffizienz winkt mit hohen Einsparungen, logistische Aspekte können den Arbeitsalltag deutlich erleichtern, für eine gleichmäßigere Auslastung sorgen und das gebundene Kapital reduzieren.
- Setzen Sie sich aktiv mit der Eco-Design-Richtlinie der EU[87)] auseinander. In diesem Kontext bieten sich viele neue Geschäftsmodelle an, die Ihr Unternehmen in eine neue Zukunft führen können!
- Beginnen Sie, in Kreisläufen zu denken. Verlassen Sie die linearen Pfade. Bei dem Design neuer Produkte, bei den Fertigungsverfahren, bei Roh-, Betriebs- und Hilfsstoffen entwickeln sich derzeit neue Ansätze. Nutzen Sie dazu Kooperationen – regional und überregional.
- Nehmen Sie bei all diesen Schritten immer auch Ihre Mitarbeitenden offen und einladend mit. Ein Rucksack darf gerne auch mal von anderen getragen werden. Ihre Mitarbeitenden werden Ihnen mit ihrer eigenen Expertise überraschende Impulse geben können.
- Feiern Sie Erfolge! Passen Sie Ihre Route und Ihre Etappenziele an Ihre neu gewonnenen Kenntnisse und Fähigkeiten an.

---

[87] *https://commission.europa.eu/energy-climate-change-environment/standards-tools-and-labels/products-labelling-rules-and-requirements/ecodesign-sustainable-products-regulation_en*

Literaturverzeichnis

Bates, A. & Draper, K. (2021). *Cool down.* München: oekom.

Blesl, M. & Kessler, A. (2013). *Energieeffizienz in der Industrie.* Heidelberg: Springer Verlag.

Bürkle, A. (Juli 2024). *Nachhaltigkeitsbericht 2023.* Von *https://alexander-buerkle.com/de-de/nachhaltigkeit-bei-alexander-buerkle* abgerufen.

Dietrich, M. (2023). *Beitrag industrieller Blindleistungskompensationsanlagen und -Verbrauch für ein innovatives Blindleistungsmanagement in der Stromversorgung Deutschlands.* FfM: ZVEI.

Dörr, C. (INEC). *Prozessoptimierung und Ressourceneffizienz im Kunststoffspritzguss durch konturnahe Kühlung und optimale Wasseraufbereitung.* 2021: Forschungsvorhaben MaFlmA.

Gries, H. (April 2010). *Kostenfaktor Korrosion.* Von *https://www.kunststoffe.de/a/fachartikel/temperieren-kostenfaktor-korrosion-257755* abgerufen.

Kleinertz, B., Faber, T. & von Roon, S. (2019). Vergleich und Bewertung verschiedener Speicherkonzepte für Nahwärmenetze der 4. Generation. Von *https://www.researchgate.net/publication/335988128* abgerufen

Mittelstandsinitiative. (2018). *Mittelstandsinitiative – Praxisleitfaden betriebliches Mobilitätsmanagement.* Von *https://www.mittelstand-energiewende.de/unsere-angebote/leitfaeden.html* abgerufen.

Neligan, A., Schleicher, C., Engels, B. & Kroke, T. (23. September 2023). *Digitaler Produktpass – enabler der circular economy.* Von Institut der deutschen Wirtschaft Köln e. V.: *https://www.iwkoeln.de/fileadmin/user_upload/Studien/Report/PDF/2023/IW-Report_2023-Digitaler-Produktpass.pdf* abgerufen.

Preis, V. (17. April 2024). Batteriespeicher. (V. a. Südwest, Interviewer)

Schmidt, M., Haubach, C., Preiß, M. & Vogt, A. (2023). *100 Betriebe für Ressourceneffizienz, Band 3 – Praxisbeispiele und Klimabilanz.* Pforzheim: Hochschule Pforzheim.

Schmidt, M., Nill, M. & Scholz, J. (28. September 2021). Die Bedeutung der Lieferkette für den Klimafußabdruck von Unternehmen. *Chemie Ingenieur Technik.* Von *https://doi.org/10.1002/cite.202100126* abgerufen.

Schüler, K. (2019). *Aufkommen und Verwertung von Verpackungsabfällen in Deutschland im Jahr 2017. Abschlussbericht.* Mainz: Umweltbundesamt, GVM Gesellschaft für Verpackungsmarktforschung mbH.

SCI4climate.NRW (2021). *FACT SHEET: Einführung in die Circular Economy.* Köln: IW Köln.

TRUMPF (10. Januar 2025). *Trumpf Unternehmenskommunikation/Anwendungsbeispiele.* Von *https://www.trumpf.com/de_DE/produkte/maschinen-systeme/additive-fertigungssysteme* abgerufen.

Umweltbundesamt (Januar 2012). *Glossar zum Ressourcenschutz.* Von *https://www.umweltbundesamt.de/sites/default/files/medien/publikation/long/4242.pdf* abgerufen.

7 Förderungen nutzen

Sie und Ihre Organisation unterstützen die Umsetzung der Ressourceneffizienz in Deutschland. Das unterstützt der Staat auch finanziell. Denn es ist klar: Nichthandeln wird wesentlich teurer werden.

7.1 Unterstützung beim Marktstart

Für fast jede betriebliche Aufgabenstellung gibt es eine attraktive Förderung[1] neuer Ansätze (Bild 7.1). Diese Programme sollen vor allem neuen, zukunftsweisenden Technologien und Geschäftsmodellen bei ihrem Marktstart helfen. Vonseiten des Bundes und der Bundesländer werden die Förderprogramme an die Unternehmensgröße angepasst. Kleinstunternehmen mit weniger als zehn Mitarbeitenden bekommen in den Standardprogrammen die höchsten prozentualen Förderquoten und die höchsten Fördersummen.

Viele dieser Programme sind jedoch nicht bekannt, ändern sich häufig, erfordern umfangreiche Anträge oder bereits kalkulierte Konzepte. Sie sind wie eine Fata Morgana schwer zu fassen und werden scheinbar umringt von schwer zu durchkämpfenden Sümpfen bürokratischer Unterscheidungen (Bild 7.2).

Bild 7.1 Förderpakete existieren für alle betrieblichen Aufgabenstellungen

---

[1] *https://www.energieagentur-suedwest.de/angebote/unternehmen/online-inforeihe-kmu-schluessel-zum-meistern-der-klimakrise.html*

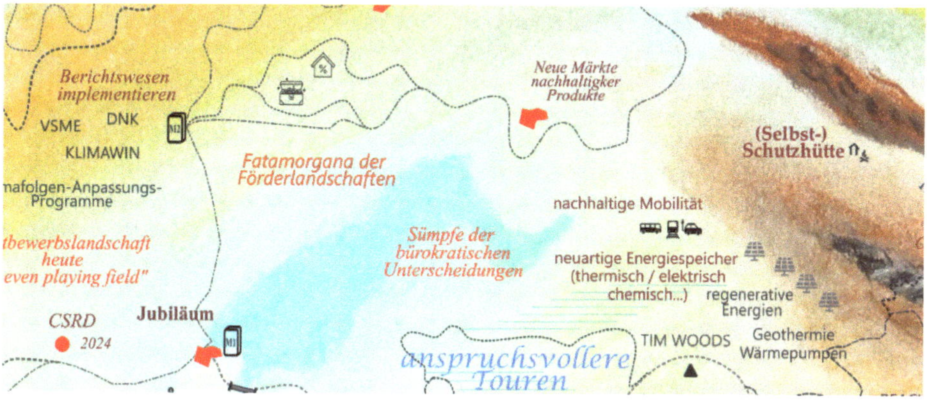

Bild 7.2 Liegen viele Themen zukünftiger Technologien wirklich unerreichbar jenseits einer Fata Morgana der Förderlandschaften und Sümpfe bürokratischer Unterscheidungen?

7.2 Tipps zu Förderung

> **!** Stellen Sie Ihre Förderanträge immer, *bevor* Sie eine Fremdleistung in Auftrag geben. Anderenfalls wird in fast allen Programmen keine Förderung zugesprochen. Bei vielen Förderprogrammen gibt es mittlerweile die explizite Möglichkeit, ein Projekt nach Antragstellung auf eigenes Risiko schon zu beginnen, ohne ein förderschädliches Verhalten zu riskieren. Aber der Antrag muss IMMER schon vorher gestellt werden!

Klären Sie möglichst früh mit Ihrer Hausbank, welcher Pfad in der Förderlandschaft für Ihr Unternehmen für eine konkrete Investition vorteilhaft ist: Die Höhe der Zuschüsse wird immer öfter an die avisierten Einsparungen von Energie oder Treibhausgasen durch die Investition in neue Technologien gekoppelt.

Nutzen Sie Förderkredite. Dabei handelt es sich um ein zinsgünstiges Darlehen mit langen Anlagezeiten, bei denen zum Teil auch ein Tilgungszuschuss gewährt wird. Diese Tilgungszuschüsse richten sich häufig nach den von Ihnen beabsichtigten Energie- oder THG-Einsparungen durch die Investition in neue Technologien. Bei Bedarf ist eine tagesaktuelle Suche in der bundesweiten Förderdatenbank[2] zu empfehlen. Fast alle Förderprogramme sind zeitlich limitiert und haben ein begrenztes Budget. Bei einem Vorhaben also zügig informieren und handeln!

---

2 *http://www.foerderdatenbank.de*

Parallel zu den Bundesförderungen gibt es günstige Angebote von den jeweiligen Landesbanken, z. B. in Baden-Württemberg von der L-Bank BW[3]. Um diese Angebote nicht zu verpassen, lohnt sich immer auch ein Blick auf die Homepage dieser Institutionen. Auch die Energieagenturen und Kammern bieten hier eine wertvolle Hilfe an, so in Baden-Württemberg z. B. die KEA[4] und die IHK[5].

Lassen Sie den Antrag von einer entsprechend qualifizierten und zertifizierten Beratung stellen, die das Programm kennt und Ihnen hilft, einen Antrag pünktlich und vollständig zu stellen. Die Bevollmächtigung erteilen Sie schriftlich, bezogen auf das konkrete Vorhaben.

Im Kontext Ihrer Reise in eine neue unternehmerische Zukunft möchten wir die Förderungen in einer anderen Reihenfolge darstellen:

- Starten Sie mit schnell umsetzbare Maßnahmen! Am Anfang sollten Sie für Ihre Gebäude eine Energieberatung oder für Ihre Firma ein Energieaudit mit dem Ziel eines gesamthaften energetischen Sanierungskonzepts durchführen. Hierzu unterstützt der Bund über die BAFA, wenn auch mit abnehmender finanzieller Beteiligung[6].
- Um Ihre Gebäudehüllen dicht zu machen und an den Klimawandel anzupassen, stehen Landesmittel bereit. In Baden-Württemberg ist es das Klimaschutz-Plus-Programm[7], das baulichen Wärmeschutz, Heizung und Lüftungsanlagen fördert. Hier gibt es für jede eingesparte Tonne CO_{2e} 50 € Förderung pro Jahr, wobei mit einer Lebenszeit der Anlagen von 15 Jahren kalkuliert wird.

  Bundesweit gibt es Förderungen im Rahmen der Bundesförderung für effiziente Gebäude (BEG)[8], über die 15 bis 30 % der förderfähigen Kosten übernommen werden.
- In Baden-Württemberg wird die Anpassung an den Klimawandel[9] umfangreich gefördert. Vom NABU wird darüber hinaus unter dem Titel UnternehmensNatur aktive Beratung zur Umgestaltung von Firmenarealen angeboten[10].
- Um Abwärme Abwärme inner- oder außerbetrieblich zu nutzen, gibt es in Baden-Württemberg über das Klimaschutz-Plus-Programm[11] tatkräftige Unterstützung:

---

3 *https://www.l-bank.de*

4 *https://www.kea-bw.de/foerderdatenbank*

5 *https://www.ihk.de/stuttgart*

6 *https://www.bafa.de/DE/Energie/Energieberatung/Nichtwohngebaeude_Anlagen_Systeme/nichtwohngebaeude_anlagen_systeme_node.html*

7 *https://um.baden-wuerttemberg.de/de/klima/informieren-beraten-foerdern/klimaschutz-plus*

8 *https://www.bafa.de/DE/Energie/Effiziente_Gebaeude/effiziente_gebaeude_node.html*

9 *https://www.l-bank.de/produkte/finanzhilfen/klimopass.html*

10 *https://baden-wuerttemberg.nabu.de/natur-und-landschaft/aktionen-und-projekte/unternehmensnatur/index.html*

11 *https://um.baden-wuerttemberg.de/fileadmin/redaktion/m-um/intern/Dateien/Dokumente/4_Klima/Klimaschutz/Foerdermoeglichkeiten/KlimaschutzPlus/Infoblatt/KS-Plus-2021-Infoblatt-Abwaerme-bf.pdf*

Neben einer ersten kostenfreien Beratung durch die UTBW[12] gibt es über eine Direktförderung bis zu 18 000 € für die detaillierte Erstberatung (bis zu 75 % der Kosten) und bis zu 60 000 € (bis zu 75 % der förderfähigen Kosten) für die Projektanbahnung bis zur Beauftragung.

Auch der Bund engagiert sich hier kräftig. Er stellt eine Contracting Orientierungsberatung[13] bereit. Über die Bundesförderung für effiziente Wärmenetze[14] werden Neubauten und Bestandsnetze mit bis zu 50 % der Kosten gefördert.

- Für weitere größere Verbesserungen steht die Bundesförderung Energie- und Ressourceneffizienz in der Wirtschaft mit bis zu 60 % Förderungen für Querschnittstechnologien, Mess-, Steuer- und Regelungstechnik, energiebezogene Optimierung von Anlagen bereit. Für die Elektrifizierung kleiner Unternehmen gibt es besonders gute Förderungen[15]!
- Für die Implementierung eines Energiemanagementsystems stehen landesspezifische[16] und bundesweite[17] Mittel bereit.
- Eine grundsätzliche Orientierung bekommen Sie z. B. durch eine Treibhausgasbilanz, aus der sich ein Reduktionsplan ableiten lässt. Hier helfen regionale Programme wie z. B. in Südbaden der Zukunft.Raum.Schwarzwald, der gut die Hälfte der anfallenden Kosten für KMU übernimmt. Auch die Schulung Ihrer Mitarbeitenden wird in diesem Kontext gefördert. Oder Sie nutzen in Baden-Württemberg eine Landesförderung wie das Programm Unternehmen machen Klimaschutz[18].

  Alternativ können Sie einem Konvoi des Baden-Württembergischen Klimafit-Programms[19] beitreten, in dem fünf bis zwölf Unternehmen gemeinsam auf ihrem Weg begleitet werden. Sie haben auch die Möglichkeit, einem der bundesweit organisierten Energieeffizienz und Klimaschutz-Netzwerke beizutreten, für die es ebenfalls in einigen Bundesländern eine zusätzliche Förderung gibt.

  Bundesweit wird die Teilnahme über deutlich erhöhte Fördergelder und Förderquoten unterstützt. So erhöht sich die maximale Förderung in Modul 5 (Trans-

---

12 *https://www.umwelttechnik-bw.de/de/kompetenzzentrum-abwaerme*

13 *https://www.bafa.de/DE/Energie/Energieberatung/Nichtwohngebaeude_Anlagen_Systeme/Modul3_Contracting_Orientierungsberatung/modul3_contracting_orientierungsberatung_node.html*

14 *https://www.bafa.de/DE/Energie/Energieeffizienz/Waermenetze/Effiziente_Waermenetze/effiziente_waermenetze_node.html*

15 *https://www.bafa.de/DE/Energie/Energieeffizienz/Energieeffizienz_und_Prozesswaerme/Modul6_Elektrifizierungsmassnahmen_KU/modul6_elektrifizierungsmassnahmen_ku_node.html*

16 *https://um.baden-wuerttemberg.de/fileadmin/redaktion/m-um/intern/Dateien/Dokumente/4_Klima/Klimaschutz/Foerdermoeglichkeiten/KlimaschutzPlus/Infoblatt/KS-Plus-2021-Infoblatt-Info-EM-KMU-bf.pdf*

17 *https://www.bafa.de/DE/Energie/Energieeffizienz/Energieeffizienz_und_Prozesswaerme/Modul3_Energiemanagementsysteme/modul3_energiemanagementsysteme_node.html*

18 *https://um.baden-wuerttemberg.de/de/umwelt-natur/umwelt-und-wirtschaft/angebote-fuer-unternehmen/foerderprogramm-unternehmen-machen-klimaschutz*

19 *https://um.baden-wuerttemberg.de/de/klima/informieren-beraten-foerdern/klimafit*

formationsplan) der Bundesförderung Energie- und Ressourceneffizienz in der Wirtschaft von 60 000 auf 90 000 €, und kleine Unternehmen erhalten über den IEEKN-Bonus bis zu 70 % Förderung!

- Die Digitalisierung kleiner Unternehmen ist ein Querschnittsthema, das auch landesspezifisch gefördert wird. In Baden-Württemberg bietet sich hierzu von der L-Bank die Digitalisierungsprämie an[20],
- Für das betriebliche Mobilitätsmanagement kann auch ein Blick auf die Seiten des Bundesamts für Logistik und Mobilität nützlich sein[21]. Hier werden zeitweise innovative Konzepte attraktiv gefördert.

  In Baden-Württemberg wird die systematische Einführung eines betrieblichen Mobilitätsmanagements zudem über das Ministerium für Verkehr gefördert[22]: In einem ersten Schritt sind Analysen, Konzepterstellung und Kosten für das Projektmanagement förderfähig. In einem zweiten Schritt können konkrete Umsetzungsmaßnahmen und Investitionen gefördert werden, die als Ergebnis des Mobilitätsmanagementkonzepts durchgeführt werden sollen.
- Für größere Maßnahmen, die einen erkennbaren Beitrag zur Zukunftssicherung Ihres Betriebs leisten und ggf. auch Arbeitsplätze erhalten oder neue Arbeitsplätze schaffen, können Sie in Baden-Württemberg über die L-Bank günstige Kredite über das Entwicklungsprogramm Ländlicher Raum (ELR)[23] beantragen. Wichtig: Grundlage für die Förderung im ELR-Programm ist ein Gesamtkonzept der Gemeinde zur Standortentwicklung. Hier bündelt die Gemeinde ihre eigenen Vorhaben mit entsprechenden Vorhaben von Unternehmen oder Hauseigentümerinnen und Hauseigentümern.
- Wenn es um größere Transformationsprojekte geht, suchen Sie am besten in den aufgeführten Datenbanken. Kredite können vollumfänglich, also mit 100 % der kalkulierten Kosten, angeboten werden – mit Laufzeiten von 25 Jahren, was Ihre Planungssicherheit drastisch erhöht! Ein Beispiel dazu: Das kfw-Umweltprogramm[24] gewährt Kredite bis zu 25 Mio. € und belohnt natürliche Klimaschutzmaßnahmen mit einem Tilgungszuschuss von 60 %.

---

[20] *https://www.l-bank.de/produkte/finanzhilfen/digiplus-zuschuss.html*

[21] *https://www.balm.bund.de/DE/Foerderprogramme/foerderprogramme_node.html*

[22] *https://vm.baden-wuerttemberg.de/de/politik-zukunft/nachhaltige-mobilitaet/mobilitaetsmanagement/foerderprogramm-betriebliches-und-behoerdliches-mobilitaetsmanagement*

[23] *https://www.l-bank.de/produkte/wirtschaftsfoerderung/entwicklungsprogramm-landlicher-raum-elr-unternehmen.html*

[24] *https://www.kfw.de/inlandsfoerderung/Unternehmen/Energie-und-Umwelt/F%C3%B6rderprodukte/Umweltprogramm-(240-241)*

- Bei Neuentwicklungen unterstützt der Bund mit der Innovationsberatung für kleine Unternehmen bei der Potenzialanalyse und dem Realisierungskonzept[25].
- Für Vorhaben in der industriellen Bioökonomie werden bundesweit z. B. 50 bis 80 % der Kosten vom Ministerium für Wirtschaft und Klimaschutz[26] übernommen. In Baden-Württemberg wird die Bioenergie in ländlichen Räumen über die L-Bank gefördert[27].

Leitfragen für Ihren Rucksack

- Nutzen Sie die breit gestreuten Förderprogramme von Bund und Land als langfristige Unterstützung auf Ihrem Weg.
- Nutzen Sie dazu die Beratungsangebote Ihrer Hausbank, Ihrer regionalen IHK und unabhängiger Einrichtungen wie Energieagenturen, um einen guten Überblick zu gewinnen.

---

25 *https://www.innovation-beratung-foerderung.de/INNO/Redaktion/DE/Dossiers/go-inno_foerdermodell.html?docId=9d8e1000-3372-40a0-a196-5035adf1ccd4*

26 *https://www.bmwk.de/Redaktion/DE/Dossier/industrielle-biooekonomie.html*

27 *https://www.l-bank.de/produkte/wirtschaftsfoerderung/energie-vom-land-bioenergie.html*

8 Netzwerke und Synergien nutzen

Wer in einer vernetzten, chaotischen Welt unterwegs ist, braucht starke Wegbegleiter. Diese finden sich nicht nur innerhalb der Organisation, sondern auch und vor allem außerhalb der Organisation. Kooperation vor Konkurrenzdenken, miteinander und voneinander lernen. Das ist für einige Unternehmen vielleicht noch neu und doch wichtig.

8.1 Regionale und überregionale Netzwerke

Bei den Wirtschaftsförderungen, Innungen und Kammern sind seit vielen Jahren Energie- und Nachhaltigkeitsexperten tätig, die entsprechende ERFA-Kreise, Themenkreise und Kontaktbörsen organisieren, bei denen sich zueinander passende Unternehmen finden können und teilweise sehr passgenau eigene Themen bearbeiten und voneinander lernen können (Bild 8.1).

Nehmen Sie Kontakt mit diesen Organisationen auf, lernen Sie Menschen mit ähnlichen Problemlagen kennen, lernen Sie voneinander und setzen Sie ggf. auch gemeinsam Dinge um.

Die IHK-Plattform Unternehmensnetzwerk Klimaschutz (UNK) vernetzt Unternehmen, die aktiv zum Klimaschutz beitragen und sich zukunftsfest aufstellen wollen. Das Netzwerk richtet sich insbesondere an kleinere Unternehmen und Mittelständler. Die Informations- und Qualifizierungsangebote begleiten sie auf dem Weg zur Klimaneutralität. Herz des Projekts ist eine digitale Plattform für den Austausch von Wissen, Erfahrungen und Best Practices. In Zusammenarbeit mit Industrie- und Handelskammern bietet das UNK die interaktive Datenbank „KlimaGuide" als digitales Nachschlagewerk, zur Maßnahmenplanung und zum Einsparungstracking sowie kostenfreie Webinare (u. a. zum Thema Betriebliches Mobilitätsmanagement) und die Qualifizierung zum/zur „Betrieblichen Mobilitätsmanager/in" sowie von Auszubildenden zu „Energie-Scouts" an.

Um als Unternehmen Mitglied zu werden, registrieren Sie sich auf der UNK-Plattform[1)] und legen anschließend ein Unternehmensprofil an. Die Mitgliedschaft ist kostenlos.

Darüber hinaus bietet das IEEKN – die bundesweite Initiative für Energieeffizienz und Klimaschutz-Netzwerke[2)] – jederzeit die Begleitung in der Gründung, Koordination und Auswertung von Netzwerkaktivitäten an. Sie können also auch Ihr eigenes regionales Netzwerk gründen. Hier werden die unternehmerischen Aktivitäten sogar doppelt belohnt: Die teilnehmenden Unternehmen erhalten bei einigen Bundesförderungen abhängig von der Unternehmensgröße höhere prozentuale Förderquoten und höhere förderfähige Förderbeträge zugesprochen. So kann ein kleines Unternehmen mit weniger als 50 Mitarbeitenden z. B. für ein Vorhaben zur Planung und Umsetzung der eigenen Transformation hin zur Treibhausgasneutralität im Modul 5 der BAFA „Transformationsplan" bis zu 90 000 € bei einer Förderquote von bis zu 70 % der förderfähigen Kosten erstattet bekommen!

---

1 *https://www.klima-plattform.de*

2 Initiative Energieeffizienz und Klimaschutz-Netzwerke *(https://www.effizienznetzwerke.org)*

Bild 8.1 In allen Regionen Deutschlands gibt es aktive Energieeffizienz und Klimaschutz-Netzwerke der bundesweiten Initiative IEEKN[3]

Es bieten sich auch überregionale Netzwerke an. So gibt es in der Region Südlicher Oberrhein beispielsweise die Trinationale Metropolregion Oberrhein. Diese setzt sich aus den vier Teilgebieten Elsass, Nordwest-Schweiz, Südpfalz und Baden zusammen. Sie fördert über europäische Fördergelder und regionale Zuschüsse z. B. den Wissenstransfer zwischen Forschungseinrichtungen und KMU[4].

---

[3] *https://www.effizienznetzwerke.org/netzwerkkarte*

[4] *https://science.rmtmo.eu/de*

In vielen bundesweit engagierten Netzwerken aus Politik und Gesellschaft sind auch unternehmerische Expertisen für den anstehenden Umbau unseres Wirtschaftssystems sehr willkommen. Eines davon ist der BAUM e. V.[5], dem mittlerweile gut 800 deutsche Unternehmen angehören.

Sie können auch bei Normenausschüssen mitarbeiten und so Standards Ihrer Branche aktiv mitbestimmen.

8.2 Lokale Netzwerke und Kooperationen

Regionale Netzwerke werden in der Regel von thematisch qualifizierten Trägerorganisationen organisiert. Dies ermöglicht eine qualifizierte Begleitung der regelmäßigen Arbeitstreffen, eine professionelle Moderation, die zielgerichtete Auswahl von Fachreferenten für die Arbeitstreffen, die Unterstützung bei Förderanträgen u. v. m.

Aber diese offiziellen Netzwerke haben aufgrund ihrer relativ willkürlichen Zusammensetzung auch Nachteile: Die teilnehmenden Unternehmen haben selten unmittelbare Synergien, die sich im Alltag zu gemeinsamen Projekten umsetzen lassen. Schauen Sie sich in Ihrer Nachbarschaft um, oftmals liegt das Gute nur einen Fußmarsch entfernt. Die meisten Firmeneigner oder Führungskräfte haben die gleichen Sorgen:

- Nachwuchs- und Fachkräftemangel
- Unbekannte Attraktivität ihres Standorts
- Mangelnder ÖPNV auf dem Land
- Steigende Energiepreise
- Langsamer Fortschritt des örtlichen Nahwärmeausbaus
- Fluktuierende Auftragslage
- Hohe Kapitalbindung in Lagern, um Lieferengpässe zu vermeiden
- ...

Regionale Plattformen erleichtern ihren Mitgliedsunternehmen das Standortmarketing z. B. die Plattform SüdWestWork[6], die potenziellen Arbeitnehmenden auch Informationen rund ums Leben (Freizeit, Gesundheit, Kindergarten, Pflege ...) und Arbeiten (Arbeitgeber, Jobportale ...) und Ankommen (Wohnen, Organisieren, Netzwerken) anbietet.

---

5 *https://www.baumev.de*

6 *https://www.suedwestwork.de*

8.2.1 Synergien bei der Ausbildung nutzen

Die Ausbildungsinitiative HeDu[7] der Firmen Hectronic und Dunker im südbadischen Bonndorf vereint seit dem Jahr 2009 die jeweiligen Kernkompetenzen der beiden Firmen und bietet eine umfassende Ausbildung zum/zur Mechatroniker/in an. Die Ausbildungswerkstätten beider Unternehmen bieten gemeinsame Ausbildungen an – die Auszubildenden gewinnen Einblicke in beide Firmen, profitieren von beiden Ausbildungswerkstätten und erlangen Kenntnisse und Kompetenzen beider Unternehmen, die historisch unterschiedlich stark in der mechanischen Bearbeitung und elektrotechnischen Fragestellungen lagen. Inzwischen gibt es hier Studienangebote, die in Zusammenarbeit mit regionalen Dualen Hochschulen angeboten werden.

Der Zulauf zum Ausbildungsangebot HeDu ist riesig – und die beiden Firmen können sich trotz der nahgelegenen Schweiz, die mit höheren Einstiegsgehältern lockt, die besten Auszubildenden aussuchen.

Eine andere Form der Kooperation bietet die neu an der DHBW etablierte Qualifikation zum Nachhaltigkeits- oder Eco Scout an (Bild 8.2). Studierende unterschiedlicher Firmen und Studiengänge erhalten nach einer dreitägigen Einführung in Kernbereiche des Nachhaltigkeitsmanagements Zugang zu Partnerfirmen der DHBW – und lernen an konkreten betrieblichen Aufgabenstellungen, eigene Ansätze zu konzipieren und ggf. umzusetzen. Um dieses Angebot zu ermöglichen, haben sich neben der Energieagentur Südwest auch zahlreiche regionale Unternehmen bei der Konzeptentwicklung und der Umsetzung engagiert. Einige Unternehmen stellen sich jährlich als sogenannte „Fall-Geber" zur Verfügung, um im Praxisteil eigene nachhaltigkeitsbezogenen Aufgabenstellungen von kleinen Teams der angehenden Nachhaltigkeits-Scouts untersuchen zu lassen.

Bild 8.2
Erkennungszeichen der überbetrieblichen Nachhaltigkeitskurse – der neu geschaffene Nachhaltigkeits-Scout der DHBW Lörrach

---

[7] *https://www.hedu-ausbildung.de*

8.2.2 Nachbarschaftliche Nahwärmeversorgung

Häufig haben Firmen mit energieintensiven Prozessen keinen innerbetrieblichen Nutzen für ihre Abwärme. So werden z. B. in vielen Wäschereien Abkühlbecken betrieben, um die Abwässer vor dem Einleiten in die kommunalen Abwasserkanäle abkühlen zu lassen. Anstatt die Wärme in die Umgebung entweichen zu lassen, wären diese Abkühlbecken prädestiniert für einen Einsatz von Wärmepumpen, mit denen ihre eigenen, aber auch nachbarschaftliche Gebäude beheizt werden könnten.

Wenn Interesse bei den Nachbarn besteht, könnte eine Partei das Nahwärmenetz bauen und betreiben, oder ein Energie-Contractor übernimmt dies. Der zweite Weg ist oftmals attraktiver: Erfahrene Contractoren vermeiden Anfängerfehler, übernehmen die Planung und den Bau der Anlagen und handeln marktübliche Verträge für die Wärmelieferung bzw. -abnahme aus.

Für weiter entfernte Liegenschaften, für die sich die Investition in ein Nahwärmenetz (noch) nicht lohnt, gibt es mobile Alternativen. Nach Angabe der Swilar eeTec[8)] sind damit Wärmebereitstellungskosten von 70 €/MWh[9)] möglich.

Ein Praxisbeispiel für eine kommunale Kooperation wurde in Baden-Württemberg bei dem *Keffizienzgipfel* im Januar 2023 prämiert[10)]. Die Frank Bürsten GmbH speist ihre überschüssige Abwärme aus der Verbrennung von Holzspänen in das kommunale Nahwärmenetz ein, über welches das städtische Freibad, das Rathaus und eine Schule geheizt werden. Die technische Kooperation wurde über einen bekannten örtlichen Energieversorger, die Elektrizitätswerke Schönau, umgesetzt.

Dank des partnerschaftlichen Verhältnisses der Akteure wurde dann zur Zeit der Gas-Krise im Frühjahr 2023 noch eine weitergehende Möglichkeit der gemeinschaftlichen Vorsorge vereinbart: Für den Fall eines Versorgungsengpasses kann die Firma Frank Bürsten ihre moderne Hackschnitzelanlage auch für die Verbrennung weiteren Restholzes oder zugekaufter Holzpellets zur Verfügung stellen, um die örtliche Nahwärmeversorgung abzusichern. Hieraus hat sich inzwischen eine neue flexible Redundanz für den Ausbau des Wärmenetzes entwickelt: Die Feuerungsanlage der Firma Frank Bürsten liefert Nahwärme, wenn die vorhandenen Kapazitäten des Nahwärmebetreibers an ihre Grenzen kommen (Bild 8.3). Nach weiterem Ausbau der Wärmequellen des Netzbetreibers gibt es dann auch Phasen des Minimalbetriebs bei der Firma Frank Bürsten.

---

[8] *https://swilar-eetec.de*

[9] Kalkulation Juni 2024

[10] *https://www.baden-tv-sued.com*

Bild 8.3
Das Späne-Silo wird zum sicheren Energiepuffer der kommunalen Energieversorgung[11]

Auch der Zweckverband Laber-Naab hat beispielsweise eine Kooperation zur Abwärmenutzung umgesetzt[12]. Zusammen mit dem Kölner Rechenzentrumsspezialisten High Knowledge GmbH wurde ein neues, mit dem deutschen Umweltzeichen „Blauer Engel" zertifiziertes Rechenzentrum gebaut, welches mit dem Wasser des angrenzenden Wasserwerks gekühlt wird (Bild 8.4). Diese Kühlmethode ermöglicht erhebliche Energieeinsparungen gegenüber konventionellen, kältemittelbasierten Kühlmethoden mit mechanischer Kälteerzeugung und somit eine signifikante Einsparung von gut 3000 t CO_{2e}-Emissionen pro Jahr – eine Maßnahme, die mittlerweile über das Energie-Effizienz-Gesetz (EnEfG[13]) von allen Betreibern von Rechenzentren gesetzlich eingefordert wird.

Bild 8.4
Das blaue Rechenzentrum (Blue DC) bei Laber-Naab[14]

[11] Bild mit freundlicher Genehmigung der Firma Frank Bürsten, Schönau im Schwarzwald
[12] *https://www.klimaschutz.de*
[13] *https://www.gesetze-im-internet.de/enefg/BJNR1350B0023.html*
[14] Bild mit freundlicher Genehmigung der High Knowledge GmbH, *https://www.hknow.de*

Speziell für die Nutzung der Abwärme von Rechenzentren werden von Bytes2heat, einer Plattform der DENEFF und ihren Projektpartnern IWN und der Universität Stuttgart, hilfreiche Werkzeuge angeboten[15].

8.2.3 Neue Chancen gemeinsam erkennen

Wie lohnend es sein kann, miteinander zu reden, zeigt ein Beispiel aus Schopfheim. Auf Einladung des Runden Tisch Klima Lörrach und der Kompetenzstelle für Ressourceneffizienz (KEFF+) der Energieagentur Südwest kamen rund 50 Bürgerinnen, Unternehmerinnen und städtische Mitarbeiterinnen zusammen und tauschten sich zu dem Thema „Ressourcen vor Ort gemeinsam nutzen" aus (Bild 8.5).

Nach einführenden Kurzdarstellungen dreier engagierter Unternehmen ging es in einen Kleingruppenaustausch. Nach einer Stunde quoll das Flipchart über mit guten Ideen, die vom gemeinsamen Werkschutz, Einkaufsgemeinschaften, Parkraum- und Lagernutzung, Kantinennutzung, Regenwassernutzung, Grünflächengestaltung bis zur gemeinsamen Strom- und Abwärmenutzung reichten (Bild 8.6).

Bild 8.5 Lebhafter Austausch in einer Ideenschmiede (2024)

[15] *https://www.bytes2heat.com/tools*

Bild 8.6 Reiche Ernte an konkreten Vorschlägen zur Verbesserung der örtlichen Kooperation

Leitfragen für Ihren Rucksack

Je nach Interesse und Aufgabenstellung finden sich passende Netzwerke auf regionaler und überregionaler Ebene. Die Teilnahme kostet Sie Zeit – bringt Ihnen aber vielfältige Ideen, Hinweise, Einblicke und Synergien.

9 Das Geschäftsmodell überprüfen – die Geschäftsstrategie aktualisieren

Nehmen Sie Ihre Organisation genau unter die Lupe. Ist Ihr Produkt oder Ihre Dienstleistung noch zeitgemäß? Können Sie damit auch in der Zukunft erfolgreich wirtschaften? Welche äußeren Bedingungen in der Welt wirken auf Ihre Organisation und wie beeinflussen Sie die Welt? In diesen Fragen stecken Ihre langfristigen Chancen auf Innovation und Resilienz.

Mit der zunehmend raschen Veränderung der Kundenerwartungen, der technologischen Möglichkeiten, der politischen Rahmenbedingungen – und dem fortschreitenden Klimawandel – braucht es immer wieder den kritischen Blick auf das eigene Geschäftsmodell. Leistet Ihr Unternehmen einen wertschöpfenden Beitrag, der den Anforderungen unserer Zeit und künftiger Generationen gerecht wird? Die folgenden Fragen helfen Ihnen, die Zukunftsfähigkeit Ihres Unternehmens zu hinterfragen sowie blinde Flecken und kritische Risiken zu entdecken.

9.1 Nachhaltige Weiterentwicklung

Es gibt etwa 150 Bewertungsmaßstäbe für die Frage, wann ein Geschäftsmodell als nachhaltig eingestuft werden kann[1]. Inwieweit berücksichtigt Ihr Geschäftsmodell Nachhaltigkeitsaspekte? Wie nachhaltig ist Ihre Produktion? Setzen Sie konsequent den Ansatz der sich abzeichnenden Kreislaufwirtschaft um?

Wie nachhaltig ist Ihr Unternehmen?

- Wird der Produktlebenszyklus beim Produktdesign analysiert und entsprechend genutzt, um Produktvarianten unter Nachhaltigkeitsaspekten zu optimieren?
- Berücksichtigt das Unternehmen den Ressourcenverbrauch über den gesamten Produktlebenszyklus seiner Produkte und Dienstleistungen? Werden Geschäftsmodelle dahingehend untersucht?
- Werden auch die Rohstoffgewinnung, der Wasser- und Energieeinsatz, die entstehenden Emissionen entlang der gesamten Lieferkette berücksichtigt?
- Werden die Reparaturfähigkeit und die Rücknahme von Produkten beim Designprozess unterstützt?
- Wird bei der Auswahl von Fertigungsverfahren, Prozessen und Anlagen auf entsprechende Nachhaltigkeitskriterien geachtet? Wird bei der Auswahl von Maschinen und Anlagen auf die Vermeidung von gefährlichen Stoffen geachtet?
- Werden bei der Lieferantenauswahl Nachhaltigkeitskriterien und entsprechende Standards berücksichtigt?
- Werden bei der Distribution die Verpackungen und die Transportwege auf ihre Nachhaltigkeit hin bewertet und wird auf entsprechende Zertifizierungen der beauftragten Unternehmen geachtet?
- Was unternehmen Sie, um Ihre Geschäfte in aktiver Kooperation mit anderen Partnern zu tätigen?

Im Rahmen der EU-Taxonomie wurden umfangreiche Kriterien erarbeitet, die eine Einordnung nachhaltiger Wirtschaftstätigkeiten erlauben. Die technischen Bewertungskriterien und die Referenzwerte in der Verordnung (EU) 2021/2139[2] bieten einen guten Ausgangspunkt. Sie zielen sowohl auf die Einhaltung des Pariser Klimaabkommen als auch auf die Erfüllung der 17 Nachhaltigkeitsziele der UN ab und bilden damit eine gute Ausgangsbasis für den Aufbau nachhaltiger Prozesse.

Geschäftsmodelle müssen sich an veränderte Bedingungen anpassen und Nachhaltigkeitsaspekte werden dabei immer wichtiger. Auch wenn die Erfüllung solcher Anforderungen vielleicht erstmal Schmerzen mit sich bringen, so kann sich die Umsetzung in vielerlei Hinsicht auszahlen.

---

1 Eine umfassende Übersicht zu diesem Thema findet sich in (Ahrend, 2016)

2 *https://eur-lex.europa.eu/legal-content/DE/TXT/PDF/?uri=CELEX:02021R2139-20240101*

Nur sehr wenige Unternehmen sind nicht von globalen Lieferketten abhängig. Damit steigen auch die Risiken, die beispielsweise mit Lieferengpässen, plötzlich eingeführten Zöllen oder auch eine Überschwemmung bei einem Halbleiterlieferanten einhergehen. Sie sollten daher immer wieder Ihr Bild aktualisieren, ob Ihre aktuellen unternehmerischen Wege in Richtung einer Oase führen – oder ob Sie auf Ihrem eingeschlagenen Weg der lauernde Pleitegeier erwartet (Bild 9.1).

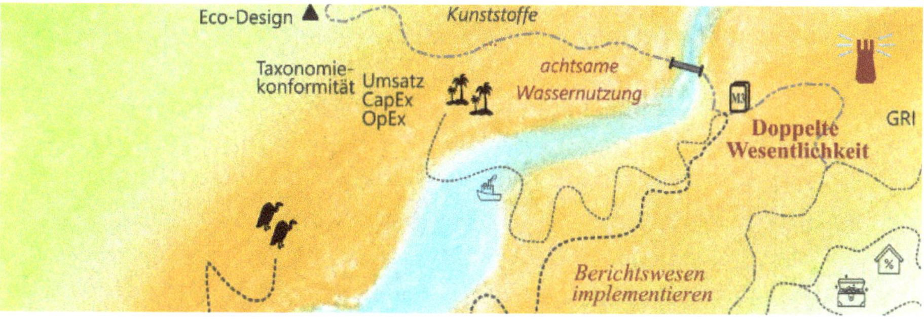

Bild 9.1 Die anstehenden Veränderungen können aktuelle Geschäftsmodelle empfindlich bedrohen. Eine aktive, systematische Beschäftigung mit diesen Veränderungen kann helfen, die Risiken klarer zu benennen und zu quantifizieren

9.2 Risiken und Chancen

9.2.1 Doppelte Wesentlichkeitsanalyse durchführen

Zentral bei jeder Geschäftsmodellentwicklung ist eine fundierte Chancen- und Risikoanalyse, so auch, wenn Nachhaltigkeitsaspekte bei der Geschäftsmodellentwicklung berücksichtigt werden sollen.

Fragen nach der „Umweltverträglichkeit" der unternehmerischen Aktivitäten haben im Rahmen der europäischen Corporate Social Responsibility Directive (CSRD[3]) ein völlig neues Gewicht erhalten und sind von großen Unternehmen im Gesamtbericht transparent darzustellen und zu bewerten. Dies vor allem deshalb, weil erkannt wurde, dass die direkten und indirekten Auswirkungen des Klimawandels und der damit einhergehenden Veränderungen einen massiven Einfluss auf die Geschäftstätigkeiten und ihrer Finanzierung haben werden. Im Rahmen der Nachhaltigkeitsberichte wird von den europäischen Aufsichtsbehörden von Unternehmen und Banken gefordert, die größten Risiken im Rahmen einer doppelten Wesentlichkeitsanalyse zu identifizieren, zu benennen und zu bewerten. Die doppelte Wesentlichkeitsanalyse

---

[3] *https://www.csr-in-deutschland.de/DE*

hilft, rechtzeitig für die wichtigsten Themen Vorsorge zu schaffen und die Investitionen zu lenken. Im Zentrum steht damit die Frage, wie ein Unternehmen so weiterentwickelt werden kann, dass es mit der Berücksichtigung von Nachhaltigkeitsaspekten krisensicherer und zukunftsfähiger wird.

Im Internet finden sich praxisorientierte Anleitungen zur doppelten Wesentlichkeit; wir empfehlen hier zum Einstieg die Anleitung der IHK Regensburg.[4]

Bild 9.2 veranschaulicht die doppelte Wesentlichkeit. Der Begriff „Wesentlichkeit" bedeutet, dass die Informationen wichtig sind; „doppelt" bezieht sich darauf, dass die Chancen und Risiken des Zusammenspiels des Unternehmens und der Welt aus zwei Perspektiven betrachtet werden. Die Aktivitäten des Unternehmens wirken in die Welt (Inside-out) und die Welt wirkt auf die Aktivitäten des Unternehmens (Outside-in).

Aus der Inside-out-Perspektive ist detaillierter zu betrachten, welche wesentlichen Auswirkungen die eigenen Geschäftstätigkeiten auf alle vor- und nachgelagerten Wertschöpfungsketten im ökologischen, ökonomischen oder sozialen Kontext haben oder haben können. Hierbei sind das Ausmaß, der Umfang und die Unabänderlichkeit der Auswirkungen darzustellen, wozu ein intensiver Dialog mit den Anteilseignern empfohlen wird[5].

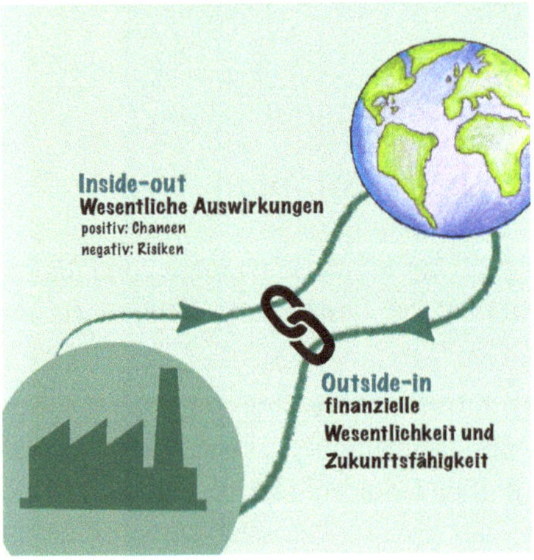

Bild 9.2
Die Chancen und Risiken des Zusammenspiels zwischen Ihrem Unternehmen und der Welt sind in beide Richtungen zu betrachten

Mit der CSRD gewinnt die Outside-in-Perspektive eine stärkere Bedeutung: Wie werden sich die Auswirkungen des Klimawandels und die immer dringender eingeforderten Nachhaltigkeitsaspekte in Zukunft auf das Unternehmen auswirken? Welche

---

4 *https://www.ihk.de/regensburg/fachthemen/nachhaltiges-wirtschaften/nachrichten-zur-nachhaltigkeit/neues-excel-tool-fuer-die-doppelte-wesentlichkeitsanalyse-6459182*

5 *http://data.europa.eu/eli/reg_del/2023/2772/corrigendum/2024-08-09/oj*

Chancen und Risiken ergeben sich aus den Nachhaltigkeitsanforderungen für die eigenen Geschäftstätigkeiten, die eigenen Führungsstrukturen, die Kapitalbeschaffung und für die Verfügbarkeit natürlicher, sozialer und personeller Ressourcen?

Von der Europäischen Kommission werden für die Outside-in-Perspektive wichtige Leitfragen gestellt[6]. Sie unterscheidet die Übergangsrisiken von den physischen Risiken, die mit dem zu erwartenden Klimawandel auf uns zukommen. Bei beiden sind jeweils die Eintrittswahrscheinlichkeit und das potenzielle Ausmaß der Effekte auf die eigene Unternehmung zu betrachten.

Bei den Übergangsrisiken handelt es sich um

- politische Risiken, die sich aus veränderten politischen Rahmenbedingungen ergeben, beispielsweise durch steigende CO_2-Bepreisung, verschärfte Verpflichtungen in der Klimaberichterstattung oder Regulierungen für bestimmte Produktgruppen.
- technologische Risiken, die sich aus disruptiver technologischer Entwicklung und damit zusammenhängender Verschiebung des Marktes zu emissionsärmeren Technologien ergeben, beispielsweise durch die Substitution bestehender Produkte und Dienstleistungen oder durch Kosten des Übergangs zu emissionsärmeren Technologien.
- rechtliche Risiken wie etwa Klagerisiken, die z. B. bei Nichteinhaltung von Rechtsvorschriften drohen.
- Reputationsrisiken, die z. B. aus der negativen Wahrnehmung der Stakeholder in Bezug auf den Beitrag der Organisation zum Klimaschutz resultieren.
- Marktrisiken, die sich z. B. aus veränderten Marktpreisen von Rohstoffen, Produkten und Dienstleistungen sowie durch Veränderungen des Kundenverhaltens ergeben.

Von diesen Übergangsrisiken sind die folgenden physischen Risiken zu unterscheiden:

- Akute Risiken sind i. d. R. ereignisgetrieben, z. B. durch Extremwetterereignisse wie Überschwemmungen und Stürme.
- Chronische Risiken ergeben sich durch grundlegende, konstante klimatische Veränderungen wie der Anstieg der globalen Durchschnittstemperaturen und veränderte Niederschlagsmuster.

Beide Perspektiven – Inside-out und Outside-in – müssen abhängig voneinander betrachtet werden. Wir beeinflussen mit unseren Aktivitäten die Welt und diese Beeinflussung wirkt auf uns zurück.

---

[6] *https://eur-lex.europa.eu/legal-content/de/TXT/PDF/?uri=CELEX:52019XC0620(01)*

Wenn Sie sich mit diesen Themen eingehender beschäftigen, gewinnen Sie eine neue Perspektive auf Ihr bisheriges Geschäftsmodell. Unweigerlich werden Sie Punkte finden, die ein „weiter so wie bisher" infrage stellen. Eine anfängliche Verunsicherung gibt allerdings Impulse für neue Ideen und neue Ansätze. Auch hier entsteht der Weg beim Gehen!

Checkliste zur Wesentlichkeitsanalyse

- Binden Sie Ihre Geschäftspartner und kommunalen Kontakte ein, damit ein rundes Bild entsteht.
- Notieren Sie Ihre größten Übergangsrisiken und Ihre wichtigsten lokalen physischen Risiken.
- Gleichen Sie diese Liste mit Ihren Geschäftspartnern („Stakeholder") und anderen Menschen ab, die Interesse an Ihrem Unternehmen haben.
- Etablieren Sie ein Kernteam für Ihr systematisches Nachhaltigkeitsmanagement.[7]

9.2.2 Das Berichtswesen implementieren

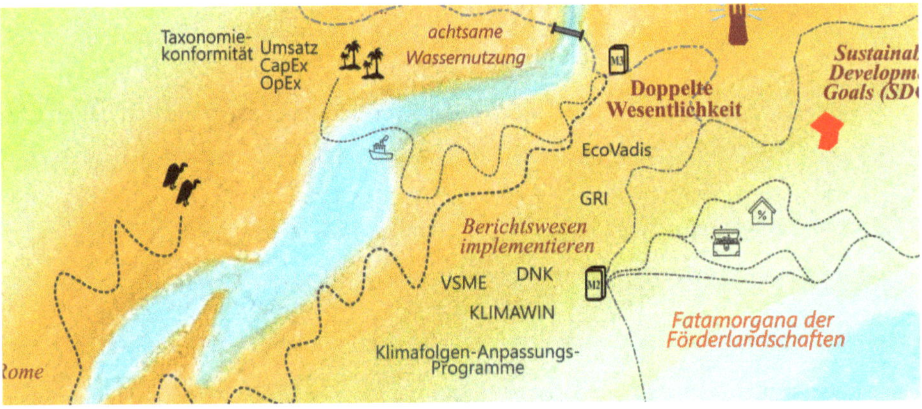

Bild 9.3 Das Berichtswesen kann als ein Tagebuch Ihrer Reise verstanden werden, welches es Jahr für Jahr zu aktualisieren gilt

Die Wesentlichkeitsanalyse hilft Ihnen, den Fokus auf die relevanten Themen zu lenken und systematisch die richtigen Fragen zu stellen sowie die passenden Zahlen, Daten und Fakten zu sammeln. Diese sollten dann alljährlich im Nachhaltigkeitsbericht zusammengestellt werden, um Ihren Fortschritt transparent zu machen. Sie

[7] Lassen Sie sich hier von Vorreitern inspirieren wie der Firma Vaude: *https://nachhaltigkeitsbericht.vaude.com/gri/vaude/wer-schreibt-diesen-bericht.php* oder der Firma Elobau: *https://www.elobau.com/de/nachhaltigkeit*

können die Nachhaltigkeitsberichterstattung wie ein Reisetagebuch verstehen (Bild 9.3). Welche Strecke wurde zurückgelegt? Wo gab es tolle Aussichtspunkte? Welche Gebiete waren eher schwierig? Wer hat Proviant geliefert? Haben die Schuhe gepasst? Was wurden sonst für Erfahrungen gemacht und was sollte bei der nächsten Reise besser gemacht werden?

Der Aufwand, die eigenen Geschäftstätigkeiten hinsichtlich ihrer Nachhaltigkeit umfassend zu prüfen und schriftlich nachzuweisen, ist sehr hoch. Große Unternehmen sind berichtspflichtig und drängen ihre Lieferanten, entsprechende Informationen offenzulegen. Auch die Banken werden von ihren Aufsichtsbehörden angehalten, sich für die Kreditvergabe zukünftig an Nachhaltigkeitsratings ihrer Kunden zu orientieren, siehe z. B. den neuen Leitfaden der Europäischen Bankenaufsicht (Authority, 2025).

Muss Ihr Unternehmen einen Nachhaltigkeitsbericht erstellen? Auch wenn Sie (noch) nicht unter die Berichtspflicht fallen sollten, passen Sie dennoch Ihre Prozesse und Systeme entsprechend an. Entwickeln Sie eine klare CSRD-Strategie, die festlegt, wie Nachhaltigkeitsziele integriert werden. Passen Sie Ihre Geschäftsmodelle entsprechend an. Machen Sie sich Schritt für Schritt mit dem Thema der Berichtspflicht und der Suche nach einem passenden Einstiegsformat vertraut. Binden Sie Ihre Mitarbeitenden ein: Nur wenn Prozesse „gelebt" werden, sind sie erfolgreich implementiert.

Wählen Sie aus den verschiedenen Berichtsformaten eines aus, das Ihnen einen guten Einstieg ermöglicht. Die abgefragten Datenpunkte sind bei vielen Berichtsformaten dieselben, je nach Berichtsformat unterscheidet sich die Tiefe[8]. Nachstehend eine Auswahl:

- Deutschlandweit bietet der Deutsche Nachhaltigkeitskodex[9] ein Berichtsformat an, das einen Schritt näher an die künftigen Berichtspflichten heranführt.
- Vonseiten der EFRAG wurde ein Berichtsformat entwickelt, das den Bedürfnissen der Mehrheit der KMU entgegenkommt und gleichzeitig die wichtigsten Kriterien des Nachhaltigkeitsratings der Finanz- und Kapitalgeber abdeckt. Der sogenannte „voluntary small and midsize enterprise standard" (VSME[10]) wurde aus dem äußerst umfangreichen Fragenkatalog der ESRS kondensiert und 2024 auf europäischer Ebene von Unternehmen und Verbänden kritisch revidiert. 2025 soll er in einen zweiten Review-Zyklus gelangen und dann zur Anwendung kommen.
- Zusammen mit dem Rat für Nachhaltige Entwicklung (RNE), der den Deutschen Nachhaltigkeitskodex (DNK) erarbeitet hat, entwickelt die Zentralstelle für Weiter-

[8] Schauen Sie bei Vorreitern nach, die ihr Berichtswesen über Jahre entwickelt und verfeinert haben, z. B. bei *https://nachhaltigkeitsbericht.vaude.com/gri/vaude/berichtsumfang.php*

[9] *https://www.deutscher-nachhaltigkeitskodex.de*

[10] *https://www.efrag.org/sites/default/files/sites/webpublishing/SiteAssets/VSME%20Standard.pdf*

bildung im Handwerk (ZWH) ein Online-Tool, das – auch mit KI-Unterstützung – eine einfache Berichterstellung im VSME-Format erlauben soll. Dieses Werkzeug wird Funktionen des bewährten E-Tools zur Dokumentation und Auswertung energiebezogener Daten integrieren und eine Schnittstelle anbieten, die den Import von Daten aus dem E-Tool erlaubt.

„Das E-Tool ist insgesamt ein gut strukturierter Einstieg in die Gesamtthematik „Nachhaltigkeit". Der Nutzer kann stufenweise entscheiden, wann er wie weit einsteigen möchte: Bei dem wichtigen Energiethema (Energiebilanz) starten (… und ggf. das eine oder andere Zusatztool nutzen, wie die Stromsteuer-Unterstützung oder das PV-Auslegungs-Modul), dann weiterarbeiten und eine Emissionsbilanz (Scope 1 und 2) nachschieben, im nächsten Schritt vielleicht über den (umfangreicheren und arbeitsintensiveren) Scope 3 die Ressourceneffizienzthematik angehen, und letztlich – wenn betroffen oder interessiert – die Daten ohne großen Aufwand in die Nachhaltigkeitsplattform schicken, um einen standardisierten VSME-Bericht zu erstellen."[11]

- Noch etwas umfangreicher zeigt sich ein Berichtsformat, das vom Bankenverband[12] schon 2023 vorgeschlagen wurde. Die hier abgefragten Kennzahlen sind näher an der Wesentlichkeitsanalyse orientiert und dienen damit direkter einer Risikobewertung der Unternehmensstrategie.

Aufgrund der Wesentlichkeitsanalyse und der Diskussionen mit wichtigen Geschäftspartnern sind Ihnen nach einiger Zeit die wichtigsten Datenpunkte und Themenfelder bekannt. Diese sollten Sie nun systematisch in Ihren Geschäftsprozessen hinterlegen, sodass diese bei Neuanlage von Datenpunkten mit gesammelt werden. Der Einkauf kann beispielsweise in seiner Lieferantenqualifizierung und Lieferantenbewertung wichtige Fragen und Kenngrößen zu Nachhaltigkeitsthemen aufnehmen. Diese können – so wie Preise, Qualitätsmerkmale und Lieferzeiten – in den Stammdaten hinterlegt und damit für das Berichtswesen verfügbar gemacht werden.

Der Aufbau relevanter Datenpools kann in Ihren schon bestehenden Datenbanken erfolgen. Dazu braucht es kein umfassendes Enterprise Management System. Nötig sind Fachleute aus den entsprechenden Unternehmensbereichen, die mit Ihnen die relevanten Daten definieren und deren ständige Aktualisierung organisieren.

Zum Einstieg bei Nachhaltigkeitsberichterstattung empfehlen wir den Zusammenschluss mit anderen Unternehmen. Auch hierzu werden landesspezifische Programme angeboten. In Baden-Württemberg wird beispielsweise über KLIMAWIN[13] ein Rahmenwerk angeboten, das einen niedrigschwelligen Einstieg gerade für kleine Unternehmen erleichtert.

---

[11] Marcel Quinten, GF der Saar-Lor-Lux Umweltzentrum GmbH/E-Tool Entwickler

[12] *https://bankenverband.de/nachhaltigkeit/welche-nachhaltigkeitsdaten-brauchen-banken-von-unternehmen*

[13] *https://www.nachhaltigkeitsstrategie.de/klimawin*

In Kapitel 13 finden Sie eine Übersicht über wichtige Referenzen, Rahmenwerke, Normen und Berichtsformate der Nachhaltigkeitsberichterstattung.

9.3 Beispiele gelungener Transformationen

Nachstehend finden Sie einige Beispiele, wie Geschäftsmodelle in Richtung Nachhaltigkeit erfolgreich weiterentwickelt wurden.

Ressourcenschonendes Logistikunternehmen

Francesco Grieco, Geschäftsführer der Acito Logistics[14], ein Logistikunternehmens in Weil am Rhein:

> *„Die Logistikbranche hat ein negatives Image. Das möchten wir ändern."*

Ein ehrgeiziges Ziel – zählt doch bei den meisten Kunden nur die Pünktlichkeit der Lieferung bei kleinstmöglichem Preis. Um hier einen Mehrwert anzubieten, baut die Firma auf ressourcenschonende Komplettpakete:

> *„Unsere Firma achtet seit ihrer Gründung vor zehn Jahren darauf, Leerfahrten zu vermeiden. Hierzu haben wir Sammelverkehre eingerichtet, z. B. über eigene Gateways. Wir setzen auf multimodalen bzw. kombinierten Verkehr. Das heißt, rund 90 % der Vor- und Nachlaufverkehre zu den Seehäfen erfolgt in der Kombination Bahn–Lkw oder Barge–Lkw. Aus diesem Grund haben wir unseren Standort auch nahe des Bahnterminals Basel Badisch Bahnhof und dem Rheinhafen Container Center in Weil am Rhein gewählt. Nur für die letzte Meile wird heute der Lkw genutzt, der nach und nach auf E-Truck umgestellt wird."*

Für einen ortsnahen Lieferanten der Automobilbranche werden beispielsweise Sendungen kundenspezifisch konfektioniert, verpackt, verzollt und versandt. Alle Abfälle wie Restholz der Paletten, gebrauchte Verpackungen, überschüssige Teile etc. werden sortenrein in die jeweiligen Stoffkreisläufe zurückgeführt. Das erzeugt Aufwand – wird aber von den jeweiligen Kunden als Zusatzwert für die eigenen Nachhaltigkeitsbemühungen verstanden und bei der Auftragsvergabe honoriert.

So entstand die Idee, auch auf der Lieferantenseite genauer hinzuschauen. „Wie können wir bei der Auftragsvergabe an Speditionen entscheiden, wie nachhaltig sie sind und damit andere Kriterien als den Preis berücksichtigen?" Diese Frage wurde einer Projektgruppe der Nachhaltigkeits-Scouts (siehe Abschnitt 8.2.1; Qualifikation an der DHBW) gestellt, die hierfür eine Entscheidungsmatrix erstellten und ein Konzept vor-

---

[14] *https://www.acito-logistics.eu*

legten, wie diese Matrix künftig auch für vernetze Transportwegen (z. B. Lkw–Bahn oder Schiff–Lkw) berücksichtigt werden könnte.

In der Vision des Unternehmers spielt auch die letzte Meile eine wichtige Rolle. Acito Logistics möchte hierfür in einigen Städten entsprechende Hubs einrichten, von denen aus über E-Fahrzeuge eine schonende Endauslieferung erfolgen kann.

Modehaus mit Kreislaufansatz

Ähnlich Ulrich Gröber, Modehaus MAY in Waldshut[15] (Bild 9.4):

> *„Die Produktion von Kleidung belastet die Umwelt, die Arbeitsbedingungen in den asiatischen Ländern sind teils katastrophal und nicht überall werden die Herstellenden fair behandelt. Doch auch nach der Produktion ist Kleidung ein Problem: Im Jahr 2020 wurden in Deutschland knapp 5 Kilo Kleidung pro Kopf weggeworfen. Wir als Einzelhändler für Mode und Sportbekleidung sind uns dieser Problematik bewusst und übernehmen Verantwortung, auch über den Verkauf der Kleidung hinaus. Deswegen arbeiten wir nicht nur am Sortiment und den angebotenen Marken, sondern wir schaffen mit dem May-Kreislauf eine Möglichkeit, Produkte auch nach dem Kauf nachhaltig weiter zu verwerten. Im Rahmen des Programms bieten wir verschiedene Möglichkeiten, Kleidung, die kaputt ist oder nicht mehr gefällt, weiter zu nutzen. Im hauseigenen Atelier kann die Kleidung nach Wunsch repariert oder aufpoliert werden. Sie kann aber auch über das Partnerprogramm Aktion Hoffnung abgeholt, sortiert und in den Second Hand der Aktion Hoffnung, den Secontiques, verkauft, an soziale Projekte gespendet oder über weitere Partner down- oder recycelt werden.[16]“*

Gemeinsam mit VAUDE, einem Hersteller von Outdoorkleidung, hat Herr Gröber seit zehn Jahren die Kooperation ständig intensiviert und weiterentwickelt. Heute wird das Angebot in dem von Herrn Gröber betriebenen VAUDE Store gemeinsam mit dem Hersteller definiert. Die Ware bleibt Eigentum der Firma VAUDE, bis der Verkauf an der Kasse eingebucht wird. Der Store wird im Sinne eines Konsignationslagers betrieben. Die nicht verkaufte Ware wird nur im Folgejahr als carry over nur moderat im Preis reduziert und folgt damit nicht den Gesetzen der Fast-Fashion-Branche. „Dort ist heute 30 % mehr Ware im Umlauf, als verkauft wird – und die Ladenhüter werden in schneller Abfolge entsorgt“, so Gröber. Anders in der Zusammenarbeit mit VAUDE: Verbleibende Restware geht zum Hersteller zurück, der sie für neue Sortimente und Produkte verwendet.

---

[15] Treffen „Runder Tisch Nachhaltiges Wirtschaften“; regionale Initiative der Wirtschaftsförderung Südwest GmbH mit der Energieagentur Südwest GmbH, der IHK Hochrhein-Bodensee und Prof. Dr. Claus Heinrich Daub, FHNW; *https://www.wsw.eu/projekte/veranstaltungsreihen.html*

[16] *https://www.may.de/de/unternehmen/engagement/unsere-verantwortung/may-kreislauf.html*

Bild 9.4 Im Verkaufsalltag integriert: Annahmestellen für die langlebige Verwendung der Kleidung

Restaurant mit fairen Preisen

Unweit von Modehaus May findet sich in Waldshut ein anderes Geschäft, das sich gegen den Trend des „fast und dirty“ positioniert hat: Das Restaurant Black Forest Burger[17)] bietet seinen Kunden hochwertigen Genuss aus der Region zu fairen Preisen. Rundum werden Zutaten, Zubereitung und Verpackung auf ihre Regionalität und Nachhaltigkeit geprüft und alle Speisen von Hand zubereitet. Die Preise orientieren sich dank eines Angebots für Schülerinnen und Schüler auch an der Zahlungsfähigkeit der Kunden.

Cloudbasierte Zapfsäulen

Hectronic[18)] in Bonndorf, ein weiteres Beispiel, bietet seit Mitte der 1950er-Jahre Parkuhren und Tankautomaten an. Durch die Zunahme der E-Mobilität musste dieses Geschäftsmodell angepasst werden. Denn aus technologischer Sicht ist es ein enormer Unterschied, digitalisierte elektromechanische Zählwerke für Kraftstoffe herzustellen oder digitale Park- und Abrechnungssysteme für die E-Mobilität, die zu zahllosen Bank- und Managementsystemen Schnittstellen halten müssen. Die robuste Zapfsäule wurde bei Hectronic durch moderne, cloudbasierte Lösungen ersetzt. Eine Veränderung der Wertschöpfungsprozesse, die sich quer durch die Firma zieht und sich auch im Leitbild der Firma widerspiegelt:

---

[17] *https://blackforestburger.de*

[18] *https://www.hectronic.com/int*

„Wir greifen dynamische Veränderungen im Markt auf und haben ein hohes Verständnis für die Bedürfnisse unserer Kunden und Nutzer unserer Produkte. Die daraus erwirtschaftete Profitabilität und Marktposition ermöglichen es uns, wegweisende Entwicklungen voranzutreiben und als technologischer Mitgestalter zu agieren."

(Hectronic, 2025)

Biozertifizierter Pferdehof

Christoph und Anja Maier, Rohrerhof in Sankt Peter, haben einen vormals klassischen Rinderhof auf eine moderne Pferdepension umgestellt (Bild 9.5 und Bild 9.6).

„Bis zum Jahr 2014 haben wir Milchkühe gehalten, danach komplett umgestellt auf Pferdehaltung, seit 2022 sind wir anerkannter Biobetrieb. Die Milchwirtschaft brauchte einen höheren Viehbesatz pro Hektar und einen höheren Wirtschaftsdüngeranteil mit Gülle. Dies hatte zur Folge, dass sich der Grasbestand einseitig entwickelte und beizeiten auch zu viele Nährstoffe in den Boden gelangten. Mit der Umstellung zur Pferdehaltung hat sich der Viehbesatz deutlich verringert, die Weiden und Wiesen konnten sich erholen und es konnte sich eine größere Pflanzenvielfalt auf der Fläche entwickeln. Auf manchen Wiesen sammeln wir heute wertvolle Wildkräuter!"

Bild 9.5 Klassische Viehhaltung auf dem Rohrerhof in Sankt Peter, Schwarzwald, vor zehn Jahren

Bild 9.6 Moderne Freiland-Futterstation auf dem Rohrerhof bei Sankt Peter heute: Über RFID-Chips wird der Zutritt der Pferde kontrolliert

„Die Milch wurde früher über eine Genossenschaft vermarktet, mit vorgegebenen Preisen. Bei der Pferdepension hingegen bestimmen wir heute selbst den Preis für die Einstellpferde. Und auch für die Tiere hat sich die Situation deutlich verbessert – die Pferde haben große Freiheit auf unserem Hof und können ein artgerechtes Leben führen. Sie entscheiden in ihrem Alltag, wo und mit wem sie unterwegs sind.

Nach wie vor bewirtschaften wir unseren Wald. Hier hat sich durch die Klimaerwärmung vieles verändert in der Nutzung. Früher gab es Forstentwicklungspläne, die den Bestand sicherten. Heute versuchen wird über verschiedene Maßnahmen, den Wald klimafit zu bekommen. Wir ersetzen trockenanfällige Baumarten, geben einer Naturverjüngung den Vorrang gegenüber einer Neuanpflanzung, damit die Bäume die Genetik des Waldes übernehmen und so resistenter werden. Ich nehme am Programm Klimaangepasstes Waldmanagement teil; hierbei bewirtschafte ich den Wald nach den folgenden Kriterien:

- *keine Flächenhiebe*
- *Anreicherung von Totholz*
- *Ausweisung von Habitatbäumen*
- *2 ha Flächenstilllegung (Bannwald)*
- *die Naturverjüngung wird einer Pflanzung vorgezogen*
- *weniger Rückwege*

Für die Teilnahme am Programm bekomme ich eine Entschädigung. Dennoch haben in unserem Forstbezirk nur 2 Betriebe von über 600 dieses Programm in Anspruch genommen."

(Maier, 2024)

9.4 Autarke Geschäftsmodelle

Angesichts der globalen Risiken wie beispielsweise Extremwetterereignisse, Lieferengpässe oder plötzlich neu auftretende Handelsbarrieren tritt in vielen Unternehmen vermehrt der Wunsch nach einem autarken Geschäft auf. Die Vorstellung einer Insel der Autarkie, auf der wir selbstgenügsam und selbstwirksam unsere Geschicke in die Hand nehmen und nicht von Wohl und Wehe der vielen anderen abhängen. Diese Vorstellung kann unsere Fantasie beflügeln und wichtige Ideen generieren.

Absolute Autarkie ist eine Illusion. Dennoch ist sie ein wichtiges Leitbild: Sie hilft uns, unseren individuellen Beitrag und unsere eigene Leistungsfähigkeit besser zu fassen. Und das Leitbild der Autarkie unterstützt uns, unsere vielschichten Einbindungen an den Orten, an denen wir tätig sind, wertzuschätzen. In vielen kleineren und größeren Kreisen können wir unsere dezentrale Autarkie gemeinsam mit anderen vor Ort stärken. Die intelligente dezentrale Energieversorgung ist ein Vorreiter, der wichtige Impulse für die gemeinsame Nutzung regenerativer Ressourcen vor Ort geben kann.

Auf unserer Karte finden Sie die Insel Autarkos (Bild 9.7). Ziehen Sie sich zumindest gedanklich für eine Weile dorthin zurück und schauen Sie, welche Bedürfnisse sich dort zeigen. Vielleicht machen Sie dies im Sinne einer Visionssuche: Was ruft mich, was ist der richtige Weg? Passt das Ziel noch? Mit wem sind wir gemeinsam stärker?

Nehmen Sie diesen Ansatz wörtlich und verbringen Sie einige Tage für diese Themen in der Natur. In den themenspezifischen Hinweisen findet sich auch dazu in Abschnitt 13.8 entsprechende Literatur.

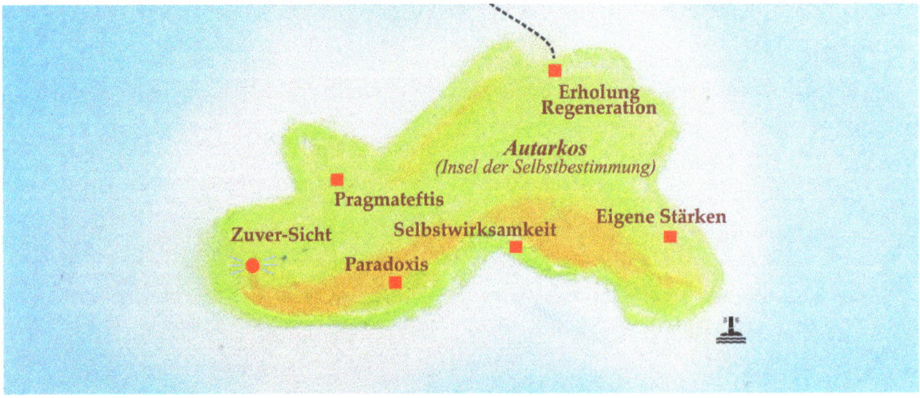

Bild 9.7 Die Insel Autarkos winkt mit scheinbarer Selbstbestimmung und Unabhängigkeit

Nutzen Sie Ihre persönliche Insel Autarkos, um Ihre persönlichen und Ihre geschäftlichen Kräfte neu zu justieren und Ihre Kooperationen vor Ort noch intensiver auszubauen.

9.4.1 Das Unternehmen weiterdenken

Die langfristige Perspektive auf Ihre Geschäftsentwicklung bringt weitreichende Fragen in den Blick: Welche Führungsstrukturen und welche Kapital- und Eigentumsverhältnisse bieten sich für eine langjährige und kontinuierliche Fortentwicklung an? Damit rückt auch die Nachfolgeplanung in ein neues Licht, denn neue Geschäftsmodelle werden vielleicht auch neue Führungskräfte brauchen.

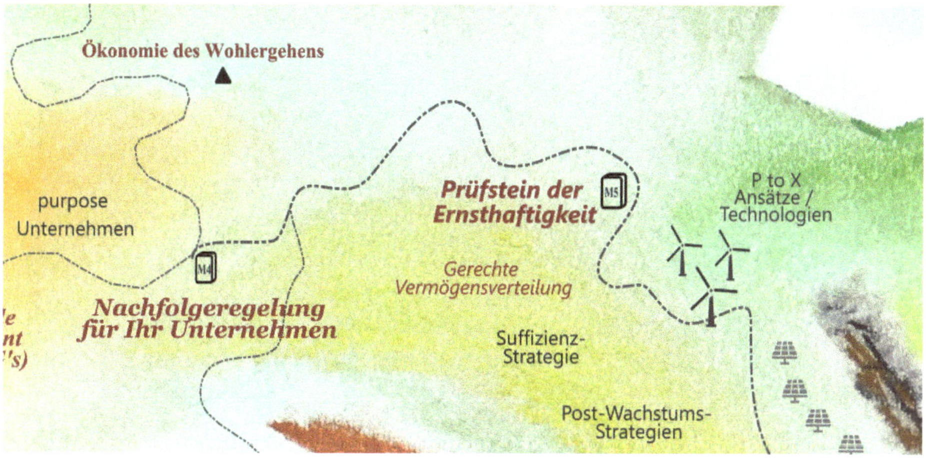

Bild 9.8 Die Nachfolgeregelung für Ihr Unternehmen ist ein wichtiger Meilenstein, den es recht früh im Blick zu halten gilt

Das Nachfolgeproblem (Bild 9.8) beschäftigt viele Unternehmen. Häufig lässt es sich nicht durch direkte Nachfolger lösen, sondern es wird nach alternativen Modellen gesucht[19], wie ein Unternehmen weitergeführt werden kann, beispielsweise über ein Stiftungsmodell oder über sog. „Purpose-Unternehmen", die die Gewinne der Unternehmen an einen sinnstiftenden Zweck binden[20].

Die Genossenschaft hat als Rechtsform den Nachteil, dass die Ausrichtung durch die Wahl des Vorstands sehr verändert werden kann. Die Aktiengesellschaft ist per se vor

[19] *https://gruenderplattform.de/green-economy/purpose-unternehmen*

[20] *https://purpose-economy.org/content/uploads/purpose_de_book_sep2020.pdf*

allem an Gewinnen orientiert. In den neuen Formen des Verantwortungseigentums werden deshalb vor allem zwei Prinzipien umgesetzt:

- Gewinne sind Mittel, um den Sinn und Zweck der Organisation zu verwirklichen.
- Entscheidungen werden von treuhänderischen, involvierten Eigentümern der Organisation getroffen.

Zur Umsetzung gibt es bereits verschiedene Modelle:

- Einzelstiftungsmodell
- Doppelstiftungsmodell
- Trust-Partnership-Modell
- ...

Wenn Sie diese Ideen ansprechen, nehmen Sie Kontakt auf mit Menschen, die diesen Weg schon gegangen sind. Im Rahmen der Gemeinwohlökonomie[21] finden sich zahlreiche bekannte und unbekannte Vorreiter.

Lassen Sie sich von den persönlichen Geschichten der Eigentümer ansprechen. In dem Buch „24 wahre Geschichten" (Hoffmann, Walcher & Dudek, 2021) finden Sie berührende Interviews und konkrete Beispiele, die Sie für Ihre eigene Reise nähren können. Uns haben vor allem die Beispiele von Wolfgang Heck, Gründer von Taifun Tofu, Michael Hetzer, Elobau, und Antje von Dewitz, VAUDE, sehr angesprochen.

Falls die Nachfolgeregelung für Sie ein Thema sein sollte, dann gehen Sie dieses rechtzeitig an. Schon bei konventionellen Geschäftsübergaben wird von Banken geraten, sich ab dem 40. Lebensjahr aktiv mit dieser Frage auseinanderzusetzen.

[21] *https://germany.econgood.org*

9.4.2 Nachhaltige Geldanlagen

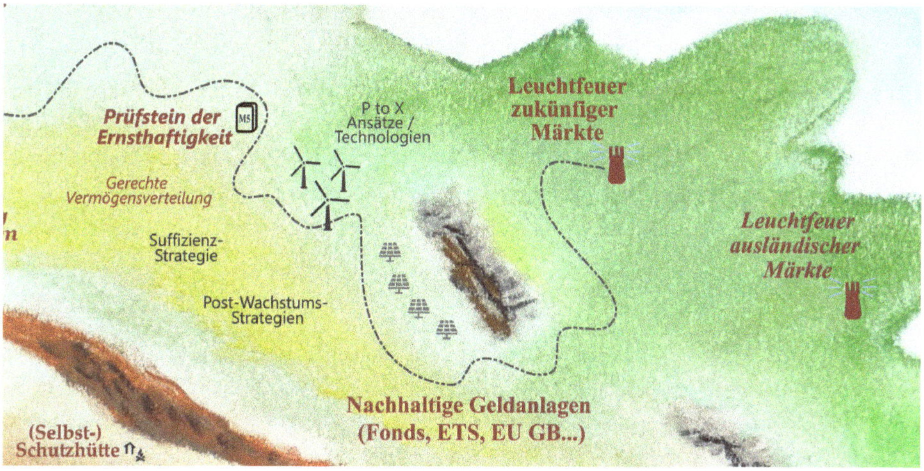

Bild 9.9 Über nachhaltige Geldanlagen können Sie Ihr Engagement auch in anderen Projekten spürbar werden lassen

Wenn Sie sicherstellen wollen, dass Ihr erwirtschaftetes Kapital in Ihrem Sinne für eine lebenswerte Zukunft arbeitet – dann sollten Sie auch hier genauer hinschauen (Bild 9.9). Einen guten Überblick über das Thema Geldanlagen gibt eine Publikation der Stiftung Warentest. Hier werden die in Deutschland anbietenden Finanzinstitute und ihre Fonds sorgfältig dargestellt und mithilfe von Nachhaltigkeitskriterien bewertet (Mulke, 2023). Hieraus einige Kriterien, die Ihnen helfen können, bei der Auswahl Ihrer Hausbank genauer hinzuschauen. Nachhaltige Banken zeichnen sich u. a. darin aus, bei der Kreditvergabe und der Eigenanlage ihrer Gelder folgende Aktivitäten *nicht* zu unterstützten:

- Fossile Energie und deren Gewinnung
- Agrar-Gentechnik
- Industrielle Tierhaltung
- Korruption und Geldwäsche
- Kinderarbeit und Menschenrechtsverletzungen
- Glücksspiel
- Pornografie
- Tabakherstellung und -vertrieb
- Waffen- und Rüstungsgeschäfte

In Deutschland erfüllen 15 Banken diese Kriterien fast komplett[22]. Wenn auch die üblichen und meistens genutzten Hausbanken des Mittelstands (Sparkassen, VR-Banken) nicht dazu zählen, so punkten diese weiterhin mit einem starken regionalen Engagement. Auch diese Banken sind dem Thema der umfassenden Nachhaltigkeit aufgeschlossen und passen ihre Portfolios an. Gehen Sie individuell ins Gespräch und hinterfragen Sie Angebote kritisch.

Auch beim Thema Geld zeichnet sich ein Trend zu mehr Transparenz ab. Ethisch-ökologische Banken stellen regelmäßig Kredite für ökologische und soziale Projekte zur Verfügung und machen diese Anlagen öffentlich bekannt.

Leitfragen für Ihren Rucksack

- Wie nachhaltig ist Ihr Geschäftsmodell? Berücksichtigen Sie bei der Weiterentwicklung die Risiken und Chancen, die sich aufgrund des fortschreitenden Klimawandels und der damit einhergehenden direkten und indirekten Veränderungen ergeben? Beziehen Sie Ihre Geschäftspartner, kommunale Vertreter, Hausbank, Nachbarn … bei der Erstellung der doppelten Wesentlichkeitsanalyse mit ein, um ein breites 360°-Bild Ihrer unternehmerischen Aktivitäten und der anstehenden Veränderungen zu bekommen.
- Überdenken Sie auf Grundlage dieses weiten Blicks Ihr unternehmerisches Selbstverständnis.
- Bereiten Sie den Boden für eigene Nachhaltigkeitsberichte
- Nutzen Sie Ihre Einflussmöglichkeiten auch auf dem Finanzmarkt, um Ihr Kapital in Ihrem Sinne arbeiten zu lassen.

Literaturverzeichnis

Authority, E. B. (8. Januar 2025). *Final report on Guidelines on the management of ESG risks*. Von *https://www.eba.europa.eu/activities/single-rulebook/sustainable-finance/guidelines-management-esg-risks#activity-versions* abgerufen

Gröber, U. (18. Dezember 2024). *Nachhaltige Unternehmensführung in der Modebranche*. (M. Heim, Interviewer)

Hectronic (26. Januar 2025). *Vision und Werte*. Von *https://www.hectronic.com/int/ueber-uns/unsere-vision-und-werte* abgerufen

Hoffmann, K., Walcher, G. & Dudek, L. (2021). *24 wahre Geschichten vom Tun und vom Lassen*. München: oekom Verlag.

Maier, C. (27. Dezember 2024). Vom Rinder- zum Pferdehof. (M. Heim, Interviewer)

Mittelstands-Initiative. (2024). *E-Tool*. Von Zentralverband des Deutschen Handwerks e. V.: *https://www.energie-tool.de/#!* abgerufen

Mulke, W. (2023). *Nachhaltig Geld anlegen – Saubere Rendite mit Aktien, Fonds und ETF*. Berlin: Stiftung Warentest.

[22] Ein Rating finden Sie unter *https://www.fairfinanceguide.de/ffg-d/bewertung*

10 Tipps für Ihre Reise mit der Landkarte

In der Mitte dieses Buchs finden Sie eine Übersichtskarte für Ihre unternehmerischen Expeditionen in nachhaltige und regenerative Wirtschaftswelten. Ausschnitte der Karte finden Sie über die Kapitel verteilt. Diese imaginäre Landkarte soll Ihnen helfen, Ihre eigene unternehmerische Situation visuell darzustellen, neu anzuschauen und spielerisch verschiedene Szenarien zu erkunden. Es kann hilfreich sein, den Alltag als Forschungsreise zu begreifen, auf der wir täglich Neues lernen können. Neues über uns selbst und über unser Zusammenspiel mit anderen.

Nutzen Sie die Downloadmöglichkeit über *plus-hanser.fachbuch.de* bzw. diesen entsprechenden QR-Code des Buchs, um die Landkarte in einer hohen Auflösung zu erhalten und auf DIN A2 oder DIN A1 auszudrucken.[1)] Hängen Sie diese Landkarte in Ihr Büro – als Motivation und als Arbeitshilfe.

Die Karte soll Ihnen helfen, sich selbst zu verorten. Sie sehen auf der Karte Orte und Themenstellungen, die Sie schon bestens kennen. Sie werden Anregungen finden für Herausforderungen, denen Sie sich stellen möchten oder müssen. Sie können Maßnahmen markieren oder einzeichnen, die Sie umsetzen möchten und für deren schrittweise Umsetzung Sie geeignete Meilensteine setzen möchten. In der Karte fin-

---

1 Über den Link *plus.hanser-fachbuch.de* bzw. den obenstehenden QR-Code gelangen Sie zu einer Verlagsseite, auf der die Karte auch für einen eigenen Ausdruck heruntergeladen werden kann.

den sich deshalb typische unternehmerische Herausforderungen – auf persönlicher, organisationaler, gesellschaftlicher, klimatischer und wirtschaftspolitischer Ebene – sowie aktuelle Möglichkeiten, mit diesen Herausforderungen umzugehen: bekannte und neue Technologien, Denkansätze, Methoden, Netzwerke, Fördermöglichkeiten und vieles mehr.

Nehmen Sie die Karte zur Hand und lassen Sie diese auf sich wirken. Welche Orte kennen Sie bereits? Kennzeichnen Sie diese z. B. mit einem grünen Kreis wie in Bild 10.1.

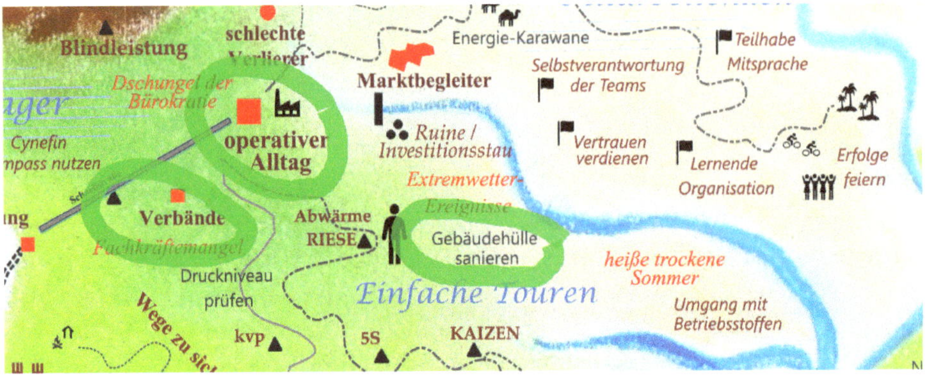

Bild 10.1 Arbeiten Sie aktiv mit der Landkarte. Markieren Sie bekannte Orte

Welche Orte sind Ihnen besonders wichtig? Welches sind Ihre persönlichen Großstädte oder Hauptstädte? Dann nutzen Sie hierfür entsprechende Symbole oder Klebepunkte. In Bild 10.2 sind die Themen Selbstverantwortung der Teams und Lernende Organisation beispielhaft hervorgehoben.

Bild 10.2 Kennzeichnen Sie wichtige Themen mit sichtbaren Symbolen, sodass Sie diese nicht aus dem Blick verlieren

Die Karte enthält typische Meilensteine auf dem Weg Ihrer unternehmerischen Reise hin zu zukunftsfähigen Geschäftsmodellen. Diese finden sich in den entsprechenden Gebieten. Schauen Sie sich diese Meilensteine auf der Karte an: Welche davon stehen für Sie absehbar an? Welche Wege würden Sie dazu am besten einschlagen? Welche Schwierigkeiten oder Chancen erwarten Sie auf diesen Wegen? Fügen Sie eigene Meilensteine ein und bringen Sie diese in eine für Sie sinnvolle erste Reihenfolge (Bild 10.3).

Bild 10.3 Definieren Sie wichtige Meilensteine

Vielleicht benötigen Sie noch Zwischenziele oder würden gerne Methoden kennzeichnen, um die Sie sich kümmern oder die Sie delegieren möchten. Wie bei jeder Reise oder Wanderung ist es sinnvoll, die Etappen den eigenen Ressourcen anzupassen. Gehen Sie Schritt für Schritt vor ohne Ihr langfristiges Ziel aus dem Auge zu verlieren. Die Karte kann helfen, Ihre Gedanken zu ordnen und anschaulich werden zu lassen.

Vergessen Sie auf keinen Fall, Erfolge zu feiern! Auch dies können Sie bereits auf der Karte vermerken. Wichtige Etappenziele können Sie mit einem Symbol für eine Feier bei deren Erreichen eintragen (Bild 10.4).

Bild 10.4 Kennzeichnen Sie wichtige Etappenziele und feiern Sie auch die kleinen Erfolge

Mag sein, dass Ihnen die Karte beschönigt vorkommt und Sie Ihre unternehmerische Realität derzeit ganz anders bezeichnen würden. Den Bergen der geleisteten Arbeit steht ein Dschungel der Bürokratie gegenüber, die Abbruchkante des demografischen Wandels besorgt Sie, Sie erkennen Blindleistung in Ihrem Betrieb, und die Marktbegleiter machen Ihnen das Leben schwer. Wenn dem so ist, dann zeichnen Sie auch das ein und verorten Sie sich.

Jeder von uns kann jeden Tag neue Schritte machen und entscheidet die Richtung, in die er geht. Gerade wenn Ihnen Ihre aktuelle Situation trostlos und verfahren erscheint: Es gibt Auswege, es gibt Umwege und auch vermeintliche Rückschritte können neue Abzweigungen und neue Chancen eröffnen!

10.1 Hilfreiche Landkarten im Internet

Für die anstehende Transformation unserer Wirtschaftswelt ist das Internet eine Fundgrube der Inspiration und voller wertvoller Informationen. Hier einige Karten, die Ihnen helfen können, neue Ideen und Perspektiven zu finden. Vielleicht gibt es ja ganz in Ihrer Nähe auch Weggefährten für Ihre Reise, die Sie noch nicht kennen? Hierzu lohnt sich ein Blick auf die *Karte von morgen*[2] – einer Open-Source-Initiative, in der sich Initiativen und nachhaltige Unternehmen eintragen können und sich von Kunden und Lieferanten hinsichtlich der Gemeinwohlkriterien bewerten lassen (Bild 10.5).

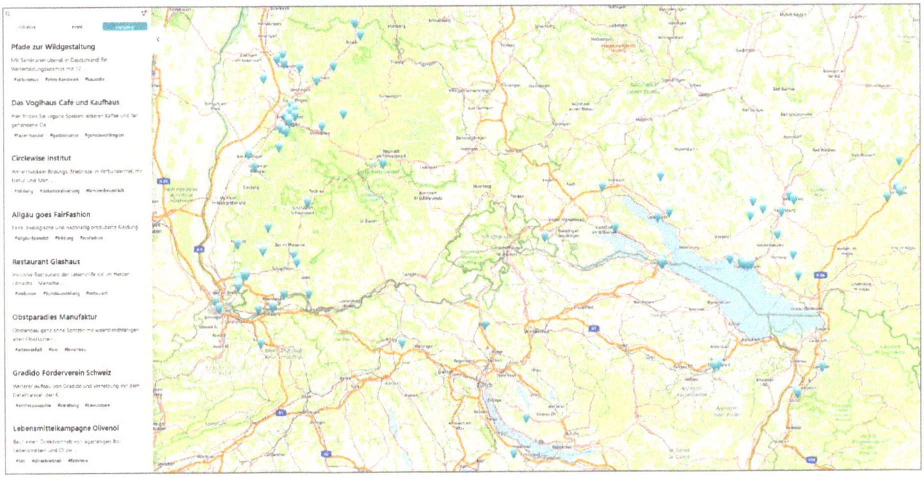

Bild 10.5 Die *Karte von morgen* – ein Open-Source-Verzeichnis von gemeinwohlorientierten Initiativen (Quelle: *https://www.kartevonmorgen.org*)

[2] Reinschauen und reinzoomen unter: *https://www.kartevonmorgen.org*

Das Bundesamt für Naturschutz hat die deutschen Naturschutzgebiete[3] kartografiert. Über die Adresseingabe Ihrer Standorte können Sie prüfen, ob Ihre Liegenschaften in unmittelbarer Nähe von Naturschutzgebieten verortet sind.

Der Natura 2000 Viewer[4] bietet einen scharfen Blick auf Ihre regionale Biodiversität. Welche bedrohten Arten leben vor Ihrer Haustür und was können Sie für deren Erhalt leisten?

Der Bodenatlas[5] gibt Ihnen eine Einsicht in die Qualität der Böden und seine möglichen Gefährdungen bei Ihnen vor Ort.

Wie abhängig ist Ihr Geschäftsmodell von einer hohen Wasserverfügbarkeit? Der Aqueduct-Atlas gibt Ihnen Auskunft über die absehbaren lokalen Risiken der Wasserknappheit, Überflutungen bis 2050 etc. – heute und in den nächsten Jahren[6].

Im Klimaportal erfahren Sie die aktuellen Klimaprojektionen für Baden-Württemberg. Hierfür wurden die landesweiten Klimadaten erstmals für die lokale Ebene berechnet und für jede der über 1000 Kommunen wurde ein individueller Klimasteckbrief erstellt. Über die Karte können Sie den Klimasteckbrief für Ihre Gemeinde abrufen[7].

Im Kontext des aktuellen Klimawandels muss auch der Anstieg der Meere bedacht werden. Hierzu bietet Climate Central Inc.[8] einen Online-Dienst an, auf dem die prognostizierten Wasserstände zukünftiger Jahre abhängig von verschiedenen Erwärmungsszenarien dargestellt werden.

Sie können diese Informationen auch bei der Erstellung Ihrer Risikoanalyse im Rahmen der Outside-in-Perspektive für Ihre Wesentlichkeitsanalyse nutzen.

Um Ihren Standort hinsichtlich des Einsatzes regenerativer Energien bewerten zu können, möchten wir die folgenden Landkarten empfehlen:

- Für Sonne, Wind, Wasser und weitere Energielieferanten stellt der Energieatlas des Landes Baden-Württemberg umfängliche Informationen bereit[9].
- Für ganz Deutschland hat die Agentur für erneuerbare Energien einen motivierenden Atlas erstellt.[10]
- Das Landesamt Baden-Württemberg für Geologie, Rohstoffe und Bergbau bietet mit dem Informationssystem für oberflächennahe Geothermie einen frei zugänglichen Atlas[11], in dem Sie prüfen können, ob an Ihrem Standort Bohrungen zuge-

---

3 *https://geodienste.bfn.de/schutzgebiete*

4 Natura 2000 Viewer *(https://natura2000.eea.europa.eu)*

5 *https://www.bodenatlas.de*

6 Aqueduct | World Resources Institute *(https://www.wri.org/aqueduct)*

7 *https://lokale-klimaanpassung.de/lokales-klimaportal*

8 *https://coastal.climatecentral.org*

9 *https://www.energieatlas-bw.de/energieatlas*

10 *https://www.boell.de/de/2018/04/13/sektorenkopplung-der-wichtigste-teil-der-wende*

11 *https://maps.lgrb-bw.de/?app=lgrbwissen&view=Isong_Uebersichtsdarstellung*

lassen sind. Hier werden auch erwartbare Wärmeleistungen des eigenen Standorts für geothermische Anwendungen abgeschätzt.

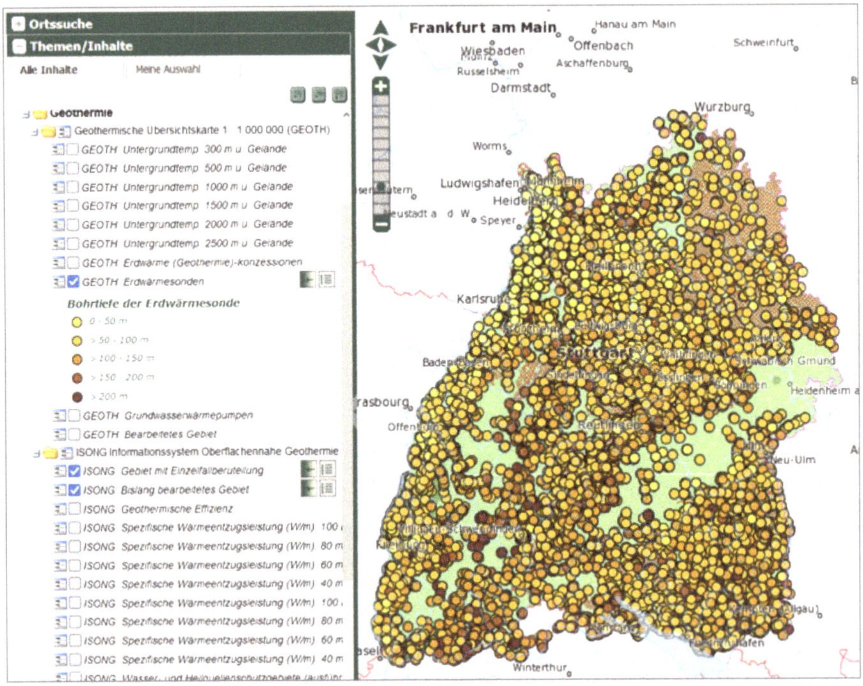

Bild 10.6 Betriebene Erdwärmesonden und deren Bohrtiefen in Baden-Württemberg; © LGRB. (7. Dezember 2024, Landesamt für Geologie, Rohstoffe und Bergbau (LGRB), *https://maps.lgrb-bw.de/?app=lgrbwissen&view=Isong_Uebersichtsdarstellung*)

Entsprechend findet sich über GeotIS[12)] seit 2024 auch ein kostenfreier Zugang zum bundesweiten Geopotenzial; es integriert die verschiedenen landesspezifischen Informationssysteme und gibt umfangreiche Zugänge zu den örtlichen Gegebenheiten und Potenzialen wieder. Es stehen hier Bohrungen, Störungszonen, 2D-Seismiklinien, 3D-Seismikgebiete, statische Vertikalschnitte und Standorte zur Verfügung, die in der Liste der Kartenebenen ausgewählt werden können.

Leitfragen für Ihren Rucksack

- Nutzen Sie die Landkarte des Buchs, um für Ihre unternehmerische Entwicklung wichtige Meilensteine, Ziele und Themen zu entdecken. Oder entwerfen Sie Ihre eigene Karte.
- Nutzen Sie die vielfältigen Portale der Bundesländer und des Bundes, um für Ihren Ort spezifische Informationen zu erhalten.

[12] *https://www.geotis.de*

11 Glossar

Blindleistung Der Anteil der Energie, der nicht in den beabsichtigen Nutzen der Energie eingebracht werden kann. In elektrischen Stromkreisen kann er durch den Aufbau induktiver und kapazitiver Felder erzeugt werden, was zu Phasenverschiebungen der Ströme und damit zu Blindleistungen im Stromnetz führt.

CBAM Der **Carbon Border Adjustment Mechanism** (CO_2-Grenzausgleichssystem) ist ein Teil des europäischen „Fit for 55"-Pakets und verpflichtet Unternehmen, die emissionsintensive Waren in die EU importieren, CBAM-Emissionszertifikate zu erwerben, um die Differenz zwischen dem im Herkunftsland gezahlten CO_2-Preis und dem höheren Preis der Berechtigungen im EU-Emissionshandelssystem auszugleichen.

Endenergie Bezeichnet die tatsächlich von Endverbrauchern genutzte Energie. Der Endenergieverbrauch ist also die Energie, die auf der Verbraucherseite zur Verfügung steht, beispielsweise für Heizung, Beleuchtung oder Maschinenbetrieb.
Dahingegen bezeichnet die Primärenergie die Energie, die in ihrer ursprünglichen Form aus natürlichen Ressourcen gewonnen wird. Dazu gehören fossile Brennstoffe und erneuerbare Energien. Der Primärenergieverbrauch umfasst also auch alle Energieverluste, die bei der Umwandlung und dem Transport auftreten.

Energieagentur Organisation eines öffentlichen Trägers zur Unterstützung von Privatpersonen, Kommunen oder/und Unternehmen bei der Umsetzung von Klimaschutz- und Energieeffizienz-Projekten. Deutscher Dachverband: **DENA** *https://www.dena.de*; in vielen Bundesländern, Landkreisen und Städten finden sich entsprechende Organisationen; Beispiel aus Baden-Württemberg: Landesenergieagentur KEA in Karlsruhe: *https://www.kea-bw.de*

EPR	**Extended Producer Responsibility**/erweiterte Herstellerverantwortung für die Vermeidung, Wiederverwendung und Verwertung von Produktverpackungen. Eine Direktive der EU[1], die ab 2025 in nationales Recht umgesetzt wird und in Deutschland z. B. im Verpackungsgesetz, im Elektrogesetz und im Batteriegesetz umgesetzt wird
ERFA	Betrieblicher **Erfahrungsaustausch**. In der Regel ein kurzes Treffen des Teams vor Ort, in dem konkrete betriebliche Problemstellungen und deren Lösungen besprochen werden. Kann gut mit einem Fehlertisch, KVP, Kaizen oder 5S kombiniert werden.
EUDR	**European Union deforestation-free regulation.** Die EUDR richtet sich gegen den fortschreitenden Verlust der Wälder. Seit 1990 sind weltweit rund 420 Millionen Hektar Wald verloren gegangen – eine Fläche größer als die Europäische Union. Über diese EUDR reguliert die EU den Import und die Inverkehrbringung von sieben „Rohstoffen", die maßgeblich zur globalen Entwaldung beitragen: Rinder, Kakao, Kaffee, Ölpalmen, Kautschuk, Sojabohnen und Holz. Unabhängig von der Unternehmensgröße sind Sie verpflichtet, nachzuweisen, dass Ihre Produkte entwaldungsfrei sind und die gesetzlichen Vorgaben des Herkunftslands erfüllen.
Gate to Gate	In der Terminologie der Ökobilanzierung Bezeichnung für einen Bilanzierungsrahmen zwischen Eingangstor und Ausgangstor eines Standorts. In diesem Kontext werden des Weiteren die Cradle to Gate und die Cradle to Grave Systemgrenzen unterschieden, vgl. Bild 6.4 nach VDI 4801.
KAIZEN	Grundhaltung, die eine positive Haltung zu permanenter Verbesserung annimmt.
KMU	**Kleine und mittlere Unternehmen.** In der EU definiert als Unternehmen mit weniger als 250 Mitarbeitenden/50 Mio. € Jahresumsatz/43 Mio. € Bilanzsumme. In den letzten Jahren ergänzt durch den Begriff der Kleinstunternehmen mit weniger als zehn Mitarbeitenden.
POWER-TO-GAS	Methode zur Gewinnung eines brennbaren Gases (Methan, Ammoniak, Wasserstoff) durch Nutzung von überschüssigem, erneuerbar erzeugtem Strom. Diese Gaserzeugung soll in Zukunft die mittel- und langfristige Speicherung von Energie ermöglichen.
Regenerative Wirtschaft	Das World Economic Forum[2] definiert die regenerative Wirtschaft als „Systemdenken, um sowohl das Humankapital als auch die natürlichen Ressourcen zu schützen, wiederherzustellen und aufzufüllen". Unternehmen, die nach einem regenerativen Business Model handeln, orientieren sich an einigen einfachen Prinzipien: mehr zurückgeben, als man nimmt.

---

1 *https://eur-lex.europa.eu/DE/legal-content/summary/packaging-and-packaging-waste.html*

2 *https://www.weforum.org/stories/2023/07/regeneration-economy*

	Regenerative Unternehmen versuchen, positiven Wert bzw. Impact zu schaffen, anstatt negative Auswirkungen zu reduzieren. Dieser Wert kann unterschiedlich definiert sein und sich z. B. auf die Wiederherstellung der Biodiversität, die Entfernung von CO_{2e} aus der Atmosphäre oder die Reduktion von Schadstoffen beziehen. Aber auch soziale Faktoren und ein Mehrwert für Stakeholder, Lieferant:innen und Mitarbeitende wird berücksichtigt. Systemübergreifend denken: Die regenerative Wirtschaft betrachtet neben ökonomischen auch ökologische und soziale Ziele.
Ressourcen	Aus Sicht eines Unternehmens können als Ressourcen Betriebsstoffe, Werkstoffe, Kapital, Personal, Know-how und Zeit angesehen werden. Die deutsche und europäische Umweltpolitik interpretiert den Begriff Ressource als „natürliche Ressource". Diese wird nach der Definition des Umweltbundesamts beschrieben als: „Ressource, die Bestandteil der Natur ist. Hierzu zählen erneuerbare und nicht erneuerbare Primärrohstoffe, physischer Raum (Fläche), Umweltmedien (Wasser, Boden, Luft), strömende Ressourcen (z. B. Erdwärme, Wind-, Gezeiten- und Sonnenenergie) sowie die Biodiversität. Es ist unwesentlich, ob die Ressourcen als Quellen für die Herstellung von Produkten oder als Senken zur Aufnahme von Emissionen (Wasser, Boden, Luft) dienen. (Komol & Kantak, 2012)[3)]
Sektorenkopplung	Nutzung von Strom aus erneuerbaren Energien in den „Sektoren" Wärme, Mobilität und Industrie bzw. zur Befriedigung der Nachfrage nach Energie in Haushalten (Wärme und Kälte), im Verkehr (Antrieb) sowie in Industrie und GHD (Wärme, Kälte und Antrieb)[4)].
SMETA	**Sedex Members Ethical Trade Audit**[5)]. Die Supplier Ethical Data Exchange (Sedex) ist eine globale Mitgliedsorganisation, die darauf abzielt, die Verbesserung ethischer Geschäftspraktiken in globalen Lieferketten zu erleichtern. Sedex bietet eine Plattform für den Austausch ethischer Daten und unterstützt Transparenz sowie die Verbesserung der Arbeitsbedingungen weltweit. SMETA ist eine Methode der ethischen Auditierung weltweit. 75 000 Mitglieder weltweit in 180 Ländern, 245 000 Audits durchgeführt in 20 Jahren.
SUPD	**Single Use Plastics Directive**

---

3 *https://www.umweltbundesamt.de/sites/default/files/medien/publikation/long/4242.pdf*

4 Siehe auch *https://www.isi.fraunhofer.de* und *https://www.boell.de/de/2018/04/13/sektorenkopplung-der-wichtigste-teil-der-wende*

5 *https://www.sedex.com/solutions/smeta-audit*

Taxonomie	Die Taxonomie ist ein EU-weit gültiges System zur Klassifizierung von nachhaltigen Wirtschaftsaktivitäten. Sie soll Anlegerinnen und Anlegern Orientierung geben und Kapital für den grünen Umbau von Energieproduktion und Wirtschaft anreizen. Seit November 2023 liegen alle delegierten Verordnungen vor, mit denen wirtschaftliche Tätigkeiten bezüglich ihrer Taxonomiefähigkeit hinsichtlich der sechs EU-Umweltziele bewertet werden sollen[6].
THG-Bilanz	Die Treibhausgasbilanz ermittelt die Menge aller aufgrund der unternehmerischen Aktivitäten entstehenden, die Atmosphäre schädigenden Emissionen. Diese werden auf die Kohlendioxid-Äquivalente (CO_{2e}) normiert.

6 *https://eur-lex.europa.eu/legal-content/DE/TXT/?uri=OJ%3AL_202302486*

12 Abkürzungen

CCF	**Corporate Carbon Footprint** – unternehmensbezogene Treibhausgasemissionen, umfasst alle Wertschöpfungsketten
CSRD	**Corporate Sustainability Reporting Directive**/europäische Richtlinie zur Nachhaltigkeitsberichterstattung
CSDDD	**Corporate Sustainability Due Diligance Directive**/europäische Lieferkettenrichtlinie
DNK	**Deutscher Nachhaltigkeitskodex**
EDL-G	**Energiedienstleistungsgesetz**
EMAS	**Eco-Management and Audit Scheme** – europäisches Umweltmanagementsystem
EnEfG	**Energieeffizienzgesetz**
ESG	**Environmental, Social and Governance**/Umwelt, Soziales und Unternehmensführung
ESRS	**European Sustainability Reporting Standard**/europäischer Standard für Nachhaltigkeitsberichte großer Unternehmen
EU ETS 1	**Europäisches Emissionshandelssystem 1** für stationäre Anlagen, Luftverkehr und Seeverkehr
EU ETS 2	**Europäisches Emissionshandelssystem 2** für den Gebäude- und den Straßenverkehrssektor sowie für andere Sektoren
EVU	**Elektrizitätsversorgungsunternehmen**
GRI	**Global Reporting Initiative –** unabhängige internationale Initiative, die Standards zur Nachhaltigkeitsberichterstattung definiert

KMU **Kleine und Mittlere Unternehmen.** Der Begriff KMU umfasst Kleinstunternehmen, kleine Unternehmen und mittlere Unternehmen. Gerade im Rahmen der CSRD ist jedoch auch die Bilanzsumme ein wichtiges Kriterium. Das KfW definiert die KMU dementsprechend:

Kleinstunternehmen sind Unternehmen, die weniger als 10 Mitarbeitende und einen Jahresumsatz oder eine Jahresbilanzsumme von höchstens 2 Mio. Euro haben.

Kleine Unternehmen sind Unternehmen, die weniger als 50 Mitarbeitende und einen Jahresumsatz oder eine Jahresbilanzsumme von höchstens 10 Mio. Euro haben.

Mittlere Unternehmen sind Unternehmen, die weniger als 250 Mitarbeitende und einen Jahresumsatz von höchstens 50 Mio. Euro oder eine Jahresbilanzsumme von höchstens 43 Mio. Euro haben[1].

KVP **Kontinuierlicher Verbesserungsprozess**, Grundhaltung im Qualitätsmanagement und Lean Management

UTBW **Umwelt Technik Baden-Württemberg**[2]. Zentrale Anlaufstelle für Umwelttechnik, Ressourceneffizienz und industriellen Klimaschutz, die Unternehmen am Wirtschafts- und Technologiestandort Baden-Württemberg unterstützt und fördert

PCF **Product Carbon Footprint** – produktbezogene Treibhausgasemissionen

PEF **Product Environmental Footprint**

PIUS **Produktionsintegrierter Umweltschutz**[3]. Ziel ist der nachhaltige Umgang mit Ressourcen und Energie in einem Produktionsbetrieb sowie die Vermeidung von Abfall, Abwasser und Emissionen. Der Fokus von PIUS liegt auf der Herstellung von Produkten und damit einer Gate-to-Gate-Betrachtung.

PPWR **Packaging and Packaging Waste Regulation**

PV **Photovoltaik**

THG **Treibhausgase**

5S Methode aus dem Lean Management, über welche die betriebliche Ordnung und Sauberkeit unterstützt werden

---

1 *https://www.kfw.de*; Hintergründe auch bei *https://www.bafa.de/SharedDocs/Downloads/DE/kmu_handbuch_eu.html*

2 *https://www.umwelttechnik-bw.de/de*

3 *https://www.pius-info.de*

13 Themen- und branchenspezifische Impulse, Werkzeuge und Praxisbeispiele

Sie finden hier eine Sammlung hilfreicher Websites (Stand Frühjahr 2025), auf die nicht unmittelbar im Text verwiesen wurde. Damit können Sie Ihre Reise in neue Gebiete besser planen, und für Themen, die Ihnen begegnen, nützliche Hinweise und Hilfestellungen erhalten.

> **!** Wenn Sie sich die Zeit nehmen, hier einzutauchen – dann nehmen Sie sich vor dem Losstürmen genau vor, nach was Sie suchen, sonst können Sie sich in den unendlichen Weiten dieser virtuellen Landschaften verlieren ☺.

13.1 Direkte und persönliche Unterstützung

Als Reisebegleiter auf Ihrem persönlichen Weg in neue Gebiete möchte ich an dieser Stelle zunächst einen neutralen Effizienzmoderator empfehlen. Persönlich, neutral und unabhängig – buchen Sie einfach einen kostenfreien Besuch. Für Firmen in Baden-Württemberg: die Seite des KEFF+-Projekts. *https://www.keffplus-bw.de/de* zeigt Ihnen Ihren persönlichen Ansprechpartner, der gerne bei Ihrer Firma vorbeikommen wird.

In einigen anderen Bundesländern gibt es vergleichbare Initiativen, z. B. *https://www.efre.nrw.de/einfach-machen/foerderung-finden/ressourceneffizienzberatung*, *https://www.energieeffizienz-hessen.de/kostenfreie-impulsberatung/*, *https://energieagenturen.bayern/hp1/Home.htm*.

Bundesweit auch *https://www.ressource-deutschland.de/service/unternehmensbesuche* und *https://www.carmen-ev.de*.

13.2 Übersichten und Leitfäden zur Energie- und Ressourceneffizienz

- *Exzellenzbeispiele Ressourceneffizienz Baden-Württemberg*, Umwelttechnik BW; Beispiele aus Baden-Württemberg, Datenbank mit einigen Filtermöglichkeiten: *https://www.exzellent-bw.de*
- *Gute-Praxis-Beispiele*, VDI ZRE (Zentrum für Ressourceneffizienz), Filtermöglichkeit nach verschiedenen Branchen: *https://www.ressource-deutschland.de*
- *EREK-Wissensdatenbank zur Ressourceneffizienz*, European Resource Efficiency Knowledge, Filtermöglichkeit nach Ressourceneffizienz möglich: *https://www.resourceefficient.eu/en/database*
- *Best-Practice-Datenbank*, EFA (Effizient Agentur NRW): *https://www.ressourceneffizienz.de/praxis/best-practice-datenbank*
- *Best-Practice-Beispiele*, PIUS: *https://www.pius-info.de/service/best-practice*
- *Dokumenten-Pool*, PIUS: *https://www.pius-info.de/dokumentenpool*
- Eine Plattform für grüne Kompetenzen aus Baden-Württemberg, gegründet vom UTBW: *https://greentech-bw.de/de*
- Übergreifende Publikationen: *https://www.technologieland-hessen.de/publikationen*
- Innovationsideen nach ökologischen Gesichtspunkten bewerten und optimieren: *https://www.pius-info.de/service/tools/green-check-your-idea*
- *Ökodesign-Prinzipien*, Datenbank gefördert vom Umweltbundesamt unter *https://www.ecodesignkit.de*
- Lebenszyklusanalyse: *https://www.umweltbundesamt.de/themen/wirtschaft-konsum/produkte/oekobilanz/internationale-initiativen-zur-anwendung-von#federal-lca-commons*
- *https://www.zugutfuerdietonne.de/unsere-strategie/materialien/werkzeuge*

13.3 Branchenspezifische Publikationen und Best-Practice

- Exzellenzbeispiele – Projekt „100 Betriebe für Ressourceneffizienz" des Landes Baden-Württemberg: *https://www.umwelttechnik-bw.de/de/initiativen/100-betriebe-ressourceneffizienz*

- Im Rahmen des Projekts „100 Betriebe für Ressourceneffizienz“ wurde vom UTBW mit der INEC ein nützlicher Leitfaden entwickelt, der Ihnen kostenfrei angeboten wird: *https://www.umwelttechnik-bw.de/sites/default/files/2023-05/100-Betriebe_Leitfaden_BF.pdf*.
- Bioökonomie: *https://www.biooekonomierevier.de/ansprechpartner_koordinierungsstelle*
- Branchenspezifische Checklisten zur Materialeffizienz: *https://www.ressource-deutschland.de/werkzeuge/analyse-werkzeuge/ressourcenchecks/basis-check*
- Bäckereien: Abfallvermeidung: *https://www.zugutfuerdietonne.de/unsere-strategie/materialien/werkzeuge*
- Einzelhandel: *https://www.hde-klimaschutzoffensive.de/de/start*; dort ein Arbeitsbuch für Kaufleute: *https://www.hde-klimaschutzoffensive.de/sites/default/files/uploads/document/2023-05/Klimaschutzoffensive-HDE%20Arbeitsbuch%20Einfach%20Energie%20sparen.pdf*
- Handwerk: *https://navigator.nachhaltiges-handwerk.de*
- Deutscher Hotel- und Gaststättenverband: *https://www.dehoga-bundesverband.de/energie-nachhaltigkeit*; dort auch ein branchenspezifischer Leitfaden: *https://energiekampagne-gastgewerbe.de*

13.4 Fachmessen und Ausstellungen

Wir möchten Sie hier auf interessante Fachmessen aufmerksam machen, auf denen Sie sich über den aktuellen Stand der Technik informieren können:

- ISH in Frankfurt: Weltleitmesse für Wasser, Wärme und Luft: *https://ish.messefrankfurt.com/frankfurt/de.html*
- IFAT in München: Weltleitmesse für Umwelttechnik (Wasser-, Abwasser-, Abfall- und Rohstoffwirtschaft): *https://ifat.de/de*
- Intersolar: Fachmesse für die Solarwirtschaft: *https://www.intersolar.de/start*
- the smarter E, Europas größte Messeallianz für die Energiewirtschaft (Energiemonitoring, Energiespeicher): *https://www.thesmartere.de/start*
- Kongress BW: Kongress für Ressourceneffizienz und Kreislaufwirtschaft: *https://www.kongress-bw.de/de*
- Heat Expo in Dortmund, Fachmesse für Wärmeversorgung: *https://www.heat-expo.de*

- LogiMat in Stuttgart, Internationale Fachmesse für Intralogistik-Lösungen und Prozessmanagement: *https://www.logimat-messe.de*
- Fachpack in Nürnberg, Europäische Fachmesse für Verpackung, Technik und Prozesse: *https://www.fachpack.de/de-de*
- Hannovermesse, Weltleitmesse der Industrie: *https://www.hannovermesse.de*
- Volta X in Stuttgart, Messe für Energiemanagement und integrierte Energielösungen: *https://www.messe-stuttgart.de/volta-x*

Der Besuch solcher Fachmessen gibt Ihnen einen umfassenden Eindruck der neuen Möglichkeiten! Beispiel: Eine Kollegin aus dem Kreis der baden-württembergischen Effizienzmoderatoren[1)] kam mit den folgenden Highlights von der Fachpack 24 in Nürnberg zurück:

- Paletten aus Karton: *https://www.kraftpal.de*
- Faltbarer Palettencontainer aus Karton: *https://www.ntgpackaging.de*
- Alternative zu Styropor: *https://www.plantera.com/*, *https://karopack.com/*, *https://proservation.eu*, *https://www.rhinopaq.com*
- Stärkenoptimierte Stretchfolie, Rezyklat-Stretchfolie, Stretchpapier: *https://borrmannplus.de*
- Korrosionsschutz, Alternative zu Ölpapier: *https://metprogroup.com/de*
- Polsterkissen, Isolierverpackungen aus Papier inkl. Nutzungsmodellen: *https://karopack.com*, *https://www.bestpack.com*
- Alternative zu Intermediate Bulk Containern: *https://www.evopack.tech/packaging/boxli-1000*
- Intelligente Stretchwickler: *https://de.lantech.com/r2/products/semi-automatic-stretch-wrappers*
- Automatisiertes Mehrweg-Management: *https://www.logistikbude.de*
- Beutel aus Recyclingmaterial oder kompostierbar: *https://schroeder-folien.de/produkte/beutel-aus-altplastik*
- Kompostierbare Folienverpackung: *https://jonatura.de/produkte/page/2*
- Nachhaltige Verpackungslösungen: *https://www.mondigroup.com/de/* und *https://www.cgp-coating.com/de/startseite*
- Vergleich Stretchpapier zu Stretchfolie: *https://www.mondigroup.com/de/news-und-einblicke/2021/oekobilanz-von-mondis-papier-fuer-das-umwickeln-von-paletten-zeigt-geringere-klimabelastung*

---

[1] Mit Dank an Dipl.-Ing. Sabine Worschech, Regionale Kompetenzstelle Ressourceneffizienz Heilbronn-Franken Wirtschaftsregion Heilbronn-Franken GmbH

- Ergonomische Umreifung von Paletten mit Kartonstreifen anstatt Kunststoffbänden: *https://www.ergopack.de*, *https://www.ergopack.de/ueber-uns/philosophie#zukunft-gestalten*

13.5 Schulung der Mitarbeitenden

Unterlagen und Tipps für betriebliche Schulungen: *https://www.renn-netzwerk.de*

Werkzeuge für eine schrittweise Einführung von Nachhaltigkeitsmanagement: *https://www.umweltpakt.bayern.de/werkzeuge/nachhaltigkeitsmanagement* und *https://www.umweltpakt.bayern.de/download/werkzeuge/nachhaltigkeitsmanagement/sdg/sdg_wegweiser_letfaden.pdf*

Ein Leitfaden für die Relevanz der Sustainable Development Goals und deren Umsetzung in KMU: *https://bayern.ecogood.org/wp-content/uploads/LeitfadenSDGsKMU_Giesenbauer-Mueller-Christ_20180808.pdf*

Veranstaltungen nachhaltig ausrichten: *https://www.bmuv.de/fileadmin/Daten_BMU/Pools/Broschueren/veranstaltungsleitfaden_bf.pdf*

13.6 Spezifische Themen rund um die betrieblichen Aufgabenstellungen

Die Themen sind lose nach dem im Buch beschriebenen Vorgehen sortiert

Gebäudesanierung kostenfreie Fortbildung: *https://www.wirliebenbau.de/fortbildungen/?filters=zielgruppe%5benergieberater*

Abwärme Einführung: *https://www.kea-bw.de/waermewende/wissensportal/kommunale-waermeplanung/einfuehrung-in-den-technikkatalog#c7393-content-5*

Betriebliche Abwärmenutzung: *https://www.dena.de/themen/energieeffizienz/unternehmen* und in Baden-Württemberg besonders das Abwärme-Kompetenzzentrum der UTBW: *https://www.umwelttechnik-bw.de/de/themen/abwaerme-bw*

Kommunale Abwärmenutzung: *https://www.kea-bw.de/waermewende/wissensportal/kommunale-waermeplanung/einfuehrung-in-den-technikkatalog#c7393-content-5*

https://www.waermepumpe.de/waermepumpe/funktion-waermequellen/abwasser

Carbon Capture and Storage – Öko-Institut e. V.: Wie ökologisch und sozial verträglich sind CCS, BECCS und CCU Technologien? Berlin, Dezember 2021; abrufbar unter *https://www.nabu.de/imperia/md/content/nabude/klimaschutz/221027_studie_ccuccus.pdf*

Doughnut Economics; Eine Präsentation von Kate Raworth findet sich bei YouTube unter *https://www.youtube.com/watch?v=OV7zD6spKd8*; von Kate Raworth gibt es auch ansprechende Animationen für wichtige Etappen auf dem Weg, siehe: *http://www.kateraworth.com/animations*

Energiemanagement

Einführung von Energiemanagement: *https://kompetenzatlas-bw.de/de/search?searchall=%22monitoring%22*

Energetische Infrastruktur von Betrieben optimieren – kostenfreie Werkzeuge: *https://www.proenergie-bayern.de*

Handbuch zum Energiemanagement: *https://www.dena.de/fileadmin/dena/Dokumente/Pdf/1419_Broschuere_Energieeffizienz-in-KMU_2015.pdf*

Digitalisierung

Regionale Beratung: *https://www.mittelstand-digital.de/MD/Navigation/DE/Home/home.html* Anregungen und Hintergründe: *https://www.umweltbundesamt.de/sites/default/files/medien/11850/publikationen/80_2024_texte_umweltauswirkungen.pdf*

Additive Fertigungsverfahren

Eine Einführung von Prof. Dr. Volker Schulz von der DHBW Mannheim findet sich als Skript und Web-Seminar unter: *https://www.energieagentur-suedwest.de/angebote/unternehmen/online-inforeihe-kmu-schluessel-zum-meistern-der-klimakrise.html*

Klimaneutralität

Neue ISO-Norm: ISO 14068-1 mit dem Titel „Climate Change Management – Transition to net zero – Part 1: Carbon Neutrality“ [ISO 14068 (2023)].

Kurzdarstellung unter *https://www.umweltbundesamt.de/publikationen/setting-a-standard-for-ghg-neutrality*

GHG-Protokoll

Einführung und Vorgehen: *https://ghgprotocol.org/corporate-standard*

Vertiefung zu Scope 3: *https://ghgprotocol.org/sites/default/files/2023-03/Scope3_Calculation_Guidance_0%5B1%5D.pdf*

Freie THG-Rechner (abhängig vom Bundesland)

Scope-3-Analysator (Kalkulation auf monetärer Basis)

Einführung unter *https://www.thinktank-irs.de/wp-content/uploads/2023/01/RZ_THINKTANK_Broschuere_Leitfaden-scope3analyzer_Web.pdf*

Homepage: *https://scope3analyzer.pulse.cloud*

Sammlung weiterer Werkzeuge zur Scope-3-Analyse: *https://tools.scope3transparent.de*

Emissionsdaten für die Kalkulation einer THG-Bilanz:

Probas: *https://www.probas.umweltbundesamt.de*

Gemis: *https://iinas.org/arbeit/gemis*

CO_{2e}-Daten, auch für die Berechnung von Förderquoten geeignet: *https://www.bafa.de/SharedDocs/Downloads/DE/Energie/eew_infoblatt_co2_faktoren_2024.pdf?__blob=publicationFile&v=3*

Umfassende Datenbank: *https://www.climatiq.io/data*

Kältemittel: *https://www.ipcc-nggip.iges.or.jp/EFDB/main.php*

Konversionsfaktoren für Brennstoffe: *https://www.gov.uk/government/collections/government-conversion-factors-for-company-reporting*

Emissionshandel

Publikationen von der Deutsche Emissionshandelsstelle (DEHSt) im Umweltbundesamt:

Übersicht: *https://www.umweltbundesamt.de/daten/klima/der-europaeische-emissionshandel#entwicklung-der-treibhausgas-emissionen-im-stationaren-eu-ets-1-eu-weit*

Hinweispapier zum Anwendungsbereich sowie zur Überwachung und Berichterstattung von CO_2-Emissionen, Berichtsphase 2024 bis 2026: *https://www.dehst.de/SharedDocs/downloads/DE/eu-ets-2/hinweispapier-berichtsphase.pdf?__blob=publicationFile&v=3*

Aktuelle Preise des europäischen Zertifikathandels: *https://ember-energy.org/data/european-electricity-prices-and-costs*

Kompensationsmaßnahmen

Einführung: *https://www.dehst.de/DE/Themen/Klimaschutzprojekte/Freiwillige-Kompensation/freiwillige-kompensation_artikel.html*

kritische Bewertung, Empfehlungen und Klimafonds: *https://www.klimaschutzstiftung-bw.de/de*

Regenerative Nutzung von Wäldern: *https://lets-woodify.de*

Humusaufbau fördern über: *https://co2-land.org*

Weitere:

https://bauminvest.de

https://www.compensators.org

https://commerzbank.impact-solutions.io/de

https://www.afbshop.de

Pyrolyse und Pflanzenkohle

Wegweisende Arbeiten von (Schmidt, H.-P., 2024) und (Bates & Draper, Cool down, 2021)

https://www.carbon-standards.com/de/home

https://german-biochar.org

https://www.carbonfuture.earth

https://www.iwb.ch/angebote/produkte/pflanzenkohle

https://www.swiss-biochar.com/produkte

Kreislaufwirtschaft

Bundesministerium für Klimaschutz Österreich: Checkliste (Excel) für Kreislaufwirtschaftsmanagement: *https://www.klimaaktiv.at/unternehmen/gebaeude/facility-management*

Übersichtspapier der europäischen Investitionsbank: *https://www.eib.org/attachments/thematic/circular_economy_guide_de.pdf*

Für die Holzindustrie hat der Fachverband für Ersatzbrennstoffe, Altholz und biogene Abfälle, *https://www.bvse.de*, eine ansprechende Grafik[2] entwickelt, die einlädt, über neue Kreisläufe nachzudenken. Grundlage für die Grafik bietet eine aktuelle Studie der Fachagentur für nachwachsende Rohstoffe, siehe (Mantau, 2023).

Kreislauforientiertes Bauen mit Holzwerkstoffen: *https://www.thoma.at/kreislaufwirtschaft*

PV-Rechner, Solarthermie, Speicher

Enthält im hinteren Teil des Dokuments eine gute Übersicht über verfügbare PV-Rechner: *https://publica.fraunhofer.de/entities/publication/0ad4b488-9eaa-4c74-a83f-cf1b785ad1f7*

Außerdem:

https://www.sma.de/produkte/apps-software/sunny-design

https://pv-planer.sonepar.de

https://www.sma.de/solarrechner – dieser PV-Rechner berücksichtigt auch Ihre Lastgänge, Verschattungen, Batteriespeicher

Erreichbare Temperaturen aus erneuerbaren Energien – siehe *https://www.unendlich-viel-energie.de/mediathek/grafiken/erzielte-temperaturen-aus-erneuerbaren-waermequellen*

Elektrische Energiespeicher

Eine aktuelle Übersicht über die Leistungsdaten von Batteriespeichern findet sich bei *https://www.carmen-ev.de.*

Pflege von Druckluftanlagen

Renommierte Hersteller von Druckluftanlagen bieten vielfältige Informationsveranstaltungen und Broschüren an; desgleichen die Verbände, siehe z. B. *https://www.ihk-nuernberg.de* oder den Lebenskostenrechner Druckluft der Universität Stuttgart unter *https://www.druckluft-effizient.de/lcc.html.*

---

2 Bestellbar unter *https://mediathek.fnr.de/poster/kreislaufwirtschaft-der-holznutzung.html*

Lastganganalyse

Eine Videoeinführung und ein kostenfreies Werkzeug des *Fraunhofer-Instituts für Integrierte Systeme und Bauelementetechnologie IISB* findet sich z. B. unter *https://www.proenergie-bayern.de*.

Handbuch Lastmanagement. Vermarktung flexibler Lasten: Erlöse erwirtschaften – zur Energiewende beitragen; abrufbar unter *https://www.dena.de/fileadmin/dena/Dokumente/Pdf/1408_Lastmanagement_Handbuch.pdf*

Produktionsbezogene Nachhaltigkeitskompetenz

Institut für Sozialwissenschaftliche Forschung e. V. – ISF München, 2017. Projekt beauftragt durch das Referat Nationale Klimaschutzinitiative im Bundesministerium für Umwelt, Naturschutz, Bau und Reaktorsicherheit (BMUB). Siehe auch: *http://www.nachhaltigkeitskompetenz.de/abschlussbericht.html*

Risikomanagement

https://www.climate-challenge.de/tool

Im Rahmen des Netzwerks Klimarisikomanagement 2050, *https://www.climate-challenge.de/netzwerk*, wurde das Excel-Tool „ClimateRisk-Mate" entwickelt. Dieses unterstützt bei der Identifizierung und Bewertung von Klimarisiken entlang der gesamten Wertschöpfungskette (Standort, Wasserversorgung, Logistik, Lieferanten u. v. m.).

Karten zu Risiken des Klimawandels: *https://www.climate-service-center.de/products_and_publications/maps_visualisation/index.php.de*

Kooperation in der Wertschöpfungskette

https://wupperinst.org/fa/redaktion/downloads/projects/ResKo_Handreichung_Qualifizierung.pdf

Recyclingbörsen

https://www.afbw.eu/projekte/cycletex bw/wertstoffboerse

https://www.euwid-recycling.de/recyclingboerse

https://www.ihk.de/nordschwarzwald/innovationn/umweltschutz-umwelt-akademie/umweltschutz/service/ihk-recyclingboerse-3175416

https://recyclingportal.eu

Verpackungen

Lebenszyklusanalyse für Verpackungslösungen – Packaging Calculator von Sphera:

https://sphera.com/solutions/product-stewardship/life-cycle-assessment-software-and-data/lca-for-packaging

Leitfaden, Checklisten, Praxisbeispiele und hilfreiche Werkzeuge für das Design von Kunststoffverpackungen: *https://ecodesign-packaging.org*

Hintergrundinformationen – Umweltbundesamt: Aufkommen und Verwertung von Verpackungsabfällen in Deutschland im Jahr 2017. Abschlussbericht, Diplom-Volkswirt Kurt Schüler, GVM Gesellschaft für Verpackungsmarktforschung mbH, Mainz 2019: *https://www.umweltbundesamt.de/sites/default/files/medien/2546/publikationen/2019_11_19_aufkommen_u_verwertung_verpackungsabfaelle_2017_final.pdf*

13.7 Nachhaltigkeitsberichte

Globale Referenzen

International Labour Organisation (ILO) – *https://normlex.ilo.org/dyn/nrmlx_en/f?p=NORMLEXPUB:1:0::NO*

Organisation für wirtschaftliche Zusammenarbeit und Entwicklung (OECD): *https://www.oecd.org/en/topics/corporate-sustainability.html*

United Nations Global Compact: *https://unglobalcompact.org/take-action/sdg-action-manager*

UN Sustainable Development Goals: *https://unric.org/de/17ziele*

European Banking Authority (EBA): *https://www.eba.europa.eu/activities/single-rulebook/sustainable-finance/guidelines-management-esg-risks#activity-versions*

Berichtsnormen

Global Reporting Initiative (GRI): *https://www.globalreporting.org*

European Financial Reporting Advisory Group (EFRAG): *https://www.efrag.org/en*

Deutscher Nachhaltigkeitskodex (DNK): *https://www.deutscher-nachhaltigkeitskodex.de*

Gemeinwohlökonomie (GWÖ): *https://germany.econgood.org*

VSME (Voluntary Small and Midsized Enterprise Standard), erklärt und angeboten auf *https://www.dihk.de/de/ueber-uns/die-ihk-organisation/wie-wird-der-vsme-standard-fuer-kmu-aussehen--114136*

Eine Einführung in die Taxonomie und ihre Auswirkung auf KMU bietet (Lerner, 2023).

Quellen für **KPIs zur Nachhaltigkeitsberichterstattung**

https://www.business-humanrights.org/de

https://goodelectronics.org

https://eosta.com/de

https://kmu.kompass-nachhaltigkeit.ch

Bewertungen von Nachhaltigkeitsberichten

Ecovadis: *https://ecovadis.com/de*

Supplier Ethical Data Exchange (SEDEX): *https://www.sedex.com*

Carbon Disclosure Project: *https://www.cdp.net/en*

https://www.csr-in-deutschland.de/DE/CSR-Allgemein/CSR-in-der-Praxis/CSR-Berichterstattung/Kriterien-guter-Berichterstattung/kriterien-guter-berichterstattung.html

https://www.future-ev.de

https://www.ioew.de

https://plant-values.de/siegel-zertifikate-und-nachweise-nachhaltigkeit-in-unternehmen/7584

https://en.frankbold.org/sustainability-reporting

https://www.statista.com/statistics/1338724/sustainability-reporting-rates-worldwide

https://www.umweltbundesamt.de/umwelttipps-fuer-den-alltag/uebergreifende-tipps/siegel-label

https://www.fairfinanceguide.de/ffg-d/bewertung

https://www.transparency.de/cpi

https://www.issgovernance.com/esg/ratings

Implementieren von Nachhaltigkeitsinformationen

https://www.ipa.fraunhofer.de/de/referenzprojekte/Serviceorientierter_Hub_Verwertung_Nachhaltigkeitsinformation_Eco-Hub.html

13.8 Inspiration, Überblick und Weitblick

Die folgenden Bücher haben uns in den letzten Jahren wertvolle Inspiration und Wegnahrung gegeben. Vielleicht finden auch Sie darin neue Perspektiven.

Rockström et al.: *Earth for All. Der neue Bericht an den Club of Rome*, 50 Jahre nach den „Grenzen des Wachstums"; oekom Verlag, München, 2022.

Henicke, Peter et al.: *Earth for All Deutschland. Aufbruch in eine Zukunft für Alle*; oekom Verlag, München, 2024.

Wiegand, K. (Hrsg.): *3 Grad Mehr. Ein Blick in die drohende Heißzeit* und wie uns die Natur helfen kann, sie zu verhindern; oekom Verlag, München, 2022.

Graeber, D.; Wengrow, D.: *Anfänge – Eine neue Geschichte der Menschheit*; Klett-Cotta, Stuttgart 2022.

Hufenus, H.-P.: *Urmensch, Feuer, Kochen*; AT Verlag Aarau/München, 2022

Kreszmeier, A. H.: *Natur-Dialoge*. Der sympoietische Ansatz in Theorie, Beratung und Pädagogik. Carl-Auer Verlag, Heidelberg, 2021

Plotkin, B.: *Nature and the Human Soul*. New World Library, California, 2008

14 Die Autor:innen

Dr. **Michael Heim** studierte Energie- und Verfahrenstechnik an der RWTH Aachen und am INSA Lyon. Er promovierte an der RWTH Aachen über die Automatisierung verfahrenstechnischer Prozesse. Anschließend sammelte er 20 Jahre Erfahrung in der industriellen Praxis eines Familienunternehmens, das sich in dieser Zeit vom Mittelständler zum globalen Konzern entwickelt hat. Er war sechs Jahre als Führungskräftecoach selbstständig tätig. Seit 2021 ist er als Ressourcen-Effizienz-Moderator[1] bei der Energieagentur Südwest GmbH in Südbaden angestellt und in verschiedenen Non-Profit-Organisationen engagiert.

„In diesen vier Jahren entstand der Wunsch, die Erfahrungen der rund 150 Betriebsbesuche ansprechend und motivierend weiterzugeben. Immer wieder wurden mir erfinderische Ansätze gezeigt, die seit Jahren helfen, den Energie- und Materialbedarf zu reduzieren. Die Ressourcen vor Ort zu nutzen. Sonne, Wasser, Holz und gute Nachbarschaft. Immer wieder gab es aber auch die Erfahrung, dass die Unternehmerinnen und Unternehmer von der Vielzahl der Themen und Anforderungen, die zunehmend auf sie einstürmen, quasi überrollt werden.

In vielen Gesprächen wurde ich gefragt, ob es nicht Checklisten für die wichtigsten Themen gäbe, die es zu beachten gilt. Eine Orientierung, wie man sich von den Energiefressern im operativen Alltag befreien könne. Und ich wurde gefragt, wie man eine gute Reihenfolge in die vielen möglichen Maßnahmen bekommt.

In Diskussionen mit Sandra Paul, die ich aus einem gemeinsamen Lernweg bei der Gemeinwohlökonomie kenne, entstand die Idee, für diese Fragen eine Landkarte zu malen. Eine Karte, die einen Überblick gibt über typische Problemfelder, bewährte Lösungen,

[1] *https://www.keffplus-bw.de/de*

interessante Ansätze und unbekannte Gebiete. Eine Karte, die Hinweise enthält auf Wissensquellen und wichtige Meilensteine. Eine Karte als Wanderführer für komplizierte Wegstrecken.

Begleitend zur Landkarte stellte ich die Praxisbeispiele auf der Grundlage der Betriebsbesuche zusammen. Zu meiner Freude erlaubten mir viele Firmen, Auszüge aus meinen Besuchsberichten für dieses Buch zu nutzen. Und sie gaben mir oft auch noch weitere Ideen und Praxisbeispiele dazu. Damit spiegelt das Buch also implizit den Stand der Technik vor Ort. So, wie er sich bei vielen produzierenden Unternehmen im ländlich geprägten Raum in Südbaden, in den Landkreisen Lörrach und Waldshut, findet. Und das Buch spiegelt auch eine selbstbewusste Stimmungslage, die sich in vielen kleinen Unternehmen im ländlichen Raum, allem medialen Abgesang zum Trotz, noch findet: „Schwierig war es doch immer schon. Aber gemeinsame Interessen und Vertrauen in unser Miteinander haben uns immer geholfen, die Dinge nach vorne zu bringen."

Dieser beherzte und pragmatische Geist soll sich in diesem Buch zeigen. Keine Top-down-Ansätze, keine theoretischen Abhandlungen, sondern konkrete Tipps von Vorbildern, die ihre Unternehmen zukunftsfähig aufstellen. Von Menschen, die in die Zusammenarbeit innerhalb und außerhalb der Firmen vertrauen.

Auch hier war Sandra Paul eine wichtige Sparringspartnerin. Sie bot sich an, die Themen über motivierende, praxistaugliche Flipcharts und Visualisierungen ansprechend und verständlich zu machen. Und zu diesem Zweck auch die Texte mehrmals zu kneten. Hierbei brachte sie ihre eigene langjährige Erfahrung als betriebliche Qualitätsmanagerin ein. Viele gemeinsame Schritte in ein Neuland, die uns beiden gutgetan haben."

Sandra Paul ist gelernte Textilingenieurin mit dem Schwerpunkt technische Textilien und hat über 20 Jahre Erfahrung im Bereich Qualitätsmanagement und integrierte Managementsysteme in einem produzierenden Unternehmen für Hygieneprodukte und in einem ambulanten Palliativdienst. Heute arbeitet sie als Beraterin und Trainerin im Kölner Raum für integrierte Managementsysteme mit dem Schwerpunkt Umwelt und Nachhaltigkeit.

Innerhalb ihrer Begleitung von Organisationen moderiert sie partizipative Gruppenprozesse und fördert den Dialog und Circle Facilitation. Normen und Standards geben Struktur und innerhalb der Struktur liegt ein Freiheitsraum, der gestaltet werden darf. Dafür braucht es die Begeisterung und die Kreativität der Menschen in den Unternehmen und die Fähigkeit zuzuhören und andere Perspektiven zu verstehen. Nur so können zukunftsorientierte, gemeinsame Lösungen gefunden werden.

Mit ihrer Firma Visual Plot zeichnet sie wertebasierte Zukunftsbilder/Graphic Recordings und gibt Flipchart-Kurse für Organisationen und Führungskräfte, die den sozialökologischen Wandel mitgestalten wollen und die ihre Ideen visuell auf den Punkt bringen wollen.

Darüber hinaus ist sie Gemeinwohl-Ökonomie-Beraterin und ASCA Social Auditorin. Sie engagiert sich ehrenamtlich im Fachkreis Nachhaltigkeit der DGQ (Deutsche Gesellschaft für Qualität).

Gemeinsam mit Dana Aleff, Linda Chalupová und Wilhelm Floer veröffentlichte sie 2024 das Werk „Nachhaltigkeit und Qualitätsmanagement: Ein unkonventioneller Kompass“, das ebenfalls im Carl Hanser Verlag erschienen ist.

Index

Symbole

A

B

C

D

E

F

G

H

I

K

L

M

N

O

P

Q

R

W

Z